Karl Radunz

100 Jahre Dampfschiffahrt 1807-1907

Schilderungen und Skizzen aus der Entwicklungsgeschichte des Dampfschiffs

Karl Radunz

100 Jahre Dampfschiffahrt 1807-1907

Schilderungen und Skizzen aus der Entwicklungsgeschichte des Dampfschiffs

ISBN/EAN: 9783954270767
Erscheinungsjahr: 2012
Erscheinungsort: Bremen, Deutschland

www.maritimepress.de | office@maritimepress.de

Bei diesem Titel handelt es sich um den Nachdruck eines historischen, lange vergriffenen Buches. Da elektronische Druckvorlagen für diese Titel nicht existieren, musste auf alte Vorlagen zurückgegriffen werden. Hieraus zwangsläufig resultierende Qualitätsverluste bitten wir zu entschuldigen.

100 JAHRE DAMPFSCHIFFAHRT

1807—1907

SCHILDERUNGEN UND SKIZZEN AUS DER ENT-
WICKLUNGSGESCHICHTE DES DAMPFSCHIFFES

VON

KARL RADUNZ

INGENIEUR

MIT 125 ABBILDUNGEN UND ZWEI TAFELN:
LÄNGS- UND QUERSCHNITT DES DAMPFERS
»AMERIKA«

ROSTOCK i. M.
C. J. E. VOLCKMANN NACHFOLGER
1907

DRUCK VON ERNST HEDRICH NACHF., G. M. B. H., LEIPZIG

Vorwort.

Wie schon der Titel des vorliegenden Buches sagt, veranlaßte mich zur Herausgabe desselben die hundertste Wiederkehr des Jahres, in welchem das Dampfschiff als hinreichend ausgebildete Erfindung in die Erscheinung trat und somit die Schiffahrt in neue Bahnen lenkte. Während man in der heutigen Zeit gar zu leicht geneigt ist, nur irgend denkbare Jubiläen allgemeiner Art zu feiern und keine Gelegenheit vorübergehen läßt, ohne die Wiederkehr mehr oder weniger wichtiger Gedenktage festlich zu begehen, wird in dieser Hinsicht die Kulturgeschichte und speziell deren engeres Gebiet, die Geschichte der Technik, in der Regel stiefmütterlich bedacht. Die Gedenktage hochwichtiger Erfindungen, zu deren endlicher Ausführung der grübelnde Menschengeist ganzer Menschenalter bedurfte, gehen oft unbeachtet vorüber und die Namen der Träger weltbewegender Erfindungen bleiben unbekannt und werden vergessen. Deshalb schien es mir angesichts des kurz bevorstehenden Jahrhunderttages der Dampfschiffahrt die geeignetste Form, dieser für die Menschheit so überaus bedeutungsvollen Erfindung in einer geschichtlichen Abhandlung über die Entstehung und Entwicklung des Dampfschiffes gerecht zu werden. Abgesehen von verschiedenen verdienstvollen Werken über einzelne Gebiete der Geschichte des Dampfschiffes — neben älteren Abhandlungen in Büchern und Zeitschriften die Werke von Rühlmann, Busley und anderen —, haben wir ein spezielles Geschichtswerk in deutscher Sprache nicht aufzuweisen. Wenn nun auch dieses Werk durchaus keinen Anspruch darauf erhebt, nach jeder Richtung hin bei der Unmenge des allerorten verstreuten Materials erschöpfend den gewaltigen Stoff zu behandeln, so soll es doch als ein Versuch gelten, zum erstenmal eine zusammenfassende geschichtliche Behandlung der Dampfschiffahrt in technischer, kultureller und wirtschaftlicher Richtung zu geben. Im Interesse eines größeren Leserkreises schien es mir angebracht, eine knappe und kurze Darstellung, die eine zu sehr in Details gehende Behandlung des Stoffes vermeidet, zu wählen; auch dürfte die Form von Schilderungen und Skizzen das Ganze übersichtlicher und lebendiger gestalten.

Es liegt mir noch ob, dem Verlag für das Entgegenkommen bei Beschaffung des Illustrationsmaterials und für die geschmackvolle Ausstattung des Buches, sowie den Schiffahrtsgesellschaften, welche mein Werk durch Überlassung von Abbildungen freundlichst unterstützten, an dieser Stelle meinen verbindlichsten Dank zu sagen.

Möge das Buch an seinem Teile dazu beitragen, Sinn für die Errungenschaften auf dem Gebiete der Technik und die Entwicklung der Dampfschiffahrt in ihrer historischen Bedeutung für das gesamte Wirtschaftsleben in weitesten Kreisen zu erwecken.

Kiel, im Februar 1907.

Karl Radunz.

Inhaltsverzeichnis.

I. Einleitung.

Erfindung und Erfinder des Dampfschiffes. — Seine Bedeutung und Entwicklungsgeschichte. — Die Segelschiffahrt.

»Es mag hier der Ort sein, von neuem auf das Wunder
der Kunst, **das Dampfschiff,** aufmerksam zu machen,
das stolzeste Probestück amerikanischen Erfindungs-
geistes. Wäre dies sich selbst überlassen worden, so wäre
für die menschliche Gesellschaft eine unschätzbare Wohl-
tat und für unsern Freistaat ein erhabenes Denkmal seines
Ruhmes verloren gegangen; es kam ans Licht mit Schmerzen
und Wehen, wie eine Riesengeburt, und hätte nicht eine
weise Gesetzgebung seinen Erfinder mit Aufmunterung
und Hoffnungen unterstützt, so würde man es jetzt nicht
gegen die Ströme unserer stolzen Flüsse fahren sehen,
glänzend wie der bezauberte Nachen auf der Flut des
Schicksals, hervorragend auf der Welle des Ozeans, oder
dahingleitend wie der stolze Schwan auf der See«.

Mit diesen stolzen, selbstbewußten, einer derzeitigen Adresse an
den Kongreß des nordamerikanischen Freistaates entlehnten Worten
möchte ich die vorliegenden Schilderungen und Skizzen aus der Geschichte des Dampfschiffes einleiten. In der Tat, ich wüßte
keine besseren, bezeichnenderen Worte zu finden, zur Illustrierung
dafür, welch eine geniale Errungenschaft die Menscheit in dem die
Meere kühn durchfurchenden und Erde umspannenden Verkehrsmittel, dem Dampfschiff, zu verzeichnen hat.

Ein Jahrhundert ist dahingerauscht, seit im Jahre 1807 das
erste praktisch brauchbare Dampfschiff, der »Clermont« des Nord-
amerikaners Robert Fulton, zum ersten Male die Fluten eines Gewässers durchschnitt, seitdem die Dampfmaschine, des großen James

Watts Erfindung, zum ersten Male mit dauerndem Erfolg vom stationären Betrieb übertragen wurde auf den Raum und Entfernung überwindenden Betrieb. Und wenn die Amerikaner mit Stolz auf diese Tat ihres Landsmannes blicken, so wollen wir ihnen letztere nicht mißgönnen, wollen aber auch selbst stolz darauf sein, zur Entstehung und Weiterentwicklung der Erfindung nach Kräften beigetragen und so der alten Welt einen nicht minder ehrenvollen Platz in der Geschichte des Dampfschiffes eingeräumt zu haben. Freilich, die Annahme, die bislang von verschiedenen Seiten noch hoch gehalten wurde, daß nämlich vor zwei Jahrhunderten der Professor der Physik Denis Papin in Marburg, nachdem er schon vorher den Vorschlag gemacht hatte, Schiffe durch geeignete Verwendung der Dampfkraft zum Fortlauf zu bringen, diesen Gedanken auch in die Tat umgesetzt und im Jahre 1707 mit einem Ruderradschiff, bei welchem der Dampf als bewegende Kraft benutzt wurde, die Fulda von Kassel nach Münden befahren habe, muß wohl, wir wir noch näher sehen werden, endgültig fallen gelassen werden. Nichtsdestoweniger bleibt aber diesem Gelehrten, der sich auch in der Geschichte der Dampfmaschine einen geachteten Namen geschaffen hat, das Verdienst, durch seine Arbeiten die Idee des Dampfschiffes soweit gefördert zu haben, daß auf der von ihm geschaffenen Basis von anderen Seiten weiter gearbeitet und praktische Versuche angestellt werden konnten.

Von Papin bis Fulton haben eine ganze Reihe hervorragender Männer verschiedener Nationen, ich nenne nur Hull, Auxiron, Pèrier, Jouffroy, Miller, Symington, Fitch, Rumsey, Stevens u. a. ihr bestes Können und Wissen in dieser Sache versucht, der eine mit mehr, der andere mit weniger Erfolg; sie alle haben teil an der endlich zustande gekommenen Schöpfung. Es gilt auch hier eben der Sinn des berühmten Ausspruches, den Stephenson in bezug auf die Lokomotive getan: »Das Dampfschiff ist nicht die Erfindung eines Mannes, sondern einer Nation von Maschineningenieuren!« Für Fulton bleibt der Vorrang, daß er das erste Dampfschiff schuf, welches Bestand hatte und als Muster und Vorbild für weitere Konstruktionen sich einbürgerte. Das Jahr 1807 ist demnach auch als das eigentliche Geburtsjahr der Dampfschiffahrt anzusehen. —

Und welches Bild bietet heute die Dampfschiffahrt dem Auge dar?! Heute nimmt das Dampfschiff eine dominierende Stellung im Verkehrswesen, ja im Völkerleben ein; heute behauptet das Dampfschiff einen Platz im Kulturleben, wie ihn wohl kaum jemals eine menschliche Erfindung sich errungen hat. Würde man heute der Menschheit das Dampfschiff nehmen, so würde man einen großen Teil des stolzen Kulturgebäudes einreißen, welches der rastlos schaffende Menschengeist in harter Arbeit sich errichtet hat. Fallen würde der Erdteile umspannende Verkehr, zusammenschrumpfen zur Karikatur der Handel; ja, der Gesichtskreis der Menschen würde sich wieder verengen auf mittelalterliche Dimensionen. Erst wenn man erwägt, wie schwerfällig vor dem Beginn der Dampfschiffahrt das Reisen zur See war, wie die Segelschiffe mit ihren lang ausgedehnten Reisezeiten es höchstens dahin gebracht hatten, den Bezug einiger weniger Handelsartikel aus anderen Erdteilen zu ermöglichen und daß damit die Schiffahrt überhaupt so ziemlich erschöpft war, wenn man dann die heutige Schiffahrt in allen ihren mannigfaltigen Formen ins Auge faßt, wie sie wirkt im Handel, im Passagierverkehr, für Forschungszwecke und dergleichen, dann wird man dem Dampfschiff gewiß nicht die Eigenschaft eines wichtigen Kulturträgers absprechen. Absichtlich habe ich nicht, da die Verbesserung von Kriegsmitteln nicht als Kulturfortschritt bezeichnet wird, in der eben erwähnten Reihe die Stellung des Dampfschiffes in der Kriegsführung hervorgehoben. Betrachtet man aber den Krieg als ein bitteres, aber notwendiges und vorläufig nicht ausrottbares Übel, so muß man auch die Umwälzung im Kriegsschiffswesen, seit der Einführung des Dampfes als Betriebsmittel, als einen Fortschritt betrachten. Wie dem nun sei, im ganzen gilt wohl ohne Frage der Ausspruch: »Ohne Dampfschiff nicht die heutige Kultur«.

Von Fultons erstem Dampfschiff bis auf unsere Tage welch eine Entwicklung! Welch gewaltigen Fortschritt hat das Dampfschiff in seiner Konstruktion und seinem Bau aufzuweisen! Von den ersten, tastenden Versuchen, die die Ingenieure zu Anfang des 19. Jahrhunderts mit dem neuen Dampffahrzeug unternahmen, bis zu unseren heutigen Ozeanriesen, welche kühn und geschwind das Meer durchfurchen, liegt eine ganze Reihe interessanter Entwicklungsstadien.

So folgte der Erfindung des Dampfschiffes seine Einführung als Verkehrsmittel. Bald wurde dasselbe für den regelmäßigen Personen- und Frachtverkehr eingestellt, zunächst auf Flüssen. Bald folgte auch das erste Ozeandampfschiff, die »Savannah«; in 26 Tagen legte dieselbe den Weg über den atlantischen Ozean von Amerikas Gestaden bis nach England zurück, eine bis dahin nicht erreichte Leistung. Nach Fultons Plänen und noch unter seiner Leitung entstand das erste Kriegsdampfschiff. Das Schraubenschiff verdrängte hernach immer mehr den Raddampfer, wenn auch die Anwendung von Schaufelrädern heute noch nicht ganz in Fortfall gekommen ist. Der Riese seiner Zeit, der »Great Eastern«, von seinen Zeitgenossen, weil er Rauch spie, »Leviathan« genannt, tauchte auf. Wenn derselbe auch, der Zeit vorausgeeilt, in wirtschaftlicher Beziehung ein gänzliches Fiasko bedeutete, so war er doch in technischer Beziehung sicherlich eine Schöpfung, die ihrem kühnen Erbauer, Brunel, alle Ehre machte, da erst heute wieder die Dimensionen dieses Schiffes erreicht worden sind. Die Handelsmarine baute sich unter der segensreichen Wirkung des Dampfschiffes immer mehr aus; die heute noch bestehenden großen Dampfschiffahrtsgesellschaften, wie die Cunard-Linie, die Hamburg-Amerika Linie, der Norddeutsche Lloyd u. a. entstanden und wirkten umwälzend ein auf den Völkerverkehr. In technischer Beziehung bewirkte hauptsächlich der Dampf den Übergang vom Holzschiffbau zum Eisenbau und damit einen wesentlichen Fortschritt im Schiffbau. Und wenn wir dann, andere Momente in der Dampfschiffsentwicklung hier übergehend, zum Schluß noch die Schnelldampfer, die »Windhunde des Ozeans«, erwähnen, so sind wir ungefähr in unserem Zeitalter angelangt. Aber auch heute kann man nicht von einem Stillstand in dieser Entwicklungsgeschichte sprechen. Die Kolbendampfmaschine, welche ungefähr mit der Einführung des Dampfschiffes beginnend, selbst eine eigene Entwicklung von der Niederdruck- zur Hochdruckmaschine, von der Einzylindermaschine zur Kompound-, zur Dreifach-, Vierfach-Expansionsmaschine durchzumachen hatte, sie steht jetzt in Gefahr, wie im stationären Betriebe, so auch als Schiffsmaschine von der Dampfturbine verdrängt zu werden.

Entwicklung ist eben die Losung aller Geschichte und auch der des Dampfschiffes. Seiner Entwicklungsgeschichte in den markantesten Erscheinungen zu folgen, ist der Zweck nachstehender Ausführungen. Wenn dabei nicht auf alle Einzelheiten eingegangen werden kann, so liegt das in dem begrenzten Rahmen unserer Betrachtungen und wird dem Gesamtbilde nicht schaden. Neben der

Entwicklungsgeschichte des Dampfschiffes selbst werden die Wirkungen und die Bedeutung desselben auf wirtschaftlichem und kulturellen Gebiete kurz zu streifen sein.

Vorerst aber müssen wir, um zunächst zur Einführungsgeschichte der Dampfschiffahrt zu gelangen, einen kurzen Rückblick in alte Zeiten werfen, wie die Schiffahrt im allgemeinen sich gestaltete und durch Jahrtausende hauptsächlich als Segelschifffahrt sich in den Dienst der Menschheit stellte. Denn die Dampf-

schiffahrt mit ihrer erst hundertjährigen Geschichte bedeutet eine junge Errungenschaft im Vergleich zu der, den Zeitraum von der vorgeschichtlichen Menschheit bis jetzt umspannenden viel, viel älteren Schwester Segelschiffahrt. Bis endlich die Bedingungen für das Dampfschiff gegeben waren, hat der Mensch in und mit dieser Großes geleistet zum besten seines eigenen kulturellen Fortschrittes. Und selbst heutigen Tages kann er aus wirtschaftlichen Gründen des Segelschiffes noch nicht entraten, sondern er wendet ihm in neuester Zeit wieder besonderes Interesse zu, das sich in unseren modernen Riesenseglern »Potosi«, »Preußen« u. a. offenbart.

So ist es denn nicht ein Akt der Pietät, wenn wir das Segelschiff neben dem Dampfschiff betrachten, sondern aus dem ganzen Zusammenhang der Schiffahrt als notwendig gegeben.

II. Vor der Einführung der Dampfschiffahrt.

1. Einiges über die Schiffahrt im allgemeinen und die Segelschiffahrt im besonderen.

Ursprung der Schiffahrt; Einbaum und Floß. — Altägyptische Schiffsfunde. — Schiffahrt im Altertum. — Normannen; Wikingerschiffe. — Hansa. — Schiffahrt im Mittelländischen Meere. — Umsegelung des Kaps der guten Hoffnung. — Christoph Columbus. — Erste Weltumsegelung. — Armada Philipps II. — Fortschritte des Schiffbaues. — »Sovereign of the Sea«. — Segellinienschiffe. — Trafalgar. — Die neue Ära.

Wollen wir gründlich sein in der Behandlung der Geschichte der Schiffahrt, so müssen wir weit, weit zurückgehen in die Urgeschichte der Menschheit, um den Ursprung, den Anfang jeglicher Benutzung von Fahrzeugen zu Verkehrszwecken auf Gewässern zu suchen. Doch das wird uns wenig nützen, denn dieser Ursprung verliert sich, wie die meisten Anfänge technischen Könnens und Wissens, vollständig in dem Dunkel, das die Urzeit der Menschheit umgibt. So ist man denn auch hier nur auf Vermutungen, auf Hypothesen angewiesen. Eine der wahrscheinlichsten nimmt nun an, daß ein auf dem Wasser schwimmender Baumstamm vor uralten Zeiten die erste Veranlassung zu der Erfindung des Schiffes gegeben hat. So viel steht jedenfalls fest, daß die Primitivform der Schiffe ein ausgehöhlter Baumstamm oder die Vereinigung mehrerer Stämme zu einem Floß gewesen ist.

Funde solcher, aus einem Baumstamm gehöhlter Kähne, sogenannte »Einbäume«, gehören immerhin zu den Seltenheiten In den letzten Jahren sind folgende bekannt geworden: ein Einbaum von 10 m Länge im Bieler See (Schweiz), ein 5 m langer bei Neustadt (Holstein), ein aus einer Rieseneiche gehöhlter Kahn bei Oswitz im Landkreise Breslau. Diesen Funden schloß sich vor einigen Jahren ein im Salzigen See bei Eisleben gefundener Einbaum an, über den einige Angaben dienen mögen. Das prähistorische Fahrzeug ist aus einer Rotbuche hergestellt und sehr sorgfältig gearbeitet; seine Länge beträgt 6,2 m, die größte Breite am hinteren Ende 0,63 m; im Achterteile des Bootes ist ein Sitzplatz eingerichtet. Aus gewissen Anzeichen dieses Fahrzeuges, das nach Form und Art der Bearbeitung, sowie nach der 2,5 m betragenden Dicke der den Fund bedeckenden Tonschicht, auf ein Alter von 2000 Jahren und mehr geschätzt wird, schließt man, daß zur Bearbeitung des Stammes nicht nur Beile, sondern auch Feuer benutzt wurde.

Auf die Idee des Fortbewegens und Lenkens derartiger Schwimmkörper haben dann gewisse Wasservögel und Amphibien, sowie die Fische geführt, welche ihre Füße, Flossen bezw. den Schwanz als Ruder und Steuer gebrauchen Die Natur hat ja in so manchen Dingen dem Menschen als Vorbild gedient. Das Ruder (heute auch Remen genannt) war demnach das erste Fortbewegungsmittel für Schiffe, bis es teilweise durch das Segel abgelöst wurde. Aus Abbildungen der alten Ägypter, denen die Erfindung des »Schiffes« im heutigen Sinne zugeschrieben werden muß, ist zu erkennen, daß die Ägypter zum Fortbewegen ihrer Schiffe sowohl Ruder als Segel benutzten.

In neuester Zeit wurden noch einige interessante altägyptische Schiffsfunde gemacht, indem nämlich fünf alte Schiffe, die in Dahschur in einer unterirdischen Krypta unter dem heißen Wüstensande begraben lagen und sich in der trockenen Luft gehalten haben, aufgefunden wurden. Von diesen fünf Schiffen ist eins von 30 Fuß Länge besonders merkwürdig; es läßt eine sorgfältige Arbeit erkennen und muß, nach den Linien des Schiffskörpers zu urteilen, eine ziemliche Schnelligkeit aufgewiesen haben. Das Schiff, dessen Alter auf mindestens viereinhalb Jahrtausende geschätzt wird, ist wahrscheinlich eines der ältesten Denkmäler der Schiffbaukunst, die auf unsere Zeit gekommen sind. Bei diesem Schiffe wurden Überbleibsel von Rudern, sowie ein kurzer Mast aufgefunden.

Auch bei den anderen Völkern des Altertums, welche in der Geschichte der Schiffahrt eine wichtige Rolle spielen, den Phöniziern, Griechen, Karthagern, Persern und Römern finden sich sowohl Ruder als Segel vor. Bei Aufzählung dieser Völker dürfen wir vielleicht auch nicht die alten Babylonier und Assyrer vergessen, die auf dem Euphrat und Tigris Schiffahrt betrieben. Größere Bedeutung in der Seefahrt fällt den Phöniziern zu. Sie waren es, die zuerst es wagten, mit ihren Schiffen auf das freie Meer zu gehen. Die anderen seefahrenden Völker begnügten sich mit den Fahrten an den Küsten entlang; jedenfalls durfte der Seefahrer das Land nicht ganz aus dem Gesicht verlieren, wollte er sich nicht planlos dem Meere und seinen Gefahren preisgeben. Die Phönizier beobachteten nun die Sterne und benutzten dieselben in der Nacht als Führer und Wegweiser, während am Tage die Sonne diesem Zweck dienen mußte. Wie ihre Schiffe gebaut waren, können wir mit Bestimmtheit nicht darstellen, da hierüber zuverlässige Nachrichten, wie auch Abbildungen fehlen. Doch dürfen wir wohl annehmen, daß die Schiffbaukunst bei ihnen schon eine ziemlich hohe Stufe der Entwicklung erreicht haben muß, um ihre seegehenden Schiffe entstehen zu lassen. Über die Schiffahrt der Griechen belehren uns Homers Odyssee und Herodot von Halikarnassos. Außer diesen bedeutsamen Quellen steht uns auch eine größere Zahl bildlicher Darstellungen von den Schiffen der alten Griechen zur Verfügung, so auf Münzen, Gemmen und Reliefs. Daneben berichten weiter auf großen Marmorplatten eingemeißelte Seeurkunden, welche 1834 aufgefunden wurden, vom Seewesen dieses Volkes.

Als das Römerreich in Trümmer fiel, das Christentum sich an den Gestaden des Mittelmeeres ausgebreitet hatte und die Araber mit ihrer neuen Lehre auftraten, dieselbe mit dem Schwerte weiter verbreitend, da waren es die letzteren, deren Schiffe die Herrschaft über die See übernahmen. Gleichzeitig mit ihnen traten im Norden Europas die Normannen auf, welche hier die Schiffahrt pflegten. Wenn den Völkern des Morgenlandes die Erfindung des Schiffes und der Schiffahrt zugesprochen werden muß, so gebührt den Völkern im Westen und Norden Europas, besonders den Normannen, das Verdienst, diese Erfindung ganz bedeutend vervollkommnet zu haben. In den nordischen Sagen wird oft die Geschicklichkeit der Seeleute gerühmt, sich jeden Windes zu bedienen.

Im 9. Jahrhundert treten unter den Normannen namentlich die Wikinger mit ihren berühmt gewordenen, abenteuerlich gestalteten Schiffen hervor. Zwei derartige größere Wikingerschiffe sind ziemlich gut erhalten geblieben; das eine derselben, im Jahre 1880 aus dem sog. Königshügel bei Gokstad am Sandefjord ausgegraben, wird in der Universität Christiania aufbewahrt, während sich das andere, ältere, im Museum vaterländischer Altertümer in Kiel befindet. Außer diesen beiden Funden wird in Christiania neben dem schon genannten ein weniger gut erhaltenes, 1867 bei Tune nächst Frederikstad gefundenes Schiff aufbewahrt. Auch in Westpreußen hat man vor einigen Jahren (1899) ein Schiff ausgegraben, welches im skandinavischen Norden gebaut wurde, welchem Funde sich endlich 1904 ein in einem Grabhügel bei Tönsberg im südlichen Norwegen entdecktes Wikingerschiff als Zeuge aus alter Zeit anschloß.

Wikingerschiff. 800—1000 n. Chr.
Im Jahre 1880 bei Gokstad am Sandefjord (Norwegen) ausgegraben.

Die Steven der Wikingerschiffe waren hoch und der Vordersteven mit irgend einem geschnitzten Tierkopf, vielfach einem Drachenkopf, geschmückt, woher auch die heute übliche Bezeichnung dieser Schiffe als »Drachenschiffe« stammt. An der Reeling waren die Kampfschilder aufgestellt, zum Schutze der Insassen. Zum Lenken und Wenden des Schiffes war an Stelle des Remens, der bei den Schiffen der Alten benutzt wurde, schon ein Steuerruder angebracht und zwar an der hinteren, rechten Bordseite, dem Steuerbord. Im allgemeinen scheinen die Wikingerschiffe ohne festes Verdeck gewesen zu sein; zuweilen war jedoch eine Hütte vorhanden oder das Schiff wurde mit einer Decke, einem Zelt überzogen. In der späteren Zeit (1000 bis 1200) wurden die Schiffe der Skandinavier hochbordiger gebaut und mit einem Kastell auf dem Vorschiff und einer Hütte auf dem Achterschiff versehen.

Hier im Norden übernahm dann, zur Zeit der Blüte des nordischen Handels, die »Hansa«, jener berühmte, von den nordischen Handelsstädten geschlossene Schutz- und Trutzbund, die Herrschaft zur See. Ihre sog. »Koggen«, vollgebaute, hochbordige Fahrzeuge taten sich in mehreren Seeschlachten gegen die Dänenkönige rühm-

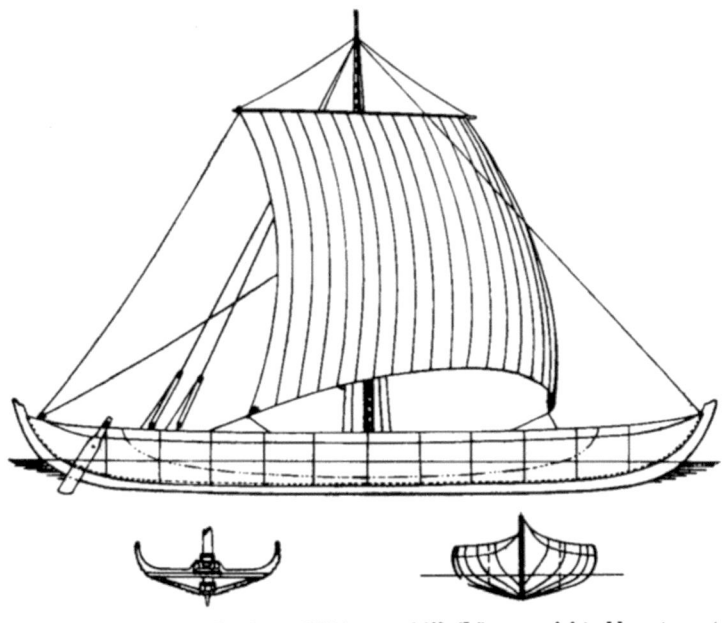

Das bei Gokstad gefundene Wikingerschiff (Längsansicht, Hauptspant, Spantenriß).
(Nach »Transactions of the Institution of Naval Architects« 1881, Tafel 28.)

lichst hervor. Von den Hansakoggen, die 1370 Kopenhagen beschossen, wird berichtet, daß die größten, bei einer Lastfähigkeit von ca. 200 Tonnen, sämtlich 100 Bewaffnete und 20 Pferde führten, also so groß waren wie beispielsweise ein mittlerer Schoner oder eine kleine Brigg der heutigen Zeit.

Größere Bedeutung als im Baltischen Meere gewann die Schiffahrt im Mittelländischen Meere. Der Seeherrschaft der Araber folgte die Seepolitik der drei Republiken Venedig, Genua und Pisa, unter welchen hauptsächlich Genua hervorragte. Von ganz besonderer Bedeutung für die Seefahrt war die Einführung des Kompasses und die Beschaffung brauchbarer Seekarten. Die Italiener scheinen bereits im 14. Jahrhundert Schiffe erbaut zu haben, die vorzugsweise als Segelschiffe benutzt wurden. Doch standen diese Schiffe hinsichtlich ihrer Takelage immer noch nicht wieder auf der Stufe der Ausbildung, welche bereits bei den Griechen vorhanden gewesen war.

Bereits im 14. und im 15. Jahrhundert lösten die Portugiesen und die Spanier die Italiener in der Vorherrschaft als Seefahrer ab. Namentlich erstere griffen mächtig fördernd in die Entwicklung des Schiffbaues ein, wenn auch die Italiener als ihre Lehrmeister bezeichnet werden müssen. Die Schiffe der Portugiesen, die sog. »Karavellen«, waren Segelschiffe. Mit diesen bemühten sie sich während des ganzen 15. Jahrhunderts, bis jenseits des Äquators vorzudringen, um auf dem Seewege nach Indien zu gelangen, ein Vorhaben, das ihnen gegen Ende des Jahrhunderts (1498) mit Umschiffung des Kaps der guten Hoffnung durch Vasco de Gama, auch gelang.

Im Jahre 1492 durchquerte Christoph Columbus mit seinen drei Karavellen »Santa Maria«, »Pinta« und »Nina«, die im Mittel stündlich 7,5 Seemeilen zurückgelegt haben sollen, zum ersten Male den Atlantischen Ozean, was u. a. zur Folge hatte, daß nach und nach alle weiten Meere das Gebiet der Tätigkeit kühner Seefahrer wurden. Ohne Frage waren Columbus' Schiffe gute Segler, da im Tagebuche des Columbus Fahrtgeschwindigkeiten derselben von 15 italienischen Meilen, d. h. etwas mehr als 11 Seemeilen*), erwähnt werden. Und obgleich das größte der Schiffe, die »Santa Maria«, zwischen den Perpendikeln nur etwa 23 m maß und ein Deplacement von 237 t hatte, so waren es doch tüchtige Seeschiffe, die eine gute Manövrierfähigkeit besaßen. Alle drei Schiffe waren Quersegelschiffe; sie besaßen je 5 Segel, welche an den 3 Masten und dem Bugspriet befestigt waren. Die Form des Schiffskörpers war derartig, daß er in der Mitte niederen Freibord, vorn und hinten aber hohe Aufbauten (Vorder- und Achterkastell) hatte, welche als Auslug und zum Schutze der Mannschaft dienten. Die Segel waren nach Sitte der damaligen Zeit bemalt und zwar mit dem Zeichen des Kreuzes. »Pinta« maß zwischen den Perpendikeln 20 m, »Nina« gar nur reichlich 17 m.

---

*) 1 Seemeile (sm) = 1852 m.

Der Umstand, daß man sich jetzt mehr auf das weite Meer hinauswagte, wirkte fördernd auf den Bau der Schiffe und deren Ausrüstung ein. Er hatte zur Folge, daß man sich nicht mehr vorzugsweise auf die Kraft der Ruderer verließ, wie es bisher der Fall gewesen war, sondern mehr sich auf die Macht der Segel stützen mußte. Die Segelschiffe traten also in den Vordergrund! .

Jetzt erst war auch die große seefahrtliche Leistung möglich, die wir hier anführen müssen: Am 20. September 1519 begann die erste Weltumsegelung von Fernão de Magalhães (oder Magellan). Mit fünf Schiffen, die man heute nicht einmal als zur Küsten-

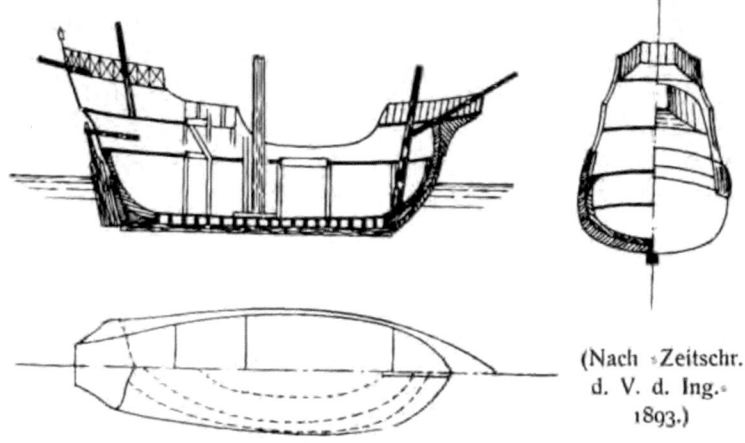

(Nach »Zeitschr. d. V. d. Ing.« 1893.)

»Pinta«, Karavelle des Columbus. 1492.

schiffahrt tauglich ansehen würde, verließ der kühne Seefahrer den Hafen von San Lucar. Das Admiralschiff, die »Trinidad«, war ein Fahrzeug von 130 t, ebenso die »San Antonio«, dann kamen die »Vittoria« und die »Concepcion« mit je 90 t und endlich ein winziges Schiff, die »Santiago«. Im ganzen waren die Schiffe von 260 Matrosen bemannt, dabei in schlechtester Verfassung, ihre Bordwände nach dem Ausspruch von Alvarez weich wie Butter. Trotzdem kehrte der eine Schiffsführer, Sebastian Del Cano, 3 Jahre und 14 Tage später heim, freilich mit nur 17 Mann und nur einem Schiff. Mit dieser Weltumsegelung war auch zugleich das Projekt, das schon Columbus bei seiner Fahrt zu lösen versucht hatte, nämlich einen westlichen Seeweg nach dem reichen Indien zu finden, gelöst.

13

Wiederum waren es nur verhältnismäßig kleine Schiffe, mit denen diese Weltumsegelung vollbracht wurde. Wenn man ferner die Unvollkommenheit der damaligen nautischen Instrumente berücksichtigt, so wird man die Leistungen der damaligen Segelschiffahrt um so höher zu werten wissen.

Im Anfang des 16. Jahrhunderts wird auch die Manövrierkunst mit Segelschiffen bekannt, d. i., durch das Wenden der Segel und entsprechende Stellung derselben, auf leichteste und sicherste Weise die verschiedensten Bewegungen des Schiffes, selbst bei ungünstigem Winde, hervorzurufen. Ruder- und Segelkraft, in größerem Maßstab vereint, treffen wir zum letzten Male bei der bekannten spanischen, ihrer Zeit als unüberwindlich geltenden Armada Philipps II. Im Jahre 1588 setzte diese, aus 130 großen und 30 kleinen Kriegsschiffen bestehende Flotte sich in Bewegung zum Kriege gegen England. Unter der tiefsten Geschützreihe hatten sämtliche Schiffe von Galeerensklaven bewegte Ruder. Das Schicksal dieser stolzen Flotte ist bekannt, sie erlag als letzter Repräsentant der alten Kombination von Ruder- und Segelkraft dem Gegner.

Die Schiffbautechnik schritt weiter fort. Im Anfange des 17. Jahrhunderts lernte man z. B. Mastbäume aus mehreren Stücken (übereinander) zusammensetzen. Englische und holländische Schiffbauer bemühten sich erfolgreich, die Gestalt der Schiffskörper zu verbessern; sie gestalteten die Schiffsböden nach dem Kiele hin spitzer, gaben ihnen dadurch eine größere Geschwindigkeit beim Segeln und machten sie damit zugleich regierfähiger und lenkbarer. Seinen schönsten Triumph feierte der Segelschiffbau der damaligen Zeit in dem berühmten stolzen, im Jahre 1637 erbauten Dreidecker der englischen Kriegsflotte, dem »Sovereign of the Sea«. Stolzen Baues, mit seiner hochragenden Takelage, seinen eigenartigen Bug- und Heckformen, seinen in vielreihiger Breitseite drohend hervorragenden Feuerschlünden, konnte er mit vollem Recht ein »König der See« genannt werden und durch zwei Jahrhunderte als Typ des Linienschiffes gelten.

Was den Bau und die Konstruktion der Kriegsschiffe überhaupt betrifft, so bestand vor Beginn des 15. Jahrhunderts zwischen Kriegsschiffen und Handelsschiffen kein wesentlicher Unterschied. Das erste Kriegsschiff, welches nach dem Typ der Segellinienschiffe (Breitseitschiffe) erbaut wurde, war der Zweidecker »Henri Grace de Dieu«, im Jahre 1512 vollendet. Das Schiff hatte eine Lastigkeit von 1000 Tonnen und führte 700 Mann Besatzung. Die mit ihm und nach ihm erbauten Segellinienschiffe, von denen Abbildungen auf unsere Zeit überkommen sind, machen alle einen majestätischen Eindruck. In ihnen verkörpert sich noch die Romantik des Seekrieges, wie er zwischen Segelschiffen wohl zuletzt am großartigsten in der Schlacht bei Trafalgar 1805 in Erscheinung tritt.

Die Geschwindigkeit der Kriegsschiffe zur Zeit der Schlacht bei Trafalgar war gering. Auf Nelsons Kreuzfahrt nach Westindien war die Durchschnittsgeschwindigkeit 4 Seemeilen; in die Schlacht

»Sovereign of the Sea«. 1637.

ging Nelson mit 3 Seemeilen Fahrtgeschwindigkeit. Die höchste Leistung der damaligen Fregatten betrug 10 sm vor dem Winde und 8 bis 8,5 sm beim Winde. Die Kosten eines Linienschiffes beliefen sich 1719 auf 16 £, 1756 auf 26,7 £, 1800 auf 21 £ und 1805 auf 35,4 £ pro Gewichtstonne. Die Bauzeit schwankte zwischen 5 und 10 Jahren. Mit der Einführung der Dampfkraft in der Schiffahrt erhält auch die Kriegsführung zur See ein wesentlich anderes Gepräge insofern, als sie wenigstens nicht mehr abhängig ist vom »Gott des Windes und seinen Einfällen!« —

Das in großen Zügen der Entwicklungsgang der Schiffahrt von ihren Anfängen bis zum Beginn der neuen Ära. Wer einmal

15

Gelegenheit hat, die gute, alte Stadt Bremen zu besuchen, der versäume nicht, dem dortigen städtischen Museum einen Besuch abzustatten. Dieses Museum birgt eine hochinteressante Modellsammlung von Booten, Flößen, Segelschiffen usw., wie sie von

»Victory«. Nelsons Flaggschiff in der Schlacht bei Trafalgar (1805).

unseren europäischen Kulturvölkern oder von primitiven Stämmen herrühren. Die Sammlung gibt uns ein anschauliches Bild der Schiffahrtsentwicklung von ihren einfachsten Anfängen bis zu ihren höheren Formen, wie es in dieser Art wohl kaum irgendwo existiert. Die verschiedenen Arten des Einbaums, der Fell- und Rindenboote, die oft höchst grotesken Schiffsschnäbel, die Art des

Ruderns und anderes lassen sich, obwohl die Sammlung noch der Erweiterung und Vervollständigung bedarf, hier in recht guter Weise studieren. Auch das vor kurzem eröffnete Museum für Meereskunde in Berlin illustriert uns in seinen Sammlungen anschaulich ein Stück Schiffahrtsgeschichte, indem es namentlich ein Bild der historischen Entwicklung der deutschen Marine gibt. Weiter ist dem Germanischen Museum in Nürnberg unter dem Namen »Deutsches Handelsmuseum« eine Sammlung angegliedert, die Schiffsmodelle bis zum 16. Jahrhundert enthält. —

Wir sind mit unserem Überblick über die Segelschiffahrt zu dem Zeitpunkt gelangt, wo der elementaren Kraft des Windes sich ein gefährlicher Konkurrent zugesellt, der, obgleich er kaum erst auf dem festen Lande Fuß gefaßt hat, sich kühn auch auf die See wagt, um auch hier seinen Eroberungszug anzutreten. Ehe wir aber der Dampfkraft, denn diese ist der Konkurrent, auf diesem Zuge folgen, müssen wir noch der Versuche gedenken, die vor der Einführung des ersten Dampfschiffes von verschiedenen Seiten zur Emanzipierung der Schiffahrt von der bisher unentbehrlichen Kraft des Windes gemacht wurden, aber zu keinem positiven Resultat führten. Unter den Männern dieser Zeit ragt Papin hervor, von dessen Wirken in diesem Sinne im folgenden hauptsächlich die Rede sein soll.

2. Blasco de Garay, Papin und ihre Stellung in der Erfindungsgeschichte des Dampfschiffes.

Blasco de Garays Fahrzeug wurde nicht durch Dampfkraft bewegt. — Savery. — Rühlmanns Darstellung der Papinschen Versuche. — Ist Papin 1707 mit einem Dampfschiff von Kassel nach Münden gefahren? — Gerlands Untersuchungen.

Die Mär von einer Erfindung des Dampfschiffes im 16. Jahrhundert hat lange Zeit in verschiedenen Geschichtswerken gespukt. Danach sollte ein spanischer Schiffskapitän Namens Blasco de Garay*) im Jahre 1543 im Hafen von Barcelona Versuche und Fahrten mit einem Schiffe angestellt haben, welches durch zwei an den Seiten angebrachte Wasserräder getrieben wurde, die wiederum mittels Verwendung der Kraft des Wasserdampfes in Bewegung gesetzt wurden. Von diesen Versuchen berichtete im Jahre 1826 der Oberaufseher des spanischen Staatsarchives zu Simáncas, Thomas Gonzaley, daß er unter den Staatsschriften von Catalonien die Bestätigung derselben gefunden habe. Diese gewichtige Stimme hat jedenfalls den Glauben an diese Erfindung genährt, wenn es auch verwunderlich erscheinen mochte, daß dieselbe ohne Sang und Klang wieder in den Orkus der Vergangenheit hinabgesunken sein sollte. Um allen Zweifeln ein Ende zu bereiten, bereiste im Jahre 1857 ein Engländer, Mac Gregor, Spanien. An der Quelle der sonderbaren Nachricht, im Nationalarchiv zu Simáncas, wurde ihm denn auch Einsicht in zwei Briefe des Blasco de Garay gestattet. Beide waren im Jahre 1543 geschrieben und behandelten Experimente mit zwei verschiedenen Schiffen, welche Ruderräder als Triebapparate hatten, die jedoch von Menschenkraft in Umdrehung versetzt wurden. Während das eine Schiff von 25 Mann bewegt wurde, benötigte das andere 40 Mann. Das waren die angeblichen ersten Dampfschiffe! Der Mythus war zerstört; Mac Gregor erwähnt aus-

---

*) Auch Gary.

18

drücklich, daß er und seine Begleiter in den von ihnen sorgfältig studierten Briefen auch nicht die geringste Andeutung über die Verwendung der Dampfkraft gefunden hätten. Andere Akten über die Erfindung der Schiffe des Blasco de Garay existieren nicht und so muß man annehmen, daß der eigentliche Urheber der Nachricht, der vorher genannte Archivar Gonzaley, selbst einem Mißverständnis zum Opfer gefallen ist. Es ging hier wie mit so vielen anderen Nachrichten über angebliche Erfindungen vor so und so viel Jahrhunderten, die sich später vor der Kritik als vage Vermutungen entpuppen. —

Vom Anfange des 17. Jahrhunderts und zwar vom Jahre 1618 an datieren die ersten Patente (in England) auf verschiedene mechanische Mittel, um Schiffe ohne Handruder und Segel zum Fortlauf zu bringen. Diese Mittel scheinen aber sämtlich keinen rechten praktischen Wert gehabt zu haben, da von ihrer Anwendung sich nirgends etwas ermitteln läßt.

Im Jahre 1701 veröffentlichte der meistens als Erfinder der Dampfmaschine bezeichnete Savery eine Schrift: »Der Freund der Minen«, in welcher er unter anderem die Vorteile eines durch eine Dampfmaschine bewegten Räderschiffes beleuchtete. Er schrieb dabei: »Ich glaube, daß dies für die Schiffahrt von großem Gewinn sein wird; man sollte schon jetzt die Sache mehr würdigen, damit uns die Nachwelt nicht den Vorwurf der Trägheit und Indifferenz machen kann.«

Den ersten Schritt zu einem derartigen Schiff können wir zu Beginn des 18. Jahrhunderts auch bereits verzeichnen, als der Professor der Physik Papin — wenn wir Rühlmann[*]) folgen — den Gedanken eines vom Dampf getriebenen Schiffes in die Tat umsetzt. Wir geben hier zunächst eine Schilderung der Vorgänge, wie sie Professor Rühlmann darstellt, der zu dem Ergebnis gelangt, Papin habe bereits im Jahre 1707 mit einem Dampfschiff die Fulda von Kassel nach Münden befahren.

Papin, von Geburt ein Franzose, den die Aufhebung des Ediktes von Nantes aus seinem Vaterlande, woselbst er 1647 zu Blois geboren wurde, getrieben hatte, hat danach schon im Jahre 1681 in einem von ihm verfaßten und von der Royal Society of London veröffentlichten Buche den Gedanken ausgesprochen, Schiffe

---

[*]) Allgemeine Maschinenlehre, fünfter Band, 2. Auflage. Berlin 1902.

durch geeignete Verwendung der Dampfkraft zum Fortlauf zu bringen. Nachdem er 1688 als Professor nach Marburg berufen war, gelang es ihm hier, ein Ruderradschiff zu konstruieren, welches durch Dampfkraft bewegt werden sollte. Leider ist, wie Rühlmann betont, nicht zu ermitteln, welche Art von Dampfmaschine Papin hierzu benutzte. Er nimmt an, daß es eine von Papin verbesserte Saverysche Dampfmaschine gewesen ist, von welcher sich Beschreibung und Abbildung in einer 1707 von Papin veröffentlichten Schrift vorfinden. In den ersten Tagen des September 1707 stellte Papin unter den Augen seines Landesherrn, des Landgrafen Karl von Hessen, den ersten Versuch mit seiner Maschine auf der Fulda an. Derselbe glückte vollständig, wie der Erfinder am 15. September 1707 an den berühmten Philosophen Leibniz berichtete. Trotzdem fand die Erfindung, dank dem Neide der Fachgenossen, in Deutschland keine Anerkennung. Papin faßte daher den Vorsatz, mit seinem Schiff nach England hinüberzufahren, um dort seine Erfindung der Königin Anna von England vorzuführen, von der er eine bessere Förderung seiner Erfindung erhoffte. Um nun aber (bei Münden) aus der Fulda in die Weser fahren zu können, bedurfte er der besonderen Erlaubnis der hannoverschen Behörden, da die Mündener Schiffer gewisse Privilegien bezüglich des Schiffsverkehrs besaßen. Diese Erlaubnis suchte Papin durch Leibniz' Vermittelung zu erhalten. Einer der Briefe, aus denen Rühlmann den Nachweis der Tatsache zu erbringen sucht, Papin habe mit einem Dampfschiff die Fulda befahren, sei hier mitgeteilt:

Schreiben von Leibniz an den kurfürstlichhannoverschen Geheimen Rath.

»Dyonisius Papin, Rath und Medicus bei des H. Landgrafen zu Cassel Durchl., auch Professor Matheseos zu Marpurg ist begriffen, ein Schiff von sonderbarer Invention die Weser herab nacher Bremen zu schicken. Weil er aber vernimmt, daß die Schiffe, so von Cassel oder sonst aus der Fulda kommen, insgemein nicht in die Weser gehen, sondern zu Münden ausgeladen werden und also einige schwierigkeit besorget, gleichwohl es mit solchem Schiffe eine besondere Bewendniss hat und solches auf keine Waren abgesehen, so bittet er unterthänigst, es möchte gnädigste verordnung ergehen, daß solch Schiff allda und überall in Churfürstl. Landen diesmahls herab passiren möge; weswegen ich auch sein verlangen in unterthänigkeit ansuchen soll.

Hannover, den 13. Juli 1707.   G. W. Leibniz.

Pro Memoria unterthänigst die passirung eines Schiffes aus der Fulda in die Weser betr. —«

Die Bitte wurde abgeschlagen. Trotzdem gab aber Papin seinen Plan nicht auf, sondern versuchte nun sein Unternehmen ohne die behördliche Erlaubnis durchzuführen. Am 7. September 1707 fuhr er mit seinem Schiff die Fulda von Kassel nach Münden hinab. Das Ende vom Liede aber war, daß die Schiffer in Münden, woselbst Papin die Durchfahrt mit Gewalt versucht zu haben scheint, über das Schiff herfielen und es in Trümmer schlugen, wie uns ein Schreiben des Amtsmannes Zeuner an Leibniz berichtet. Mögen nun die verblendeten Schiffer sich in ihren Privilegien bedroht gesehen haben, mögen sie sogar von der neuen Erfindung eine Schädigung ihres Gewerbes erwartet haben, — Papins Schöpfung hatte ein schnelles Ende gefunden! Der Erfinder selbst kam ohne sein Schiff in der englischen Hauptstadt an. Gebrochen und entmutigt, begann er dort aufs neue die Konstruktion seiner Maschine; aber der Tod ereilte ihn nach kurzer Zeit, im Jahre 1714, bevor er sein Werk wiederhergestellt hatte.

Soweit der Gang der Rühlmannschen Darstellung, die er mit den Worten schließt: »Hiernach gebührt also Papin allein der Ruhm, das erste durch Dampfkraft zum Fortlauf getriebene Schiff angegeben und in Tätigkeit gesetzt zu haben.«

Wir werden im folgenden sehen, ob dieser Ausspruch auf Grund des vorhandenen Materials berechtigt ist oder wie weit Papin ein Verdienst um die Erfindung des Dampfschiffes gebührt. Diesbezügliche eingehende Forschungen hat Gerland, der Biograph Papins*), angestellt.

Wie Gerland berichtet, fließen die Quellen, welche über die Versuche Papins Aufschluß enthalten, hauptsächlich in Korrespondenzen Papins namentlich mit Leibniz, sodann in den Akten des Magistrates und Amtes zu Münden. Nachdem Papin im Auftrage seines Landesherrn sich mit verschiedenen Versuchen zur Konstruktion von Dampfmaschinen beschäftigt hatte, wurde durch eine in seinem Laboratorium erfolgte Explosion seinen Arbeiten ein Ziel

---

*) Dr. E. Gerland, »Papin, sein Leben und seine Korrespondenz mit Leibniz und Huygens«. Berlin 1881.

gesetzt und er selbst gezwungen, dem Andringen seiner Gegner weichend, Kassel zu verlassen. Die Abreise war längst vorbereitet, indem Papin sich auf einem, auf der Fulda zunächst zu Versuchen hergestellten Schiffe nach Bremen und von da nach England begeben wollte. Die teilweise Ausführung dieser Absicht haben wir bereits erwähnt, ebenso, daß Papin das Mißgeschick in Münden ereilte und er selbst ohne sein Schiff in England anlangte. Wohl geht nun aus den Korrespondenzen Papins hervor, daß sein Schiff ein solches besonderer Konstruktion gewesen ist; von der Benutzung des Wasserdampfes als bewegende Kraft redet aber keines der Aktenstücke, alle lassen vielmehr nur die Absicht Papins erkennen, in England ein Schiff zu erbauen, auf dem eine Dampfmaschine angebracht werden sollte (Gerland). In den Akten des Magistrates zu Münden, welche über die Zerstörung des Schiffes aufgenommen sind, wird die Anzeige protokolliert, »daß ein Frantzose mit einem Fahrzeug von Caßel heruntergekommen und hier durch's Loch auf der Weser hinunter zu fahren willens, hätte einige Kasten und Hauß Geräthe darauf gehabt und wäre das Fahrzeug, wie ein Lust-Schiff, welches man könnte außeinandernehmen.«

Der Landdrost von Zeuner antwortet den Abgesandten des Magistrates, »es wäre ein fremder von Caßel auf diesen zusammengemachten Werck herunter kohmen, mit seinen bei sich habenden Sachen, wäre ja kein Schiff, sondern nur eine Machine wornach mann etwa andere Schiffe bauen könnte, wäre willens gewesen, solches mit nach Engelland zu nehmen«, und weiter, — »indem es ja kein recht Schiff, sondern nur eine Machine oder etwas das einem Schiffe nur ähnlich sehe«. Leibniz fügt der ablehnenden Antwort des Geheimen Rathes des Kurfürsten von Hannover auf sein Gesuch (s. oben) als Überschrift auch nur hinzu: »Papin, Schiff mit Rädern«. Gerade von ihm hätte man eine andere Bezeichnung sicher erwarten dürfen, wenn das Schiff mehr war; denn er war, was wir aus seinem Briefwechsel mit Lucae wissen, in den Ideen und Bestrebungen Papins vollständig eingeweiht, er wußte, daß dieser seit längerer Zeit Versuche zur Nutzbarmachung der Kraft des Wasserdampfes nach den verschiedensten Richtungen hin anzustellen sich bemühte.

Auch aus Berichten eines Zeitgenossen Papins, des Frankfurter Ratsherrn Zacharias v. Uffenbach, der sich mit Papins Versuchen beschäftigt, geht durchaus nicht hervor, daß die Dampfkraft die bewegende Kraft auf Papins Fahrzeug gewesen sei; wir müssen vielmehr, wie Gerland meint, aus dem, was die Augenzeugen und Zeitgenossen über Papins Schiff verschweigen, schließen, daß dasselbe nicht durch Wasserdampf bewegt wurde. Für die letztere Annahme spricht weiter auch der Umstand, daß das Schiff nur klein gewesen sein kann; von Zeuner, der dasselbe nach seiner Ankunft in Münden in Augenschein nahm, berichtet, »daß es ein bloßes Modell zu obgedachtem Schiffbau und gar kein Schiff sey, mit welchen man ohne Gefahr nur bis Gimbte*) fahren können, auch daß sein Vorhaben es danägst auf ein großen Schiff laden zu lassen und seine Kunst und Invention der Königin von Engelland dadurch sehen zu lassen und sich zu recommendiren«. Bei Anwendung der Schiffsmaschine aber, die Papin verwenden wollte, hätte das Schiff eine Größe haben müssen, die das Experimentieren bei den Wasserstandsverhältnissen auf der Fulda wohl kaum gestattet hätte, abgesehen davon, daß die Papinsche Maschine wohl kaum praktisch so weit durchgebildet war, um zum Antrieb dieses Schiffes verwendet werden zu können.

Gerland faßt als Ergebnis seiner Untersuchungen zusammen**): »Die Ansicht, daß das Schiff, mit welchem Papin auf der Fulda experimentierte und am 7. September 1707 von Kassel bis Münden fuhr, ein durch Dampfkraft getriebenes Ruderradschiff war, ist gänzlich unbegründet und unerwiesen. Mit großer Wahrscheinlichkeit dagegen ergeben die uns über dasselbe aufbewahrten Berichte, sowie die Berücksichtigung der sonstigen Verhältnisse, unter denen es gebaut wurde, daß es nur ein zu vorläufigen Versuchen konstruiertes kleines Schiff mit Ruderrädern ohne Dampfmaschine gewesen ist«. Aber auch Gerland läßt Papin Gerechtigkeit widerfahren, indem er annimmt und ausspricht, — und darin können wir ihm gleichfalls beistimmen, — daß wir von wenigen Forschern so sicher sein können, wie von Papin, daß er die ausgesprochene Idee auch ausgeführt haben würde, wenn nicht ein allzu ungünstiges Geschick es verhindert hätte und daß, wenn es ihm also auch versagt gewesen sei, das von ihm erdachte Dampfschiff wirklich zu erbauen, er doch unter denjenigen Männern, welchen die Nachwelt ganz geben soll, was ihnen das Leben nur halb gewährt hat, wahrlich nicht der letzte sei! —

---

*) Dorf an der Weser, eine halbe Stunde von Münden entfernt.

**) »Zur Erfindungsgeschichte des Dampfschiffes«. Zeitschr. des Vereins deutscher Ingenieure, Band XX, S. 462.

3. Vorläufer des Dampfschiffes
in Großbritannien, Frankreich und Amerika.

Jonathan Hull. — Daniel Bernoulli. — Albert Euler. — Auxiron; Constantin Périer. — Jouffroy und seine Unternehmungen. — Patrick Miller und William Symington. — »Charlotte Dundas«. — John Fitch und James Rumsey. — »Dampfboote erfinden ist ein Übel«. — J. Stevens. — Olivier Evans.

Zwischen dem Zeitpunkt des Auftauchens des Papinschen Fahrzeuges im Jahre 1707 und dem Erscheinen des zur Einführung gelangenden Fultonschen Dampfschiffes im Jahre 1807 liegt genau ein Jahrhundert. Dieser Zeitraum bedeutet nun für die Geschichte des Dampfschiffes ein Auftauchen von mancherlei Projekten von Dampfschiffen, durchweg aber auch ein baldiges Verschwinden derselben. Es werden eine Anzahl von Versuchen angestellt, deren Resultate wohl befriedigend ausfallen, die aber wegen verschiedener Umstände doch nicht zur Einführung des neuen Verkehrsmittels Anlaß geben. Mag es sein, daß sich immer noch Schwierigkeiten konstruktiver oder finanzieller Natur einstellten, oft auch die Furcht vor dem Neuen wirkte*), genug, es blieb nur bei den Versuchen.

Es sind hauptsächlich Großbritannien, Frankreich und Nordamerika, woselbst die Idee des durch Dampfkraft getriebenen Schiffes weiter verfolgt wird. Chronologisch vorgehend, ist zuerst das Jahr 1736 als Merkpunkt hier zu verzeichnen. In diesem Jahre wurde von dem Engländer Jonathan Hull ein Patent auf die Verwendung der Newcomenschen atmosphärischen Dampfmaschine zur Umdrehung von Ruderrädern auf Schiffen genommen. Die zu London erschienene Patentschrift betitelt sich: »A description and

---

*) So wurde z. B. bei einem von Symington im Jahre 1802 erbauten Dampfboot befürchtet, daß diese neuen Schiffe die Kanalufer durch den von den Ruderrädern erzeugten, allerdings nicht unbedeutenden Wellenschlag beschädigen würden, durch welche Befürchtung der Versuch hier keine weitere Folge fand.

draught of a new invented machine for carrying vessels or ships out of or into any harbour, port or river, against wind or tide or in a calm, for which His Majesty George II has granted his letters patent for the space of fourteen years by Jonathan Hull.« Hull bediente sich in seiner Maschine einer eigenartigen Anordnung, um die auf- und abgehende Bewegung des Kolbens in eine, die Ruderradwelle drehende umzusetzen. Auf diese, nach unseren heutigen Begriffen ziemlich komplizert erscheinende Anordnung können wir hier nicht näher eingehen; um sie kurz zu charakterisieren, so bediente Hull sich einer Anzahl (5) Seilscheiben, von denen zwei lose auf der Ruderradwelle saßen und diese durch Sperrklinken nur in einer Richtung bewegten. Es scheint hier aber nur bei der Idee geblieben zu sein, da von einer praktischen Anwendung der Hullschen Maschine nichts bekannt geworden ist.

Rühlmann führt dann als Theoretiker in der Dampfschiffsfrage Daniel Bernoulli und Albert Euler, den Sohn des bekannten Leonhard Euler, auf. Ersterer machte (1738, in seiner »Hydrodynamica«) den Vorschlag, am Achterteil der Schiffe Wasser ausströmen zu lassen, dessen Reaktion die Schiffe zum Fortlauf bringen würde. 1753 schlug er dann wieder in einer von der Pariser Akademie gekrönten Preisschrift über den besten Propeller zum Treiben von Schiffen eine unter Wasser befindliche Schraube, ähnlich einem Windrade vor, welche durch eine Dampfmaschine oder durch Göpel in Umdrehung versetzt werden sollte. Euler beschäftigte sich in einer Schrift 1764 nur allgemein mit der Propellerfrage der Dampfschiffe, wobei er die schon von Bernoulli vorgeschlagenen Propeller als Reaktionsröhre, Ruderräder und Schraube gleichfalls angewendet sehen will.

Auf praktische Versuche zur Lösung des Dampfschiffsproblems stoßen wir erst wieder in Frankreich, welches Land überhaupt in bezug auf Neuerungen im Schiffswesen bis in die jüngste Zeit hinein kühn und vielfach vorbildlich vorangegangen ist. In den Jahren 1774 und 1775 wurden bei Paris auf der Seine von dem Artilleriekapitän Auxiron (gebürtig aus Besançon), bezw. von Constantin Périer Versuche mit Dampfschiffen angestellt, die jedoch weiter keine Bedeutung erlangten. Des Ersteren Schiff hatte zwei Räder auf jeder Seite; die nur eine Pferdekraft starke Maschine konnte einen nur so geringen Fortgang des Schiffes erzielen, daß der Versuch nicht weiter verfolgt wurde.

Als von größerer Bedeutung, ja als tatsächlich erste Erfindung des Dampfschiffes werden von den Franzosen die Versuche bezeichnet, welche der Marquis Claude Jouffroy vom Jahre 1776 an ausführte. In diesem Jahre versuchte Jouffroy auf dem Flusse Doubs ein Dampfboot, dessen Propeller sich jalousieartig öffneten und schlossen. Im selben Jahre wurde ihm auch in England ein Patent auf sein Dampfschiff erteilt. 1783 konnte der Erfinder mit einem größeren Dampfboot eine kurze Zeit gegen den Strom fahren. Dieser Versuch ermutigte Jouffroy so sehr, daß er sich an König Ludwig XVI. mit der Bitte um Unterstützung weiterer Versuche wandte und gleichzeitig um ein dreißigjähriges Privilegium für Dampfschiffe einkam. Beides wurde ihm jedoch abgeschlagen; dann brach die französische Revolution aus und störte Jouffroys Unternehmungen. Trotzdem es ihm gelang, im Jahre 1816 mit Unterstützung einer von ihm ins Leben gerufenen Gesellschaft ein weiteres Boot zu Wasser zu lassen, schien kein guter Stern über seinen Unternehmungen zu walten, so daß er, wie so viele Erfinder, in Armut und Elend seine letzten Lebenstage verbrachte, bis der Tod ihn erlöste (1832). Damit fanden in Frankreich die Versuche mit Dampfschiffen vorläufig ihr Ende und wir müssen unseren Blick nunmehr zunächst nach dem britischen Inselreich, der Heimat der Dampfmaschine, wenden, um den weiteren Verlauf der Vorgeschichte des Dampfschiffes zu verfolgen.

Hier, in Schottland, sind es zwei Männer, die sich einen Namen in der Erfindungsgeschichte des Dampfschiffes erworben und die auch in der Erreichung des Zieles zusammen gearbeitet haben: der Bankier Patrick Miller und der Bergwerksmechaniker William Symington. Und zwar ist von den Genannten der erstere derjenige, der neben seinen Ideen das nötige Geld zu den Versuchen stellte, während der letztere zunächst im Auftrage Millers, der wiederum durch einen gewissen James Taylor, einem in seinem Hause amtierenden Lehrer, angeregt wurde, später im Auftrage Lord Dundas' seine technische Geschicklichkeit in den Dienst der Sache stellte. Miller, der sich sehr für den Schiffbau interessierte, beauftragte Symington, ihm für ein Lustfahrzeug von 25 Fuß Länge eine Dampfmaschine zu beschaffen. Millers Schiffe waren sog. Doppelboote, d. h. zwei Boote waren nur in ihren oberen Teilen vereinigt, während unter Wasser jeder Bootskörper für sich gebaut war. Zwischen den beiden Booten sollten durch die Dampfmaschine geeignete Schaufelräder in Umdrehung gesetzt werden. Symington entledigte sich seiner Aufgabe mit so vielem Geschick, daß am 14. Oktober 1788 mit dem Dampfboot auf einem kleinen See zu Dalswinton in Dumfriesshire eine Fahrt unternommen werden konnte. Im nächstfolgenden Jahre, 1789, wurde von den beiden, angespornt durch den ersten glücklichen Versuch, ein zweites größeres Boot mit einer zweizylindrigen Dampfmaschine fertiggestellt. Da bei der Probefahrt jedoch die Schaufeln der Ruderräder brachen, so zeitigte dieser Versuch nicht nur keinen Erfolg, sondern benahm auch Miller die Lust zu weiteren Experimenten in der Richtung des Dampfbetriebes. Ein ihm im Jahre 1796 erteiltes Patent sieht für die Bewegung der Ruderräder wieder die Menschenkraft vor.

Auch Symington, dem das nötige Geld für die Versuche mangelte, war zunächst für eine Reihe von Jahren dieses Feld verschlossen. Erst im Jahre 1800 konnte er sich wieder mit einem Projekt beschäftigen, nachdem ihm von Lord Dundas Mittel zu Versuchen zur Verfügung gestellt worden waren. Es gelang Symington, in den nächsten Jahren ein brauchbares Dampfboot herzustellen, das auf dem Forth-Clyde-Kanal als Schlepper dienen sollte und welches er zu Ehren der Tochter des Lords »Charlotte Dundas« nannte. Dieses Dampfschiff wies schon einen so hohen Grad der Vollkommenheit auf, daß es nur dem Mangel an Unterstützung und auch der schon erwähnten Furcht vor Beschädigung der Kanäle durch den von dem Schiff erzeugten Wellenschlag zuzuschreiben ist, daß Symingtons Schiff im britischen Reiche zunächst keine weiteren Nachfolger fand. Der Gedanke mußte erst vom Auslande her wieder auftauchen, ehe er etwas galt. Die »Charlotte Dundas« besaß eine doppeltwirkende, zweizylindrige Wattsche Dampfmaschine, die mittels Lenkstange und Kurbel ein hinten im Schiff eingebautes Ruderrad bewegte. Im März 1802 schleppte das Schiff zwei Kanalboote mit einer Geschwindigkeit von $3^1/_4$ engl. Meilen in der Stunde, zu einer Zeit, wo andere Schiffe wegen widrigen Windes nicht fahren konnten. Wegen der schon angeführten Umstände gelangte aber die »Charlotte Dundas« nicht weiter zur Verwendung und auch eine Symington schon gemachte Bestellung auf acht Schleppdampfschiffe wurde wieder rückgängig gemacht. Rühlmann schreibt von Symington, »daß ihm das Verdienst zuzuschreiben sei, zum ersten Male solche Verbesserungen miteinander vereinigt

zu haben, welche die Basis des heutigen Systems der Dampfschiffe bilden«. —

Während der Zeit der Miller-Symingtonschen Versuche war die
Idee des Dampfschiffes auch in Nordamerika aufgetaucht, dem Lande,
von dem aus 20 Jahre später das Dampfschiff seine Siegeslaufbahn über
die Erde antreten sollte. Zunächst war es John Fitch, der sich hier
mit derartigen Versuchen beschäftigte. In seiner Vaterstadt Warminster
in Pennsylvanien wurde ihm vor einigen Jahren von der Historischen
Gesellschaft ein Denkmal gesetzt, dessen Stein die Inschrift trägt:
»John Fitch faßte hier die Idee des ersten Dampfbootes. Er erprobte im Jahre 1785 ein Boot mit seitlichen Rädern, die durch
Dampf getrieben wurden, auf einem Teich bei Davisville«. 1787
gelang Fitch die Herstellung eines mit einer Schraube ausgerüsteten Dampfbootes, welches er »Perseverance« taufte und mit
dem er am 1. Mai desselben Jahres den Delaware befuhr. Leider
schien auch diesem Erfinder die Sonne des Erfolges nur wenig, da
sich Verwicklungen einstellten, von denen gleich die Rede sein soll.

Gleichfalls in demselben Jahre wurde nämlich von James
Rumsey ein Dampfboot fertiggestellt, welches die schon von
Bernoulli (s. oben) vorgeschlagene Reaktionskraft des am Achterteil
des Schiffes ausfließenden Wassers zur Fortbewegung benutzte.
Beiden Erfindern wurden im Jahre 1788 Patente auf ihre Dampfschiffe erteilt. Zur Ausnutzung des Rumseyschen Patentes bildete
sich sofort in Philadelphia eine Gesellschaft, die »Rumseian Society«,
an deren Spitze kein Geringerer als Benjamin Franklin stand.
Zwischen den beiden Erfindern ausgebrochene Prozesse, ihre Privilegien betreffend, waren es nun, die sich der Ausbreitung ihrer
Erfindungen hinderlich in den Weg stellten. Rumsey versuchte in
England sein Dampfschiffsprojekt zu verwerten und wirkte hier
längere Zeit für seine Idee. Ein ihm 1790 erteiltes englisches
Patent enthält Anordnungen, um Schiffe in flachem Fahrwasser
mittels Stangen derart zu bewegen, daß letztere gegen den Grund
des Gewässers gestemmt werden und so das Schiff zum Fortlauf
bringen. Während diese Idee jedoch nicht verwirklicht worden zu
sein scheint, konnte ein Boot mit Reaktionspropeller im Jahre 1793
auf der Themse probiert werden, wobei es gegen Wind und Flut
5 Knoten in der Stunde gemacht haben soll. Diesen Erfolg erlebte
Rumsey aber nicht mehr, da er kurz vorher im selben Jahre in
London gestorben war.

Der Streit mit Rumsey und Familienverhältnisse waren nun Fitchs Unglück. Auch er verließ sein Vaterland, um in der Fremde sein Heil zu versuchen; so ging er zunächst 1792 nach Frankreich und 1793 nach England. Von London kehrte er 1794 nach Nordamerika zurück und arbeitete hier an der Herstellung eines Modells für ein Dampfschiff, das er mittels seitlicher Ruderräder und einer Schraube bewegen wollte. 1798 ereilte ihn der Tod. Das Unglück, das ihn so hartnäckig verfolgte, hat er selbst einmal zusammengefaßt in die Worte: »Es gibt zwei Übel, die auf einen Mann von Gefühl äußerst peinigend wirken: das eine ist eine ungestüme Frau und das andere, Dampfboote erfinden. Ist nun ein Mann von beiden gequält, so muß er als der unglücklichste Mensch auf der ganzen Welt angesehen werden«. Und darin können wir ihm wohl Recht geben! —

Wenn wir jetzt noch zwei Männer anführen, die gleichfalls in Nordamerika an der Herstellung eines Dampfschiffes gearbeitet haben, so ist damit die Reihe derjenigen abgeschlossen, die sich hauptsächlich um dieses Problem bemühten, ohne daß ihnen die Sonne des Erfolges gelächelt hätte. Diese beiden letzten Vorläufer Fultons sind die Amerikaner J. Stevens und Olivier Evans, welche ihre Versuche mit Dampfschiffen 1804 anstellten. Des Ersteren Fahrzeug war ein Schraubenboot, dessen Propeller anfangs durch eine Dampfmaschine mit rotierendem Kolben, nachher, da es nicht möglich war, diese Maschine dicht genug zu verpacken, durch eine Wattsche Maschine in Umdrehung versetzt wurde. Stevens war übrigens der erste, der sich mit einem Dampfschiff auf die See wagte. Der zweitgenannte, Evans, hatte sich schon um die Verbesserung der Dampfmaschine verdient gemacht, indem er 1801 an Stelle des bis dahin angewendeten niedrig gespannten Dampfes solchen von höherem Druck einführte. 1804 bemühte er sich dann in Philadelphia mit einem von ihm erbauten Dampfschiff, indem er an einem flachbodigen Baggerschiff von 30 Fuß Länge die zum Betrieb der Schöpfgefäße dienende fünfpferdige Dampfmaschine zum Antrieb von Rädern benutzte. Obschon die ganze Maschine roh gearbeitet und die Radwelle aus Holz hergestellt war, soll es ihm doch gelungen sein, bei Gegenwind die den Strom mit hinaufsteuernden Schiffe zu überholen. —

So hatte die Idee des Dampfschiffes sich seit Papin ein volles Jahrhundert hindurch von einem Träger zum andern fortgeerbt.

Und ob auch die erwähnten Männer sich vergebens um sie bemühten, vorwärts gebracht hatten sie dieselbe auf jeden Fall, bis endlich ein ganz besonders fähiger Kopf und glückliche Umstände es ermöglichten, den ausgereiften Gedanken in eine dauernde Tat umzusetzen. Dieser fähige Kopf war Robert Fulton; auf ihn und seine Arbeiten wollen wir im folgenden näher eingehen.

III. Die Ära des Dampfschiffes.

4. Robert Fulton und sein »Clermont« (1807) und der Beginn der Dampfschiffahrt.

>The liberty of the sea will be the
>happiness of the earth«.   Fulton.

Technikgeschichte. — Fultons Leben. — Fultons Unterseeboot »Nautilus«. — Fulton und Livingstone. — Der »Clermont«, das erste brauchbare Dampfschiff. — Der erste Kriegsdampfer.

Die »Weltgeschichte«, wie sie in der üblichen Weise gelehrt wird, erzählt uns von großen Fürsten, Feldherren, Kriegshelden und ihren Taten auf dem Kriegsfelde, vom grauen Altertum bis in die neueste Zeit hinein ein langes und breites. Die »Kulturgeschichte«, die Berichte von den Arbeiten und Erfolgen, welche große Männer im friedlichen Wettstreit zum besten, zum Fortschritt der Menschheit geleistet bezw. errungen haben, das Leben dieser Großen selbst, dies alles nimmt nur einen sehr kleinen Teil in der »Weltgeschichte« ein. Es ist hier nicht der Ort, zu untersuchen, welche Ursachen dieser einseitigen Geschichtsdarstellung zugrunde liegen, die Tatsache ist jedem Gebildeten bekannt. Was uns fehlt, das ist eine stärkere Hervorhebung der Geschichte der Kulturerrungenschaften, der »Technikgeschichte«, die uns einmal bekannt macht mit den Kulturfortschritten, dann aber auch mit den Männern, denen wir letztere zum größten Teil zu verdanken haben. Diese Darstellung würde uns u. a. auch von jenem Manne berichten, dessen Name unauslöschlich in den Denkstein der Geschichte der Technik eingegraben ist als »Erfinder des Dampfschiffes«, von Robert Fulton, dem Amerikaner, der der Menschheit in dem Dampfschiff ein Verkehrsmittel schuf, wie es an Bedeutung von keinem anderen Verkehrsmittel bis jetzt erreicht worden ist! —

Robert Fulton wurde 1765 zu Little Britain (jetzt Fulton genannt), Lancaster County in Pennsylvanien geboren. Über seine früheste Jugend ist hier nicht viel zu berichten. Nachdem er die Schule absolviert hatte, kam er in die Goldschmieds- und Uhrmacherlehre. Da er hier sein Zeichentalent offenbarte, so verschaffte ihm ein Gönner die Mittel, um sich als Maler auszubilden. Fulton begab sich zu diesem Zweck 1786 nach London. Nachdem er dort einige Jahre dem Studium obgelegen, gelangte er zu der Überzeugung, daß er auf diesem Gebiete keine Lorbeeren zu erringen hoffen konnte. Er hing also die Malerei an den Nagel und widmete sich von nun an eifrig dem Studium der Mechanik. Rumsey, der um diese Zeit an der Verwirklichung seines Dampfschiffsprojektes arbei-

Robert Fulton.

tete, war es namentlich, der Fulton zu diesem Wechsel seiner Studien veranlaßte. Durch die Übernahme einer Arbeit, der Herstellung eines Panoramas, zu der ihm der nachmalige Gesandte der nordamerikanischen Staaten in Frankreich, Barlow, verhalf, gelangte Fulton nach der Hauptstadt Frankreichs, nach Paris. Hier hatte er Gelegenheit, nachdem er seine pekuniäre Lage durch seine Arbeit befestigt hatte, sich auch wieder seinen Studien in der Mechanik zu widmen und gleichzeitig durch den Umgang mit Gelehrten mancherlei Anregungen zu empfangen.

In dieser Zeit war es auch, daß Fulton u. a. sich mit Arbeiten beschäftigte, welche ein so helles Licht auf sein Talent werfen und so interessant sind, daß wir sie hier anführen wollen. Der geniale Erbauer des ersten praktisch brauchbaren Dampfschiffes hat sich hier nämlich auch ein Denkmal als Erfinder in der Geschichte des submarinen Fahrzeuges, des Unterseebootes gesetzt.

Es dürfte bekannt sein, daß gegen Ende des 18. Jahrhunderts das Direktorium in Frankreich mit dem Plane umging, England zu bekriegen. Da große Flottenoperationen geplant wurden, so bot Fulton, der bereits auf der Seine bei Paris subaquale Versuche angestellt hatte, 1797 dem Direktorium den Bau eines Unterwasserbootes an. Obgleich seine Forderung, eine staatliche Bestallung zu erhalten, um sich und seinen Leuten das Kriegsführungsrecht zu sichern, vom Direktorium nicht genehmigt wurde, betraute dennoch der Marineminister Bruix am 31. Juli 1798 einen Ausschuß mit der Prüfung der Erfindung Fultons. Dieser Ausschuß berichtete zwar sehr günstig, ohne daß dies jedoch, ebenso wie ein neues Anerbieten Fultons, die Themse mit Minen zu sperren, von Erfolg begleitet war. Ein am 17. Juli 1799 von Fulton an das Militärkomitee gestellter Antrag ergab, daß letzteres die Brauchbarkeit der Erfindung anerkannte und sie empfahl. Inzwischen hatte Fulton ein Unterwasserboot, »Nautilus« genannt, erbaut; dasselbe wurde am 30. Juli 1800 zu Wasser gelassen. Die Fürsprache von Monge und Laplace, die dem ersten Konsul Bonaparte den Erfinder vorstellten, konnten jenen weder überzeugen, noch ihn bewegen, die zu einem Sprengversuch erforderlichen 60 000 Francs zu bewilligen. Fulton erhielt nur etwas altes Pulver und sprengte damit am 31. Oktober 1800 ein Floß außerhalb Havre. Trotz des von Bonaparte eingeforderten Berichtes lehnte der Marineminister Forfait es dennoch ab, weitere Versuche zu unterstützen. Am 30. März 1801 bewilligte jedoch Bonaparte 10 000 Francs zur Fortsetzung der Versuche in Brest; anfangs Juli sprengte Fulton von seinem »Nautilus« aus eine alte Schaluppe in die Luft. Seine Bitte, zwei englische Fregatten, die nahe der Reede kreuzten, in die Luft sprengen zu dürfen, wurde abgelehnt. Dann nahm sich Admiral Latouche-Tréville der Sache an und empfahl sie warm dem Ministerium. Und trotzdem Fulton sich auch noch am 6. September 1801 mit einem Schreiben an Bonaparte wandte, wurde er mit seinem »Nautilus« und seinen Torpedos endgültig abgewiesen.

Um diese Zeit trat in Fultons Bekanntenkreis ein Mann, der für ihn von Bedeutung werden sollte. Es war dies Robert Livingstone, der als Gesandter aus Amerika nach Paris kam. Er hatte sich schon seit 1797 bemüht, Dampfboote auf dem Hudson einzuführen. Livingstone trat mit Fulton, dessen Begabung er bald erkannt hatte, in Verbindung zwecks Durchführung seines Planes. Durch dieses Zusammenwirken — von Livingstones Geld und Fultons Talent — entstand denn auch bald ein Dampfboot, mit welchem Fulton 1803 auf der Seine bei Paris Versuchsfahrten anstellte. Leider zeitigten diese kein praktisches Resultat, da das Boot sich viel zu langsam bewegte, schließlich unter dem Gewichte der Maschine zerbrach und unterging. Da in demselben Jahre der Krieg zwischen Frankreich und England von neuem ausbrach, so mußte Fulton seine Versuche hier wieder aufgeben. Mit dem Projekt seines Unterseebootes, das er inzwischen vergeblich in Holland angeboten hatte, begab er sich im Mai 1804 nach England. Hier sprengte er am 15. Oktober 1805 mittels seines Torpedos die dänische Brigg »Dorothea« in die Luft. Trotz dieses Erfolges gelang es jedoch Fulton nicht, England für die Ausführung von Unterseebooten und Torpedos zu gewinnen. Der Premierminister Pitt stand seinen Plänen wohlwollend gegenüber. Nachdem dieser aber zu Anfang des Jahres 1806 gestorben war, stand die Sache für Fulton nicht mehr günstig, da Pitts Nachfolger Fultons Projekten seine Unterstützung versagte. Aus diesem Grunde verließ Fulton das ungastliche England im Dezember 1806 und begab sich nach seinem Vaterlande Amerika zurück.

Vor seiner Abreise aber hatte er der Maschinenfabrik von Bulton & Watt in Soho, die damals zu den berühmtesten ihrer Art zählte, ja die berühmteste war, eine Dampfmaschine in Auftrag gegeben, welche er bei dem ihn unausgesetzt beschäftigenden Projekte eines Dampfschiffes benutzen wollte. Im Sommer 1806 war diese Maschine fertig und versandtfähig verpackt. Sie traf fast gleichzeitig mit Fulton in Amerika ein, wo inzwischen der Schiffskörper auf Stapel gelegt worden war. Durch die Unterstützung seines Gönners Livingstone gelang es Fulton denn auch, im Jahre 1807 ein vollständig brauchbares Dampfschiff mit jener Maschine fertig zu stellen. Dieses Schiff ist das erste seiner Art, welches wirklichen Bestand hatte und Fultons Namen als den Schöpfer des Dampfschiffes und Begründer der Dampfschiffahrt unsterblich machte!

Das denkwürdige Schiff, auf Browns Schiffswerft in Newyork erbaut, führte zu Ehren des Wohnortes Livingstones den Namen »Clermont«. Es hatte (nach Marestier) eine Länge von 42,67 m (140 Fuß engl.), eine Breite von 4,57 m (15 Fuß) und einen Tiefgang von 0,61 m (2 Fuß); die Wasserverdrängung betrug etwa 180 t. Die als Antriebsmaschine für die beiden, an den Seiten des Schiffes angebrachten Ruderräder dienende Dampfmaschine war 20 Pferdestärken stark und machte 20 Umdrehungen in der Minute. Der Zylinderdurchmesser betrug 0,61 m, der Kolbenhub 1,22 m. Der Dampfkessel war 6,1 m lang, 2,1 m hoch und 2,4 m breit. Die 4,57 m im Durchmesser messenden Ruderräder hatten je 8 Schaufeln von 1,2 m Breite und 0,6 m Höhe.

Im Herbst des Jahres 1807 machte Fultons »Clermont« seine erste Fahrt und zwar auf dem Hudson, von New York nach Albany, eine Entfernung etwa so weit wie von Köln bis Mainz. Schwarz-Flemming gibt über diese erste Fahrt des »Clermont« folgende Schilderung:

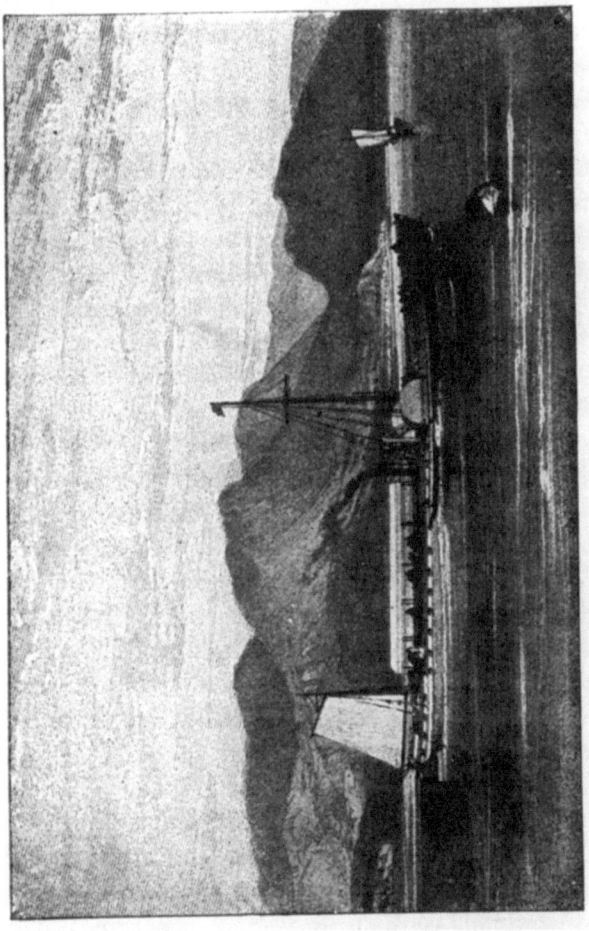

Fultons erster Dampfer »Clermont« (1807).

»Es war im Herbst 1807. Eine gaffende Menge umstand die Ufer des East River, Newyork, und betrachtete mit ungläubigen und spöttischen Mienen ein Boot, das, vor einem halben Jahre von Browns Ship Yard vom Stapel gelaufen, angeblich dazu bestimmt war, ohne Segel und ohne Ruder sich selbständig fortzubewegen. Wenn es nicht die bewegende Kraft des Windes oder die Muskelkraft von Menschen oder Tieren war, welche neue Kraft mochte es dann sein,

3*

die das Schiff treiben sollte? Man munkelte von der Kraft des Feuers und des Dampfes, und mit überlegenem Spott in den Zügen dankte jedes Glied der Versammlung es seinem Sterne, daß es mehr Weisheit besitze als die »philosophers« und »projectors«, welche für solche Hirngespinste ihr Geld fortwarfen. Nichts vermag aber die Überraschung und Verwunderung zu übertreffen, welche die beim Versuche gegenwärtige Menge überkam, als das Boot, schwarze und weiße Wolken ausstoßend, die Fluten des Hudson durchschnitt. Sprachlos, als ob ein Wunder sich vollziehe, starrte das Volk nach dem Fahrzeuge, bis nach einer Weile zweiflerischen Schweigens lauter Beifall und Jauchzen die Luft erschütterten!« —

Das Schiff legte die Strecke von 120 Seemeilen stromaufwärts in 32 Stunden, stromabwärts in 30 Stunden zurück; es hatte demnach eine Fahrtgeschwindigkeit von etwa 4 Seemeilen in der Stunde. Im übrigen fiel diese Fahrt so günstig aus, daß der »Clermont« sogleich für die regelmäßige Passagierfahrt zwischen Newyork und Albany beibehalten wurde.

So war also die Dampfschiffahrt eröffnet! Glücklicher als seine vielen Vorgänger, — die ihm übrigens genügend vorgearbeitet hatten, — begünstigt durch die äußeren Umstände, war es Fulton gelungen, das Dampfschiff zustande zu bringen. Ruder und Segel waren bis dahin die einzigen Mittel gewesen, deren sich der Mensch zur Fortbewegung seiner Wasserfahrzeuge bediente. Nun war auch der Dampf, dessen Kraft man vor Jahrzehnten in der Dampfmaschine nutzbar gemacht hatte, zu diesem Zweck herangezogen worden, und vom Dampf getrieben, peitschten mächtig die Ruderräder des qualmenden »Clermont« das Wasser!

Wohl war Fultons Dampfschiff keine Erfindung, wie so viele andere, in allen seinen Teilen dem Kopfe seines Erbauers entsprungen. Was Fulton im Dampfschiff zusammengefügt hatte, war schon in seinen Einzelteilen von anderen erfunden und durchgeprobt, auch wohl schon vereinigt worden. So stammte die Dampfmaschine des Schiffes von Watt, die Ruderräder hatte schon Miller bei seinen Versuchen angewendet, Symington, dessen Verdienste wir bereits rühmend betont haben, hatte diese beiden Teile schon vor Jahren vereinigt gleichfalls in einem Schiff erprobt. Die Engländer wagen sogar zu behaupten, Fulton habe im Jahre 1802 Symingtons Dampfboot besucht und einige Fahrten mit demselben auf dem Forth-Clyde-Kanal mitgemacht, sich dabei alles notiert und hiernach sein

Dampfschiff erbaut. Diese Behauptung ist aber von anderer Seite dahin berichtigt worden, daß nicht Fulton, sondern der Engländer Bell, vielleicht unter dem Namen Fulton, in diesem Jahre Symingtons Boot besucht habe, während Fulton zu dieser Zeit in Frankreich arbeitete und, wie oben erwähnt, erst im Jahre 1804 nach England gelangte. Vorurteilslos denkend, muß man Fulton das Verdienst lassen, das erste brauchbare Dampfschiff gebaut und damit der Welt ein neues, wichtiges Verkehrsmittel geschaffen zu haben. —

Der »Clermont« machte natürlich Schule! Er selbst wurde ein Jahr nach seiner Erbauung, also 1808, um allen Ansprüchen als Passagierboot genügen zu können, um etwa 3 m, also auf mehr als 45 m, verlängert. Die Amerikaner griffen die neue Schöpfung bald auf, und so finden wir bereits 5 Jahre nach der denkwürdigen Fahrt des Fultonschen Dampfschiffes, 1812, in Nordamerika mehr als 50 daselbst erbaute Dampfschiffe von nicht geringer Größe die dortigen Flüsse befahren. Wo bis dahin schwellende Segel die Fluten belebt hatten, da qualmten und »steamten« jetzt die Schlote der Dampfer ihre Rauch- und Dampfmassen in die Luft hinein, dem Landschaftsbilde ein wesentlich anderes Aussehen verleihend.

Fultons reger Geist ließ ihn nicht zur Ruhe kommen. Nachdem sein Werk so glücklich gelungen war und jetzt im friedlichen Passagierdienst Anwendung fand, tauchte bei ihm schon der Gedanke auf, das Dampfschiff auch im Kriegsdienst auf See anzuwenden. So reichte er bereits im Jahre 1813 dem Präsidenten der Vereinigten Staaten Nordamerikas die Zeichnung eines Kriegs-Dampfschiffes ein. Im nächsten Jahre wurde die Ausführung desselben beschlossen und der Bau der Schiffswerft von Adam und Noah Brown in Newyork übertragen; Fulton sollte den Bau des Schiffes leiten. Dieser erste Kriegsdampfer lief bereits am 29. Oktober 1814 vom Stapel und hat als erster seiner Art unter den Namen »Fulton I.« und »Demologus« eine gewisse Berühmtheit erlangt. Er war ein sehr plumper, pontonähnlicher Kasten, der sich höchstens zur Hafenverteidigung eignete. Der Schiffsrumpf bestand eigentlich aus zwei Teilen, die durch Balken und Planken miteinander verbunden waren. Seine Länge betrug 26,8 m, die Breite 16,8 m und die Tiefe 6 m. Die einzylindrige Dampfmaschine lag auf Steuerbord-, der Dampfkessel auf Backbordseite. Die Dampfmaschine trieb ein zwischen Maschine und Kessel mittschiffs gelagertes, daher vollkommen geschütztes Ruderrad. Das Schiff war aus Holz gebaut und hatte zum Schutz über der Wasserlinie sogar 5 Fuß dicke Holzwände. In der Batterie standen 20 verhältnismäßig schwere Geschütze. In Aussicht genommen war eine noch schwerere Bewehrung mit 30 langen 32-Pfündern und 3 100-Pfündern. Außerdem war das Schiff mit einer Einrichtung zum Aussprühen von siedendem Kesselwasser versehen, um hiermit Enterungen abzuwehren.

Die erste Probefahrt machte das Schiff im Juni 1815, wobei eine Geschwindigkeit von 2,5 miles*) erreicht wurde. Mittlerweile war der Krieg gegen England, in welchem es Verwendung finden sollte, zu Ende gegangen, ohne daß dieser Kriegsdampfer Gelegenheit gehabt hätte, in Tätigkeit zu treten. Er wurde daher auf der Werft zu Brooklyn vertaut und diente als Magazinschiff. In den zwanziger Jahren ging er durch eine Explosion der an Bord befindlichen Pulverfässer zugrunde. So endete das erste Kriegsdampfschiff ziemlich kläglich.

Der Vater dieses Baues, Fulton, hatte die Vollendung desselben jedoch nicht mehr erlebt. Er starb bereits am 24. Februar 1815, also noch vor dem Stapellauf des Schiffes, kaum fünfzig Jahre alt, viel zu früh, da noch Bedeutendes von ihm zu erwarten stand. Seine Erfindung hinterließ er als ein epochemachendes Vermächtnis, das verdiente, gepflegt und gefördert zu werden!

---

*) Die Quelle, »Scientific American«, gibt leider nicht an, ob Seemeilen von 1852 oder engl. Meilen von 1608 m gemeint sind.

5. Die Einführung der Dampfschiffahrt in den verschiedenen Ländern.

Nordamerika. — Das Sicherheitsboot (safety barge). — Kesselexplosionen. — Die »Savannah« durchquert als erstes Dampfschiff den Ozean. — Der »Comet«. — Die erste Fahrt des Dampfschiffes über den englischen Kanal. — G. S. N. C. — Rußland. — Frankreich. — Schweiz. — Die ersten Dampfschiffe auf deutschen Flüssen. — Größere Reisen von Dampfern auf dem Weltmeer. — Auch nach dem fernen Osten dringt das Dampfschiff.

Anfangs nur langsam und zögernd, aber doch beständig brach sich das neue Verkehrsmittel Bahn und veranlaßte die verschiedenen Nationen, seiner Einführung näher zu treten. Es liegt nahe, daß, nachdem Fultons Schiff sich als brauchbar erwiesen hatte, Nordamerika auch dasjenige Land war, welches dem Dampfschiff seine Pflege und eine besondere Bautätigkeit zuwandte. Wir haben schon hervorgehoben, daß man 5 Jahre nach der Probefahrt des »Clermont« bereits mehr als 50 Dampfschiffe in Nordamerika zählte. Auf Nordamerika folgte bald sein Mutterland, Großbritannien, welchen beiden Ländern sich dann hauptsächlich Frankreich und Deutschland anschlossen, bei denen die ersten Dampfer noch nachweisbar sind, während dies bei den übrigen Staaten vielfach nicht der Fall ist.

In Amerika waren es namentlich die großen Flüsse und Seen, welche ein weites Feld für den Dampfschiffsverkehr boten. Für den Mississippi ist das erste Dampfschiff im Jahre 1812 zu verzeichnen und zwar in der, im vorhergehenden Jahre in Pittsburg erbauten »New Orleans«. Im Jahre 1820 ist die Zahl der hier verkehrenden Dampfer bereits auf 70 bis 80 gestiegen. 15 Jahre später, als der »Clermont« erschien, also Mitte der zwanziger Jahre, wurden die Flüsse, Seen und Küstengewässer Nordamerikas bereits von mehr als 300, der Hudson allein von 86 Dampfern im regelmäßigen Betrieb befahren. Im Jahre 1839 beträgt die Zahl der amerikanischen Dampfschiffe bereits rund 700, Ende der vierziger Jahre auf dem Hudson allein schon über 100, meistens große Dampfer von 500 bis 1200 t Tragfähigkeit.

Daß den Dampfschiffen in den ersten Zeiten noch allerhand Mängel, die sich oft unangenehm bemerkbar machten, zuweilen auch die Passagiere beunruhigten, anhafteten, ist erklärlich. So ließ denn z. B. die erste Dampferkompagnie in Amerika ein Sicherheitsboot (safety barge) hinter dem Dampfer herschleppen, welches, mit möglichstem Komfort ausgestattet, die Reisenden vor dem Geräusch und dem Stampfen der Maschinen und gleichzeitig vor den Folgen von Kesselexplosionen bewahrte, die man als eine gewöhnliche Gefahr, die das damalige Dampfschiff mit sich brachte, betrachtete. Letzteres ist auch erklärlich, wenn man die Zahl der damals eingetretenen Kesselexplosionen bedenkt. Bis zum Jahre 1831 fanden nämlich 50 derartige Explosionen auf amerikanischen Dampfschiffen statt, wobei 256 Menschen ums Leben kamen und rund 100 verwundet wurden. Von diesen 50 Explosionen betrafen 13 Hochdruck- und 27 Niederdruckkessel, während bei 10 Explosionen die Art der Kessel nicht angegeben ist. Da jegliche Art der Kontrolle, wie sie z. B. heute geübt wird, fehlte, so waren derartigen, durch Leichtsinn und Rücksichtslosigkeit entstandenen Unglücksfällen Tür und Tor geöffnet, und das Dampfschiff mußte eine gute Idee sein, daß derartige Mißstände seiner weiteren Verbreitung sich nicht hemmend in den Weg stellten.

Die Amerikaner beschränkten sich bald nicht mehr auf ihre Flüsse, Seen usw., sondern wagten jetzt auch den kühnen Versuch, den Ozean mittels Dampfschiff zu durchqueren. Man glaubte allerdings lange nicht an die Möglichkeit, Schiffe bauen zu können mit genügendem Kohlenvorrat für die Reise über den Ozean. Wissenschaftliche Autoritäten berechneten die Unmöglichkeit eines solchen Experimentes und selbst als das Dampfschiff »Savannah« zum ersten Male unter Dampf und Segel das große Wasser durchquert hatte, hielt man die Fahrt unter Dampf allein für ebenso unwahrscheinlich wie eine Reise von New York nach dem Monde. Die »Savannah«, am 22. April 1818 in New York vom Stapel gelaufen, hatte eine Länge von 30,48 m, eine Breite von 7,92 m und einen Tiefgang von 4,27 m bei 300 t Belastung. Ursprünglich als Segelschiff gebaut, wurde sie durch ihren Kapitän Moses Roger, — einem Mann von hervorragendem Talent, der sich seinerzeit mit Fultons Versuchen vertraut gemacht hatte, — in einen Dampfer umgewandelt. Moses Roger übertrug die Schiffsführung dem Kapitän Steven Roger und leitete selbst die Maschinenanlage. Das als Fregatte, mit drei

Masten getakelte Schiff hatte auf jeder Seite ein Schaufelrad von 4,9 m Durchmesser. Dieser erste Ozeandampfer gebrauchte zu seiner Fahrt über den Ozean im Jahre 1819, vom Savannahhafen bis Liverpool, etwa 26 Tage. Während dieser Zeit wurden jedoch 8 Tage lang ausschließlich die Segel benutzt. Von Liverpool dampfte die »Savannah« dann noch nach Kopenhagen, Stockholm, St. Petersburg und zurück nach Savannah, überall angestaunt und bewundert. —

Während so dieses Schiff Europa den amerikanischen Wagemut vor Augen führte, hatte hier, selbst nach Symingtons vergeblichen Bemühungen, das Dampfschiff bereits festen Fuß gefaßt und zwar zuerst in Großbritannien. Henry Bell war es, der im Juli 1812 mit seinem, in allen Teilen in Helensburg selbst gefertigten »Comet« die ersten Versuchsfahrten auf dem Clyde machte.

Der »Comet« hatte folgende Dimensionen:

Länge in der Wasserlinie	12,8 m		
Breite „ „	„	3,35 m	
Tiefgang		1,37 m	
Deplacement		24 t.	

An jeder Seite hatte das Dampfboot zwei hintereinander liegende Schaufelräder mit je vier Schaufeln. Den Antrieb lieferte eine einzylindrige Dampfmaschine mit untenliegendem Balancier. Der ziemlich hohe Schornstein des Schiffes mußte zugleich als Mast dienen und trug daher ein großes Raasegel. Der »Comet« hatte eine Fahrtgeschwindigkeit von 5 Knoten*). Nach Erledigung seiner Versuchsfahrten wurde das Schiff in den Passagierverkehrsdienst eingestellt und diente jahrelang dem Verkehr auf dem Clyde zwischen Glasgow und Greenock. 1821 ging es infolge eines Unfalls zugrunde.

Zu den Mitarbeitern Bells gehörten u. a. seine Landsleute John Thomson und John Robertson. Thomson gab dem »Comet« bald einen Nachfolger in dem Dampfer »Elisabeth«, der am 9. Mai 1813 seine erste Fahrt auf dem Clyde machte. Auch Robertson ging selbständig mit dem Bau eines Dampfschiffes, »Clyde« genannt, vor und befuhr fast gleichzeitig mit Thomsons Schiff am 8. Mai 1813 zum ersten Male den Clyde. 1814 ließ er bereits ein weiteres

---

*) Nach Busley mit der »tide« und Benutzung des Segels.

Dampfschiff, die »Caledonia«, folgen, welches Schiff deshalb bemerkenswert ist, weil es der erste europäische Dampfer ist,
welcher sich auf die See wagte. Im Mai desselben Jahres baute
Robert Buchanan ein Dampfschiff, »Prinzeß Charlotte«, welches
mit beweglichen Radschaufeln nach seinem System ausgestattet war. Durch eine exzentrische Scheibe erhielten die einzelnen Schaufeln der Räder stets, also auch im Wasser, eine senk-
rechte Lage, wodurch ihre Wirkung erhöht werden sollte. Diese
Anordnung beweglicher Schaufeln, die später durch eine andere von
Galloway und Morgan verbessert wurde, mußte Buchanan wegen
verschiedener Havarien wieder aufgeben und durch feste Schaufeln
ersetzen. Das beliebteste Dampfschiff auf dem Clyde wurde bald,
im Sommer 1814, der in Port Glasgow erbaute »Duke of Argyle«.
Im Juli 1814 begann das zwei Glasgower Bürgern, Anderson und
Cobbin, gehörige Dampfschiff »Margery« seine regelmäßigen Fahrten
zwischen Glasgow, Greenock und Helensburg. Dieses Dampfschiff
war auch das erste, welches die Themse in regelmäßiger Fahrt
befuhr, da es noch im selben Jahre (1814) an eine Londoner Gesellschaft verkauft wurde. Schließlich ging die »Margery« durch
Kauf in die Hände einer Pariser Gesellschaft über und gelangte
am 28. März 1816 unter ihrem neuen Namen »Elisa« nach einer
stürmischen Fahrt über den englischen Kanal von Havre die Seine
herauf nach Paris, woselbst Ludwig XVIII. sie mit einem Besuche
beehrte.

Über diese erste Fahrt des Dampfschiffes über den Kanal ist
in einem belgischen Blatte noch eine eingehende Schilderung erhalten. Die Reise ging von London nach Havre, begann am 9. März
1816 und dauerte 9 Tage! Anlaß zu dem »kühnen Unternehmen«,
so heißt es in dem Bericht, gab der Umstand, daß der spätere
französische Finanzminister Jacques Lafitte, der damals Bankgouver-
neur, Reeder und Schnellpostunternehmer war, sich vergewissern
wollte, »was an der neuen Dampfschiffahrt sei«. Zu dem Zwecke
beauftragte er einen Offizier seiner Segelschiffahrt, namens Andriel,
zu jedem Preis ein Dampfboot aus England zu holen und nach
Paris zu bringen. Andriel reist ab. In den Londoner Docks findet
er drei der gesuchten Boote und kauft das größte, das 16 m lang
und 5 m breit ist und eine Maschine von 6 Pferdestärken hat. Er
tauft es »Elisa« und tritt die Reise an. Sein erstes Abenteuer ist,
daß schon bei Gravesend auf der Themse ein englischer Kutter den

Dampfer verfolgt. Kaum in See, wird die »Elisa« von einem Süd-
weststurm heimgesucht. Die entsetzte Mannschaft murrt und Andriel
sieht sich genötigt, sein Schiff nach Dungeneß in Sicherheit zu
bringen. Am 15. März wird die See ruhiger und der Dampfer
nimmt seine Reise wieder auf; aber ein neuer Sturm bricht los,
und eine Woge reißt von den Rädern des Bootes vier Schaufeln
weg. Andriel schlägt sich darauf bis Newhaven durch, wo er den
Schaden ausbessert, um am 17. vor einer großen Zuschauermenge
von neuem abzudampfen. Gegen Mitternacht erhebt sich wieder
ein Sturm und die Besatzung wirft sich auf und will durchaus nach
England zurück. Aber Andriel besteht auf der Weiterfahrt, tröstet
die Matrosen mit je einem Glas Rum und schürt das Kesselfeuer·
Das Unwetter nimmt zu, der Dampfer rollt ganz entsetzlich. Sturz-
seen gehen über Deck und schleudern den Franzosen wiederholt
zu Boden. Als Andriel nunmehr auf einige Augenblicke in die
Kabine eilt, fällt der Ofen um und es entsteht Feuer, das aber noch
glücklich gelöscht wird. Inzwischen drängen die Mannschaften immer
mehr auf die Rückkehr nach England, aber Andriel beschwichtigt
sie dadurch, daß er dem ersten von ihnen, der Land melde, drei
ganze Flaschen Rum verspricht. Und richtig, alsbald ertönt der
Ruf: french light! Man hat Havre in Sicht; es ist am 18. März
morgens 6 Uhr. In der Ferne kreuzt ein Lotsenboot, aber kaum
hat sein Insasse das fremdartige Ungeheuer bemerkt, als er trotz
der Notzeichen Andriels nach dem Hafen ausreißt. Andriel versucht,
ohne Lotsen zu landen und um 8 Uhr steht er, von einer riesigen
Volksmenge begrüßt, auf dem Staden. Wen er aber dort nicht
vorfindet, ist der Vertreter seiner Reederei. Andriel muß ihn in
seiner Wohnung zu Havre aufsuchen und findet mit der Meldung, daß
er mit einem Dampfer aus England komme, anfangs keinen Glauben.
Daß ein Dampfboot bei solchem Sturm eine Seereise machen könne,
hält der Vertreter für unmöglich. Bald tritt Andriel die Seine hinauf die Weiterreise nach Paris an. Hier geht die »Elisa« am Mars-
felde vor Anker und erhält 2 Kanonen, um Salut schießen zu können.
Endlich, am 2. April, fährt der Dampfer an den Tuilerien vorbei
und feuert die vorgeschriebenen 21 Schüsse ab. Ludwig XVIII.
aber spendet bei der Begrüßung persönlich seinen Beifall, indem er
»majestätisch« in die Hände klatscht. —
Gegen Ende des Jahres 1815 werden in England und Schottland bereits 20 Dampfschiffe gezählt, ein Zeichen, daß das neue

Verkehrsmittel bei den Söhnen Albions Anklang gefunden hatte; 1823 betrug die Zahl der in England gebauten Dampfschiffe (nach Beuth) bereits über 160. In den folgenden Jahren nahm gerade hier die Dampfschiffahrt einen mächtigen Aufschwung, wie er auch Englands Stellung als handeltreibende Nation entsprach.

1824 bildete sich hier die erste (heute noch bestehende) Dampfschiffsgesellschaft, die »General Steam Navigation Company«. Ihr erster Dampfer »City of Edinburgh«, gebaut bei Wigram & Green in London, lief am 31. März 1821 vom Stapel. Die Maschine des Dampfers wurde damals als »äußerst stark« be-

»Earl of Liverpool« (1822).

zeichnet, obgleich ihre Leistung sich nur auf 100 PS belief. Als zweiter Dampfer der Gesellschaft folgte der »James Watt«, der im Juni 1821 auf der Werft von Wood & Co. in Port Glasgow den Stapel verließ und als das größte, von Dampf getriebene Schiff Großbritanniens galt. Die Gründung der G. S. N. C. bezeichnet den Anfang vom Ende der Segel- Paket- und Passagierfahrt-Epoche und den Anbruch der Ära des Dampfschiffes und der Eisenbahn. Trotzdem das eigentliche Geburtsjahr der letzteren etwa in diese Zeit fällt (der berühmte Wettstreit von Rainhill fand bekanntlich im Jahre 1829 statt), eroberte die Eisenbahn sich die Hauptwege in Großbritannien erst etwa vom Jahre 1842 ab. In dieser Zwischenzeit und noch einige Jahre später bildete die G. S. N. C. das eigentliche Beförderungsinstitut für Passagiere, Frachten, Post usw. von London nach dem Norden und den hauptsächlichsten Plätzen des westlichen Europas. Der Bau der Dampfschiffe der Gesellschaft

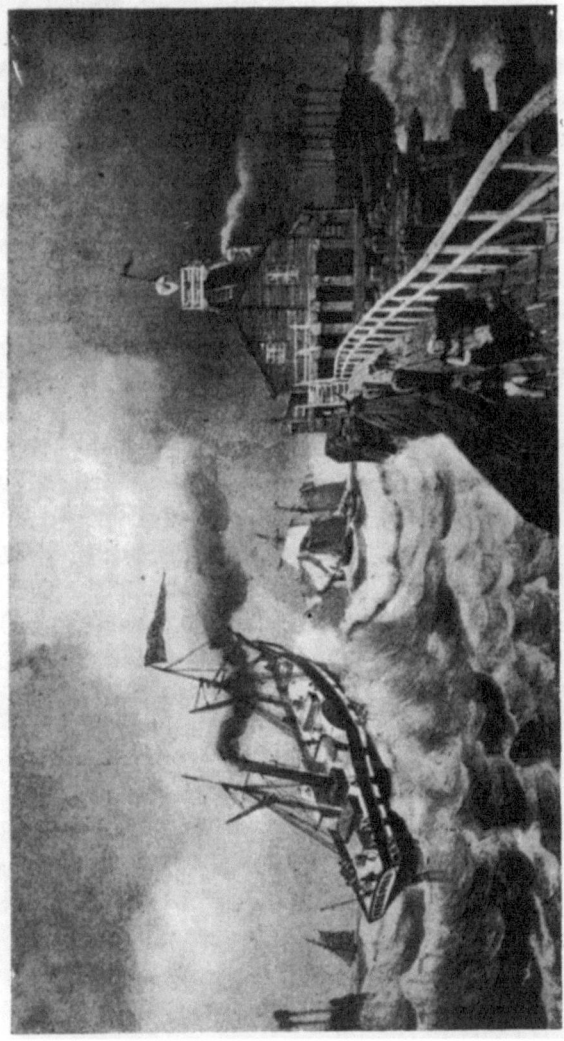

»Earl of Liverpool«, Ostende verlassend. (Nach einem alten Stich.)

zeigte dabei bedeutende Fortschritte, die am besten veranschaulicht werden durch einen Vergleich zwischen dem 1822 an der Themse bei Wallis erbauten Dampfer »Earl of Liverpool« von 168 Reg.-Tonnen und 80 PS, und dem »Monarch«, der 10 Jahre später (1833) für dieselbe Gesellschaft erbaut wurde. Zeitgenössische Berichte geben unter dem Titel »Gigantic Steamboot« folgende Abmessungen des »Monarch« an: Länge über alles 206 Fuß, Breite über Deck 37 Fuß, Breite über Radkasten 54 Fuß. Die angegebene Länge war nur 2 Fuß geringer als die des größten (Segel-) Schiffes der britischen Flotte. Die Tonnage des Dampfers betrug mehr als 1200 t; es befanden sich 140 Kojen an Bord, während 100 Personen bequem gleichzeitig im Salon speisen konnten. Ein anderes hervorragendes Dampfschiff der Gesellschaft war die 1842 erbaute »Trident«.

Das erste Dampfschiff im europäischen Rußland erschien im Jahre 1813. Die Zahl der hier im Betrieb befindlichen Dampfer war bis zum Jahre 1830 auf 10, bis 1850 auf 99 gestiegen. In Sibirien befuhr der erste Dampfer den Ob im Jahre 1843.

Ehe wir die Einführung des Dampfschiffes in unserem deutschen Vaterlande verfolgen, wollen wir einen kurzen Blick auf Frankreich und die Schweiz werfen. Das Eintreffen des ehemaligen englischen Dampfers »Elisa« in Paris, 1816, haben wir bereits geschildert. Erwähnt wurde auch schon bei der Aufführung der Vorläufer des Dampfschiffes, daß der Franzose Jouffroy 1816 mit Unterstützung einer von ihm ins Leben gerufenen Gesellschaft ein Dampfboot zu Wasser ließ, welches er »Charles Philippe« taufte. Im Dezember machte dieses Boot eine Fahrt auf der Seine; es konnte sich jedoch nicht behaupten und gelangte nicht zur Einstellung in den Verkehrsdienst. Als Zeitpunkt der Einführung der Dampfschiffahrt in Frankreich wird gewöhnlich das Jahr 1820 bezeichnet und ferner erwähnt, daß es 1821 schon sechs Dampfschiffe in Bordeaux gegeben habe und andere nach Martinique und Senegal gesandt worden seien. Die französische Regierung entsandte zwei Fachleute, Marestier und Montgerry, nach Nordamerika zwecks Studiums der dortigen Dampfschiffe; die Reiseergebnisse dieser beiden scheinen von großer Bedeutung für die allgemeine Einführung des Dampfschiffes in Frankreich gewesen zu sein. Im Jahre 1823 begann man hier bereits mit dem Bau von Kriegsdampfern.

1835 war das erste Dampfboot für den Zürichsee aus England in zerlegtem Zustand bezogen worden, das bei Escher, Wyss & Cie. zusammengesetzt und gleichzeitig verlängert wurde. Dies gab Veranlassung zur Aufnahme des Dampfschiffbaues seitens dieser Firma und schon 1836 wurde das Dampfboot »Linth-Escher« für den Wallensee gebaut. Bald folgten andere und da die Dampfschiffe sich hier vortrefflich bewährten, so entwickelte sich auch hier der Dampfschiffbau bald zu großem Umfange. Nicht nur auf den schweizer und oberitalienischen Seen verkehrende, sondern auch Dampfschiffe für andere Länder gingen aus den Werkstätten an der Limmat hervor.

Auf deutschen Flüssen stoßen wir zuerst im Jahre 1816 auf im Verkehr befindliche Dampfschiffe. Es waren dies Fahrzeuge englischen Ursprungs, von denen das Dampfboot »Defiance« als erstes auf dem Rhein, die »Lady of the Lake« als erstes auf der Elbe anzusehen sind. Das erstgenannte Schiff fuhr von Margate nach Rotterdam und dann den Rhein hinauf; am 12. Juni 1816 ankerte es vor Köln. Die »Lady of the Lake« begann am 17. Juni 1816 einen regelmäßigen Verkehr auf der Elbe zwischen Cuxhaven und Hamburg, indem sie trotz des heftigen Elbestromes diese Tour zum ersten Male in 10 Stunden zurücklegte. Die Fahrten mußten jedoch schon im nächsten Jahre wegen des finanziell schlechten Ergebnisses wieder eingestellt werden. Ungefähr um das Jahr 1824 eröffneten die Londoner Dampfer »Hilton Joliffe« und »Sir Edward Banks« die erste reguläre Dampfschiffahrt von Hamburg nach London und umgekehrt. Das Passagegeld mit einem dieser Schiffe nach London betrug 10 Guineen (210 Mark); für Güter wurden 1 Schilling pro Kubikfuß oder 2 £ pro Tonne bezahlt. Auf der oberen Elbe konnte das neue Verkehrsmittel sich erst 1837 dauernd einführen. Im Jahre vorher war die Sächsisch-Böhmische Dampfschiffahrts-Gesellschaft ins Leben getreten, deren erstes Schiff »Königin Maria« im September 1837 die regelmäßige Personenbeförderung auf der Elbe begann. Auf der Unterweser treffen wir bereits 1817 Dampfschiffe in regelmäßiger Fahrt an. Am 20. Mai 1817 eröffnete nämlich das auf der Werft von Johann Lange erbaute, mit einer aus England bezogenen Maschine versehene Dampfboot »Weser« die regelmäßigen Fahrten zwischen Bremen und Brake.

Das älteste Dampfschiff des Bodensees ist unlängst in Konstanz abgewrackt worden. Es war der im Jahre 1831 von dem englischen Schiffbaumeister Pritchard in Konstanz erbaute Dampfer »Leopold«, der mithin ein Alter von 75 Jahren erreicht hat und bis zu 350 Personen faßte. Die erste für das Schiff bestimmte Dampfmaschine wurde in England für die Bodenseeschiffahrts-Aktien-Gesellschaft gebaut; sie erreichte ihren Bestimmungsort jedoch nicht, da sie unterwegs in Düsseldorf, weil ihr Erbauer in

Zahlungsschwierigkeiten geraten war, gepfändet wurde. Auch die als Ersatz für diese von der Firma Boulton, Watt & Co. in Soho gelieferte Maschine befand sich nicht mehr an Bord des Schiffsveteranen. Die zuletzt in Benutzung befindliche Maschine hatte das Alter von etwa 50 Jahren aufzuweisen und war, der ehemals üblichen Bauweise entsprechend, eigenartig und sehr interessant konstruiert. So besaß sie noch Handsteuerung, und der sie bedienende Maschinist mußte, um von der Vorwärtsbewegung das »Stopp« und »Rückwärts« zu bewirken, allein dreizehn verschiedene Griffe machen. Nur einem eingearbeiteten und geübten Maschinisten war es daher möglich, die Umsteuerung der Maschine in einigen Minuten zu bewirken. Auch auf Rheindampfern waren vor einem Jahrzehnt noch derartige alte Maschinenkonstruktionen anzutreffen, die von den Passagieren mit Interesse in Augenschein genommen wurden. Die Maschine des »Leopold« ist dem Museum in Karlsruhe überwiesen worden. —

Auch in Preußen gehen die Versuche, den Dampf dem Verkehr auf den Flüssen dienstbar zu machen, weiter zurück, als man gewöhnlich anzunehmen pflegt*). So wurde schon 1815 dem Engländer Humphrey für Preußen ein Patent auf seine neuen Einrichtungen an Schiffsmaschinen erteilt. Die »Berlinischen Nachrichten« Nr. 81 von 1816 berichten, daß am Sonnabend, den 21. Junius 1816 auf der jenseits Spandau eingerichteten Schiffswerft der Kiel des ersten Dampfbootes gelegt sei. In sechs Wochen sollte es fertig sein. Das Boot war im Kiel 130 Fuß lang und 19 Fuß 4 Zoll breit; die Triebräder lagen in der Mitte. Das ganze »Kunstwerk« (Maschine und Kessel) wog 300 Zentner. Das erste Dampfschiff, »Prinzessin Charlotte«, fuhr eine Zeitlang zwischen Berlin, Charlottenburg und Potsdam; das zweite, »Kurier«, fuhr von Berlin nach Magdeburg und Hamburg, das dritte, »Fürst Blücher«, sollte zwischen Magdeburg und Hamburg verkehren. Kaum waren die Maschinen in Berlin angekommen, so wurde auch ein oberschlesischer Maschineneleve beauftragt, sie in allen ihren Teilen genau aufzunehmen und man dachte ohne Zweifel daran, die nächsten Schiffsmaschinen selbst zu bauen. Dazu kam es aber nicht. Die Dampfschiffe gewährten keinerlei wirtschaftlichen Vorteil, und so sah sich die königliche Post, zu der sie gehörten, sehr bald veranlaßt, ihren Betrieb ganz einzustellen. (C. Matschoss.)

---

*) »Die Einführung der Dampfmaschine in Deutschland« 1780—1830. Von Conrad Matschoss. Zeitschrift d. Vereines deutscher Ing. Nr. 24, 1905.

In den hinterlassenen Papieren eines preußischen Generals finden sich folgende Aufzeichnungen aus der folgenden Zeit (1825)*): »Wie sich die Dampfschiffahrt wird entwickeln, bleibt abzuwarten. Manche ergehen sich in enthusiastischen Prophezeiungen, die verfrüht, Illusionen bleiben dürften. Ob Dampfkraft für alle Zwecke der Seefahrt zu benutzen (z. B. die doch recht diffizile Maschinerie für den Seekrieg und auf lange Ozeanfahrt) muß fraglich erscheinen.«

Die eigentliche Rheinfahrt mit Dampfschiffen, die Bestand hatte, beginnt mit dem Jahre 1825. Die Kölner Handelskammer gab den Anstoß dazu, wiederum Versuche zu machen, ob sich der Rhein stromauf mit Dampfern befahren lasse. Nach mancherlei Schwierigkeiten wurde im Herbst 1825 von Köln aus, woselbst 9 Jahre vorher die »Defiance« als erstes Rheindampfschiff erschienen war, mit dem vorläufig gemieteten Dampfer »Der Rhein« eine Probefahrt stromaufwärts unternommen. Die Rheinufer waren von einer erwartungsvollen Menge besetzt, um so mehr, als König Friedrich Wilhelm III., der sich gerade in Köln aufhielt, die Probefahrt mitmachte. Nach einer Fahrt von $5^1/_4$ Stunden langte »Der Rhein« glücklich in Koblenz an, wo er mit großer Begeisterung empfangen wurde. Zur Erinnerung an den hohen Gast, den »Der Rhein« bei dieser Probefahrt an Bord hatte, wurde der letztere umgetauft und erhielt den Namen »Friedrich Wilhelm«. Im folgenden Jahre zeigte sich die Bedeutung dieser Probefahrt. Im August 1826 bildete sich ein Verwaltungsrat, 1827 wurde die »Preußische Rhein-Dampfschiff-Gesellschaft« und 1837 die »Düsseldorfer Dampfschiffahrt-Gesellschaft« gegründet, welche beiden Gesellschaften sich 1853 vereinigten. Mit zwei Dampfern begannen die Fahrten, mit dem »Friedrich Wilhelm« und der »Concordia«, zwischen Mainz und Köln. Immer weiter dehnten sich dann die Strecken stromauf und stromab aus und die Dampfer wurden in ihrer Leistung und Ausstattung immer vorteilhafter. 1866 wurden nach amerikanischem Vorbild hier die ersten Salondampfer »Humboldt« und »Friede« in den Betrieb eingestellt.

Der erste Dampfer auf der Donau (»Franz I.«) ist im Jahre 1830 zu verzeichnen. Die Donau-Dampfschiffahrt-Gesellschaft, der dieser Dampfer gehörte, besaß 1834 bereits 3 Dampfschiffe. —

---

*) Maritime Rückblicke. Die Marineverhältnisse in den Jahren 1820–38. Rostock, 1901.

Anfangs der dreißiger Jahre (1833) gelang es zum ersten Male einem Dampfer, die Reise über den Ozean n u r unter Dampf zurückzulegen. Es war dies der kanadische Dampfer »Royal William« von 1200 Reg.-Tonnen und 200 PS Maschinen, der die Reise von Picton in Neuschottland nach England zurücklegte. Dieser Dampfer hat auch insofern eine gewisse geschichtliche Bedeutung erlangt, als er gleich nach seiner ersten Ozeanreise von Spanien angekauft und als Kriegsschiff eingerichtet und armiert wurde, um unter dem Namen »Isabella Secunda« gegen die Karlisten verwendet zu werden. Beachtenswert ist auch die Leistung des englischen Dampfers »Entreprise«, der im Jahre 1825 die Reise von London nach Calcutta in Ostindien, teils unter Dampf, teils unter Segel in 113 Tagen zurücklegte. 1850 ließ S l o m a n das erste Dampfschiff unter hamburgischer Flagge nach Newyork abgehen. —

Aus dem fernen Osten, der in unserer Zeit die Welt in Spannung hält, werden aus der ersten Zeit des Dampfschiffes daselbst einige ergötzliche Geschichten erzählt, die hier nicht vorenthalten werden sollen. Danach war das erste Dampfschiff, welches die J a p a n e r ihr eigen nannten, eine kleine englische Dampfjacht (»Emperor«, von den Japanern »Hanryo« getauft), welche die Königin Victoria im Jahre 1857 dem Schogun zum Geschenk machte*). Die Ungeduld der Japaner, das neue Fahrzeug selbständig zu führen, soll nun so groß gewesen sein, daß sie sich nicht die gehörige Zeit nahmen, bei ihren navigatorischen Lehrmeistern, einigen britischen Seeleuten, gründlich auszulernen, sondern auf eigene Faust eine Ausreise machten, die damit endete, daß das Schiff bis zum Verlöschen der Kesselfeuer im Golf von Yeddo herumfahren mußte, weil alle Insassen vergessen hatten, wie das Fahrzeug zum Halten zu bringen sei. Seit der Zeit, in der diese Geschichte passiert sein soll, hat Japan sich mit einem unübertrefflichen Eifer für Schiffahrtsangelegenheiten zu einer achtunggebietenden Seemacht entwickelt, die, wie es der russisch-japanische Krieg lehrt, auch das Dampfschiff meisterhaft zu handhaben versteht.

Aus dem Reiche der Mitte, aus C h i n a, erzählt die Fama aus jener Zeit folgendes Histörchen, für das wir uns jedoch ebenso

---

*) Gleichzeitig hatte auch der König von Holland dem Tokugawa Schogun eine Dampferkorvette von 29 m Länge, 5 m Breite, 4 m Tiefe und 150 IPS geschenkt, welche den Namen »Kwanko-Maru« erhielt und später als Schulschiff in Nagasaki aufgebracht wurde.

wenig verbürgen können: Vor einer Reihe von Jahren, als in Ostasien Dampfer noch wenig im Gebrauch waren, wurden zum
nicht geringen Staunen von ganz Shanghai hier eines Tages nicht
weniger als sechs Dampfbarkassen auf einmal zum Verkauf angeboten. Woher mochten sie kommen? Bald sollte sich das Rätsel
lösen, denn es stellte sich heraus, daß die Mandarinen in der
Umgebung des Hafens sie zum Schutze des Salzmonopols gebraucht
und dadurch die Schmuggler vollständig zur Verzweiflung gebracht
hatten. Diese Ehrenmänner beklagten sich bitter über die sehr
schlechten Geschäfte, die sie machten, seitdem die Behörden die
Barkassen angeschafft hätte; sie wollten sich gern von jeder Kriegs-
dschunke verfolgen lassen, aber wenn man weiter mit Dampf hinter
ihnen her wäre, dann würden sie bald gezwungen sein, die Geld-
leistungen, die sie den einzelnen Mandarinen unter der Hand zu-
kommen ließen, einzustellen. Das wirkte! Die Beamten entäußerten
sich lieber der Dampfbarkassen, als daß sie auf die heimlichen Einnahmen verzichteten (?).

Mögen derartige Vorkommnisse nun auch nur gut erfunden sein,
so illustrieren sie doch immerhin die Erscheinung, daß, wenn das
Dampfschiff sich auch stetig und überall einbürgerte, es doch in
einzelnen Fällen mit Schwierigkeiten zu kämpfen hatte, über die man
heute vielleicht lächelt. Um diese Faktoren, die sich der Einführung
des Dampfschiffes entgegenstemmten, kennen zu lernen, müssen wir
uns schon einmal näher mit einigen lokalen Ereignissen beschäftigen,
die aus der Geschichte der Dampfschiffahrt bekannt geworden sind.
Wir wollen bei diesen namentlich etwas mehr auf Einzelheiten eingehen, die Schlaglichter werfen auf die Stimmung der bei der Einführung des Dampfschiffes aktiv und passiv interessierten Kreise
gegenüber dem neuen, Rauch und Dampf speienden, die Wellen
kühn, und vom Winde unabhängig, durchschneidenden Verkehrsmittel.

6. Die ersten Dampfer in der Ostsee, ein Beitrag zur Einführungsgeschichte des Dampfschiffes.

Mißtrauen und Feindseligkeit gegen Neuerungen. — Vorarbeiten für die Errichtung einer Dampferlinie in der Ostsee. — Die Post als Gegnerin des neuen Verkehrsmittels. — Trotz allem wird ein Privilegium für eine Dampferlinie erwirkt. — Neue Schwierigkeiten. — Endlicher Erfolg. — Dampferlinie Lübeck-Petersburg. — Konkurrenz und weitere Verbreitung.

Wenn man nach dem, wie es im Vorstehenden in großen Zügen geschildert ist, nämlich annehmen wollte, daß das Dampfschiff, von jedermann freudigst begrüßt, sich überall rasch und einfach Eingang verschafft hätte, so ist dies ein Irrtum. Die meisten Neuerungen, mögen sie späterhin von noch so segensreicher Bedeutung geworden sein, sind doch immer von interessierten und nicht interessierten Kreisen mit Mißtrauen, ja oft mit feindseliger Gesinnung aufgenommen worden. Die Geschichte der Erfindungen bietet uns genug Beispiele, als daß wir hier solche noch besonders hervorheben sollten. Auch das Dampfschiff hat dies erfahren müssen! Wir haben schon erwähnt, daß Papins Schiff von den Mündener Schiffern, — die sich nebenbei auch in ihren Privilegien bedroht sehen mochten, — zerstört wurde; auch in anderen Fällen wird von den Schwierigkeiten, die dem neuen Verkehrsmittel von verschiedenen Seiten in den Weg gelegt wurden, berichtet. Einen interessanten Beitrag hierzu liefert die Geschichte der Einführung der ersten Dampfer in der Ostsee. Direktor Dr. Schulze-Lübeck berichtet darüber nach Quellen des Lübeckischen Staatsarchivs*) in eingehender Weise**).

Nachdem er den Rückgang der einst so stolzen und mächtigen Hansestadt, nach den ihr durch die 1806 aufgedrungene französische

---

*) »Marine-Rundschau«, 15. Jahrg. S. 697ff.
**) Unser Gewährsmann läßt dabei das Dampfschiff »Caledonia« unerwähnt, das bereits 1819 regelmäßig von Kiel nach Kopenhagen und zurückfuhr.

Fremdherrschaft zugefügten schweren Schäden geschildert, schreibt
er: »Man sollte annehmen, daß alle, die jener Zeit ihrem Erwerbe
auf der Trave nachgehen mußten, freudig aufgeatmet hätten, als
ihnen die erste Kunde kam von den neumodischen Dampfern, die
nun mit ihrem Buge auch die Gewässer der Ostsee zu durchschneiden
sich anschickten. Was man noch vor wenig Jahren für eine Fabel,
für unmöglich gehalten, nun war's Tatsache geworden. Man fuhr,
ohne den Wind noch zu benutzen, mit Hilfe heißgemachten Wassers,
mit Dampf, quer über den Ozean. — — — Jetzt sollte auch die
Trave bald ihre Dampfboote bekommen. Begreiflich würde man
nun finden oder doch als ganz selbstverständlich annehmen, daß
die wettererfahrenen Kapitäne des vorvergangenen Säkulums mit
fliegenden Fahnen in das Lager des neuen Herrschers Dampf übergegangen wären. Sie konnten sich nun mit einem Male unabhängig
machen vom alten Tyrannen Wind. Als Erlösung aus langer Knecht-
schaft hätten sie es empfinden, dem anrückenden Herrn des Ozeans
hätten sie zujubeln müssen. Denn ein schwerer Alpdruck war von
ihnen genommen, unbekümmert ums launenhafte Wetter war es in
Zukunft möglich, die Krümmungen des gewundenen Stromlaufes
(der Trave) zu meistern. Man brauchte den schweren Knüppel zum
Treideln nicht mehr vor die Brust zu legen, um am Lande Schritt
vor Schritt das plumpe Schiff mit dem weit ausladenden Buge fluß-
auf gegen Wind und Strömung dem Hafen zuzuschaffen. Ebenso
konnte die zeitraubende Arbeit mit dem Warpanker nun als
überwunden angesehen, als gänzlich veraltet und abgetan betrachtet werden. Doch weit entfernt von diesem Bilde blieben
die Verhältnisse damals. Erst langsam und ganz allmählich entwickelte sich der Übergang. Es bedurfte einer langen, sehr
langen Zeit, bis der alte Aeolus endgültig auf die Oberherrschaft
verzichtete und grollend das Steuer dem neuen Rudersmanne
Dampf übergab.«

Die von Schulze durchforschten Quellen des Lübeckischen
Staatsarchives verzeichnen die ersten Andeutungen und Hinweise,
das neue Verkehrsmittel betreffend, in Briefen aus dem Monat Februar des Jahres 1817 und sodann wieder 1821. In dem letzteren
weist der hanseatische Ministerresident Sieveking auf den Wert der
Errichtung einer Dampfschiffahrt hin, die von der russischen Regierung auch zum Zweck der Briefbeförderung, in Erwägung gezogen
wurde und Travemünde als eine Endstation ansah. Er regte eine

Verständigung über diese Frage an, um den Absichten der russischen Regierung entgegenzukommen.

Inzwischen hatte aber schon ein Kieler Kaufmann Salomon, unterstützt durch den dänischen Gesandten Blome, im Oktober 1817 der russischen Regierung eine Denkschrift überreicht, in welcher er die neuzugründende Dampferverbindung nach Kiel zu lenken versuchte. Es wurde in dieser Schrift angeführt, daß der Weg von Hamburg nach Kiel nicht weiter sei als der nach Lübeck und daß die Seeroute von Kiel aus einen geraderen Kurs besitze, als die von Travemünde aus. Für Lübeck, wo die Anregung Sievekings beim Senat und der kaufmännischen Vertretung auf fruchtbaren Boden gefallen war, wurde der Ausgang der Angelegenheit daher etwas zweifelhaft. Das Kieler Projekt geriet durch verschiedene Umstände jedoch ins Stocken und das Lübecker Kommerzkollegium berichtete am 15. Februar 1821 über die von Kiel aus gemachten Vorschläge: »Bisher scheinen dieselben keinen Eingang gefunden zu haben und wir wagen auch nicht, über deren Ausführbarkeit in nautischer Hinsicht zu entscheiden, wie wir denn überhaupt der Meinung sind, daß es für unsere Schiffsreedereien zuträglicher wäre, wenn eine solche Dampfbootfahrt überall nicht, selbst auf Lübeck zustande käme.«

Trotz des kurzsichtigen Standpunktes, der aus diesem Bericht hervorgeht, trat das Kollegium dennoch, wenn schon eine Dampferverbindung geschaffen werden sollte, für Lübeck oder vielmehr Travemünde als den westlichen Endplatz der Linie ein. Salomons Projekt war mittlerweile daran gescheitert, daß ihm die nötigen Geldmittel fehlten; es wurde dagegen von Baird & Co., einem Petersburger Hause, aufgenommen und in erweiterter Form ausgearbeitet. Dabei schied aber Kiel aus und Baird nahm Lübeck wieder als Endplatz in Aussicht, und zwar sollte das Dampfschiff nicht in Travemünde anlegen, sondern direkt bis an die Stadt heranfahren, was nach den von Baird ausgeführten Lotungen ausführbar erschien. Nun trat aber mit einem Male ein neuer Faktor der Idee der Dampfschiffahrt hemmend entgegen, — die Post! Diese befürchtete nämlich einen erheblichen Ausfall an Einnahmen durch den Verlust ihrer Beförderung — hüben und drüben. Von Baird wurde deshalb eine ziemlich hohe Abgabe für das der Post vermutlich entgehende Porto verlangt, ein Ansinnen, das die Frage der Rentabilität einfach über den Haufen warf und auch nicht den kleinsten Überschuß für das Unternehmen verhieß.

Als derartige Gegner des Dampfschiffsprojektes erwiesen sich sowohl die russische als auch die lübeckische und — die dänische Post. In Petersburg bemühte sich der hanseatische Ministerresident vergebens, die Bedenken der Post zu beseitigen, indem er darauf hinwies, daß das Finanzinteresse der Post hinter dem, immerhin noch wichtigeren des Handels und der Regierung (im diplomatischen Verkehr) zurückstehen müßte. Aus Kopenhagen wurde wiederum Lübeck vor Ungelegenheiten mit Dänemark gewarnt, woselbst der Fiskus ebenfalls um seine Portoeinnahmen besorgt war. So wurden denn sowohl Salomons als auch Bairds Projekte begraben und die Dampferverbindung Lübeck-Petersburg in den Hintergrund gedrängt.

Aber die neue Idee brach sich doch Bahn und von anderer Seite trat man jetzt mit einer Dampferlinie hervor, — einer solchen zwischen Lübeck und Kopenhagen! Der Urheber derselben war der dänische Schiffskapitän Matthias Bürring Lov, der sich im Dezember 1822 an den lübeckischen Senat mit einer Eingabe betr. Erleichterungen für eine solche Linie wandte. Seine Absicht war, vom Mai des kommenden Jahres an mit einem in England nach dem besten Muster erbauten Dampfboot wöchentlich nur Passagiere und deren Effekten, aber keine Kaufmannsgüter, zwischen den beiden Städten zu befördern. Das Kommerzkollegium, das noch im Vorjahre dem Dampfschiff gegenüber sich so ablehnend verhalten hatte, stand jetzt der Sache schon ganz anders gegenüber. Unter dem Hinweis, daß der Handelswelt jedes Mittel recht sein müsse, um den Verkehr auf Lübeck zu fördern, selbst wenn dieser mit dem Handel nichts zu tun habe, betonte es, daß die neue Dampferlinie geeignet sei, die Verbindung Lübecks mit Kopenhagen immer inniger zu gestalten unter Zurücksetzung des Konkurrenten Kiel und empfahl Lovs Plan dem Senat zur Beachtung und Förderung. Lov erhielt darauf ein Privilegium auf die Dauer von 10 Jahren vom 1. Mai 1823 ab.

Nach diesem Privilegium hatte nur Lov das Recht, Dampfer auf der von ihm geplanten Linie fahren zu lassen; gegen die Pauschsumme von 200 Mark Lübisch Kurant war er von allen Hafen-, Lotsen- und anderen derartigen Abgaben befreit, mußte sich aber verpflichten, nur Passagiere (mit ihrem Gepäck) zu befördern. Nun aber bot sich Lov eine neue Schwierigkeit, — die dänische Post. Diese legte aus den schon einmal erwähnten Gründen ihr Veto gegen die Verleihung eines ähnlichen Privilegiums an Lov seitens Dänemark ein, so daß Lov mit seinen Plänen nicht vorwärts kam. Schließlich verfiel er auf den Gedanken, seine Dampfer unter lübeckischer Flagge fahren zu lassen, da es in Kopenhagen jeder Nation freistand, Passagiere usw. auszuschiffen. Aber auch so hatte er kein Glück, da eine alte dänische Verordnung ausgegraben wurde, welche die Lübecker Flagge einer äußerst drückenden Abgabe unterworfen hätte. Damit hatte aber auch das Unternehmen so viel Schwierigkeiten gefunden, daß es wiederum ins Stocken geriet.

Erst als Lov im nächsten Jahre von den Kopenhagener Großkaufleuten Gebrüder Hagen größere Geldmittel erhielt und auf diese das Lov verliehene lübeckische Privilegium, jetzt gültig vom 1. Juni 1824 ab, übertragen worden war, nahm das Unternehmen eine günstige Wendung; freilich nicht, ohne noch einmal in einer ganzen Reihe von Interessenten Widersacher gefunden zu haben. So sahen die Travemünder sich bei der direkten Durchfahrt des Dampfers nach Lübeck in ihren durch den Fremdenverkehr bedingten Einkünften bedroht; namentlich waren es die Gast- und Hotelwirte, die Fuhrleute, die — Rademacher, »die den Reisenden die auf See lädierten Equipagen sonst wieder instand gesetzt« hatten, und die Fischer. Letztere führten an, »daß durch die wöchentlich wiederkehrenden Bewegungen des Wassers der Trave durch die Dampfer die junge Fischbrut im Sommer zerstört, das Ausbrüten derselben gehemmt und durch das gewaltige Schlagen der auf beiden Seiten eines Dampfschiffes sich mit großer Gewalt bewegenden Räder das Fortkommen der jungen Fische, die länger als ein Jahr bedürfen, ihre gehörige Größe zu erreichen,« gestört würde. Diese Einsprüche vermochten jedoch nicht, dem Gang der Dinge Einhalt zu tun, und so traf denn der Dampfer »The Kingston« unter Führung des Kapitäns Lov am 4. Juli 1824 zum ersten Male in Lübeck ein. Durch Ungunst von Wind und Wetter hatte der Dampfer in der Trave allerdings das Unglück, auf Grund zu geraten und außerdem noch mit einem Segler zu kollidieren. Solche Unfälle waren natürlich Wasser auf der Mühle der vielen Dampfschiffsgegner, so daß es ihnen sogar gelang, einen Erlaß zu erwirken, der dem »Kingston« in Zukunft nur gestattete, bis zur Herrenfähre, d. h. nur den halben Weg nach Lübeck hinauf, zu fahren. Dieser Erlaß scheint aber, nachdem der Chef des Lotsenwesens persönlich eine Fahrt mit dem Dampfer gemacht hatte, wieder aufgehoben zu sein, da Kapitän Lov jetzt in regelmäßiger Fahrt wöchentlich einmal nach Lübeck hinauf fuhr. Schließlich bot der Dampfer den Lübeckern auch eine bequeme Gelegenheit, des Sonntags zum Vergnügen nach Travemünde hinunter zu fahren.

Allerlei Intriguen und Widersacher blieben jedoch auch jetzt dem Unternehmen nicht erspart, die sich in erneuten Eingaben um Verbot desselben und sonstige Erschwerungen des Verkehrs zeigten, auf die einzugehen hier zu weit führen würde. Der Lovsche Erfolg ermutigte aber schließlich doch zu ähnlichen Unternehmungen, von denen u. a. nach einigen Schwierigkeiten anfangs der dreißiger Jahre einige Dampfer für die Passagier- und Schleppschiffahrt zwischen Lübeck und Travemünde eingestellt wurden. Von ihnen wird bereits 1838 gesagt, daß sie für den Lübecker Verkehr eine sehr bedeutende Rolle spielten und unentbehrlich seien.

Inzwischen waren wieder Verhandlungen über die Einrichtung einer Dampferverbindung Lübeck-Petersburg aufgenommen worden. In London hatte im Oktober 1825 eine Konferenz getagt, zwecks Gründung einer Dampferverbindung zwischen England und Rußland. Da für den Passagierverkehr der lange Seeweg durch den Sund ausgeschlossen war, so kam man von selbst auf Lübeck, das auf der direkten Strecke lag. Durch die tatkräftige Mitwirkung des Lübecker Kaufmanns Nikolaus H. Müller, der schon bei der Kopenhagener Linie beteiligt war und hier gewisse Erfahrungen gesammelt hatte, wurde das Projekt endlich so weit gefördert — nachdem wieder verschiedene Schwierigkeiten und Bedenken, namentlich auch seitens der Post, überwunden waren — daß Müller am 26. Februar 1828 dem Senat die baldigst bevorstehende Eröffnung der Lübeck-Petersburger Dampfschiffahrt anzeigen konnte. Unter Hinweis auf die durch die Kopenhagener Linie geschaffenen Vorteile erwähnt er u. a., »statt daß in den Vorjahren mit den Paketsegelschiffen 100—150 Personen nach Kopenhagen übergeführt wären, hätte man schon im Jahre 1827 nicht weniger als 2036 Passagiere nach dort geschafft.« Das Dampfschiff hatte also auch schon hier eine beträchtliche Umwälzung im Reiseverkehr bewirkt!

Trotzdem nun die Travemünder wieder mit einer Eingabe kamen, wurde doch der Betrieb in demselben Jahre mit dem Dampfschiff »George the Fourth« und zwar unter der englischen Flagge aufgenommen. Freilich mußte der Dampfer in Travemünde bleiben, da die Travemünder ein altes Verbot des Löschens und Ladens von Gütern auf dem Traverevier (der Dampfer sollte ursprünglich bis Herrenfähre gehen) hervorgeholt hatten. Auch einige Konflikte wegen der verschiedenen Abgaben vermochten nicht, dem Lauf der Dinge Einhalt zu tun, so daß im Februar 1829 die englische Dampfergesellschaft um dieselben Vergünstigungen für einen zweiten Dampfer einkam, der mit Wiederbeginn der Schifffahrt in die Petersburger Linie eingestellt werden sollte, was ihr auch gewährt wurde. Dasselbe geschah, als die Gesellschaft 1830 um die Vergünstigungen für ein drittes Dampfboot, »Superb«, einkam, welches an Stelle des »George the Fourth« eingestellt wurde.

Nun tauchte auch ein Projekt des Nik. H. Müller, der als Vertreter der englischen Gesellschaft zurückgetreten war, auf. Er benutzte eine augenblickliche Verlegenheit der Gesellschaft und agitierte für eine Verbindung Hollands mit Rußland, über den Seeweg Lübeck-Petersburg. Das Projekt, für welches alles geordnet und das Dampfschiff »De Beurs van Amsterdam« ausersehen war, scheint aber gescheitert zu sein.

Inzwischen hatte sich auch die Lübecker Kaufmannschaft von den Schlägen des Krieges soweit erholt, daß sie sich daran wagte, ihre eigene Flagge mit eigenem Kapital auf einigen Dampfern zu setzen. Nachdem man 1829 in der »Gesellschaft zur Beförderung gemeinnütziger Tätigkeit« warm für diesen Gedanken eingetreten war, wurden in ganz kurzer Zeit 600 000 M. in 200 Aktien aufgebracht. Drüben in Petersburg war man aber noch energischer vorgegangen, so daß sich schließlich eine Vereinigung des Lübecker und des Petersburger Unternehmens als das zweckmäßigste erwies. Zwei Dampfer waren für die Route vorgesehen; die Direktion beim Bau derselben und ihre Ausrüstung wurde den Lübeckern zugestanden; es erschien sogar ein »Kaiserlicher Ukas«, welcher dem Unternehmen ein ausschließliches Privilegium für 12 Jahre erteilte, »nur mit diesen Dampfschiffen aus den Häfen südlich des 55. Breitengrades nach den Plätzen des finnischen Meerbusens zu fahren.« Dagegen verlangten aber die Petersburger entschieden, daß beide Schiffe die russische Flagge führten, ein Verlangen, welches für die Lübecker eine ziemliche Enttäuschung brachte. Sie fanden sich jedoch darein und so konnten die Fahrten der Gesellschaft zu Anfang des dritten Dezenniums mit den zwei Dampfschiffen »Nikolai I.« und »Alexandra« aufgenommen werden.

Um diese Zeit erstand der Lübeck-Kopenhagener Linie eine Konkurrenz, indem von anderer Seite das Dampfschiff »Friedrich der Sechste« in diesen Verkehr eingestellt wurde, welches Schiff fast doppelt so groß war, wie der in »Prinzessin Wilhelmine« umgetaufte »Kingston«. Da die alte Gesellschaft sich hierdurch in ihren, ihr verliehenen Privilegien beschränkt sah, kam es zu einem langwierigen Prozeß, dessen Ausgang unserem Gewährsmann aus dem ihm vorliegenden Material nicht ersichtlich war. Kapitän Lov (von der alten Linie) berief sich darauf, daß, »als weder Engländer, Holländer noch Russen, geschweige denn die Bürger Lübecks sich an das Wagnis gemacht hätten, Dampfboote hineinzusenden in die Ostsee, er allein den Mut besessen habe, auf seine eigenen Kosten und Gefahr dieses Risiko zu laufen! Durch die Huld eines hochedlen Rates sei ihm Schutz und jegliche Förderung versprochen! Nun aber gestatte man dem Schiffe »Frederick der Sechste« genau so wie seinem Dampfboote, Passagiere und Effekten in Travemünde zu landen.« Da Lov aber nicht das dänische Privilegium, welches ihm angeblich verliehen sei und auf welches sich das Lübecker stützte, beibringen konnte, so lag die Sache juristisch nicht ganz klar. Im übrigen scheint die neue Linie der alten recht fühlbar Konkurrenz gemacht zu haben, wie aus einem Geschäftsbericht der letzteren Linie hervorgeht.

In den Anfang der dreißiger Jahre fällt auch die Gründung der Linie Lübeck-Stockholm, in welche zunächst der schon erwähnte Dampfer »De Beurs van Amsterdam« eingestellt werden sollte, was aber nicht geschah, da an seiner Stelle »Prins Frederick der Niederlanden« die Fahrten aufnahm, welchem sich dann in den nächsten Jahren verschiedene andere Dampfer anschlossen.

Auch in den anderen Handelsstädten an der Ostsee brachte man der Dampfschiffahrt jetzt großes Interesse entgegen. So bildete sich am 1. Oktober 1827 in Stettin ein »Dampfschiffahrts-Verein« auf Aktien, zu welchem auch der König und der Kronprinz von Preußen, den guten Zweck zu fördern, 55 Aktien zu je 100 Reichstalern, zeichneten. Die Dampfer des Vereins sollten eine schnelle, vom Wind und Wetter unabhängige, regelmäßige Verbindung zwischen Stettin und Swinemünde herstellen.*)

---

*) Vgl. Maritime Rückblicke, Seite 32.

Jetzt hatte die Dampfschiffahrt in der Ostsee, nach Überwindung der Schwierigkeiten, welche die ersten Dampfer bedrohten, sich fest eingebürgert, und sie erwies sich auch hier als gut und vorteilhaft, so daß sie es verdiente — was auch geschah — mit allen Kräften gefördert zu werden! —

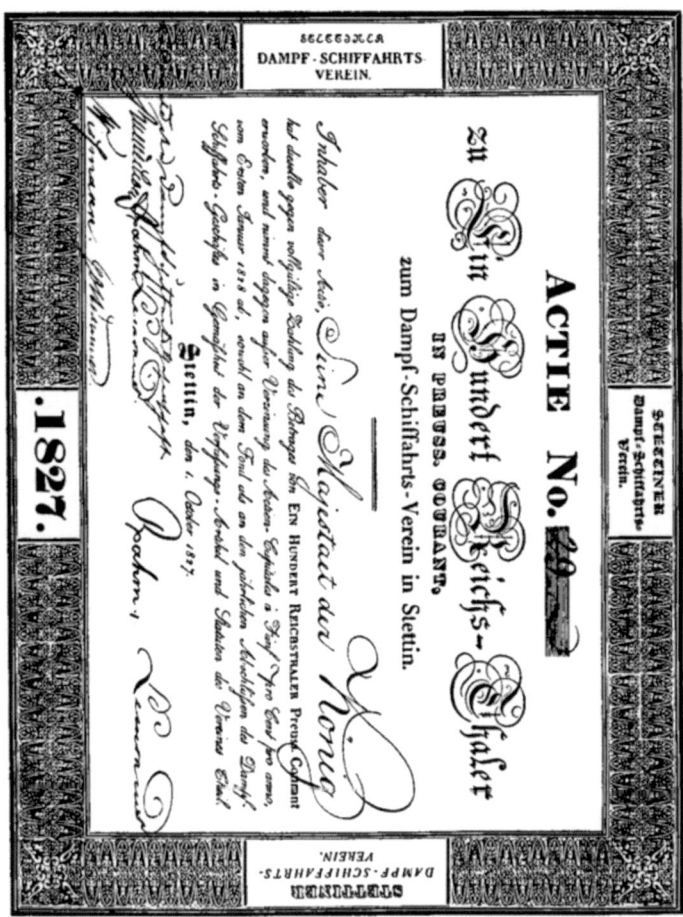

7. Schaufelrad und Schiffsschraube.

Das Schaufelrad als ursprünglicher Propeller. — Feste und bewegliche Schaufeln. — Buchanan. — Galloway-Morgan-Räder. — Josef Ressel. — Francis Pettit Smith. — Der »Archimedes«. — John Ericsson. — Das erste Schraubenlinienschiff. — Ericssons Heißluftmaschine als Schiffsmaschine. — Der »Monitor«. — Wer ist der Erfinder der Schiffsschraube?

Als eine ganz bedeutende Verbesserung des Dampfschiffes ist die Einführung der Schraube als Propeller an Stelle des ursprünglichen Schaufel- (oder Ruder-)Rades anzusehen. Die ersten Dampfer hatten durchweg sich des letzteren Triebapparates bedient, wobei namentlich Miller und Symington sich besondere Verdienste um die Konstruktion derartiger Räder erwarben. Schon vor der Anwendung des Dampfes bei den von ihnen erbauten Dampfbooten hatte Miller Versuche angestellt mit Doppelbooten, welche mittels Handhaspel und Schaufelräder bewegt wurden und gegenüber Segelbooten gute Erfolge aufwiesen. Auch die »Charlotte Dundas« besaß im Achterschiff ein Schaufelrad Millerscher Konstruktion, ebenso Fultons »Clermont« solche an den Seiten; die »Savannah« hatte den unter Dampf zurückgelegten Weg über den Ozean mittels Schaufelräder zurückgelegt, und so können diese — abgesehen von einigen Versuchen mit Schrauben — als die ersten erprobten Propeller im Dampfschiffsverkehr angesehen werden.

Die Schaufelräder waren zunächst Räder mit festen, radial gestellten Schaufeln. Diese Konstruktion hat den Nachteil, daß besonders bei tiefer Tauchung die Schaufeln sehr schräg ins Wasser eintauchen, wodurch das Schaufelrad nicht nur horizontal, sondern auch vertikal auf das Schiff zurückwirkt. Die ungünstige Folge hiervon ist eine unvollkommene Kraftausnutzung, während das Schiff gleichzeitig in eine zitternde Bewegung versetzt wird.

Bereits im Oktober 1813 hatte der Mechaniker Buchanan in Glasgow auf ein Schaufelrad mit beweglichen Schaufeln ein Patent erhalten. Auf der Radwelle war eine exzentrische Scheibe befestigt, welche bei der Drehung der ersteren mittels Schubstangen

61

die beweglichen Schaufeln so einstellte, daß sie nicht nur in vertikaler Richtung aus- und eintraten, sondern auch in dieser Stellung durch das Wasser gingen. Als Buchanan seine derartig konstruierten Räder aber bei zweien seiner Dampfschiffe anwandte, erwiesen sie sich als ein zu empfindlicher Apparat, so daß der Erfinder selbst auf Räder mit festen Schaufeln zurückgreifen mußte.

Daneben hatte die Buchanansche Konstruktion aber noch den Nachteil, daß die Schaufeln beim Ein- und Austritt in der senkrechten Richtung nicht so zweckmäßig auf das Wasser wirkten, als wenn dies unter einem bestimmten Winkel geschieht.

Deshalb wurde eine Anordnung von Bedeutung, auf welche Galloway im Juli 1829 ein englisches Patent erhielt. Er gab den Schaufeln nicht überall die vertikale Richtung, sondern änderte ihre Lage derartig, daß der Ein- und Austritt möglichst vorteilhaft geschah, indem jede Schaufel ihre vertikale Lage erst nach dem Eintritt in das Wasser erhielt und dieselbe erst beim tiefsten Stand der Schaufel erreicht hatte. Auch hierbei wird die Drehung der Schaufeln durch eine exzentrische Scheibe bewirkt, welche aber nicht auf der Radwelle, sondern auf einer besonderen Welle sitzt, die wiederum in einem, das Rad übergreifenden Gehänge gelagert ist. Das Gallowaysche Patent wurde von Morgan angekauft, der das Rad noch in den Details verbesserte. Unter dem Namen »Galloway-Morgan-Räder« sind diese Schaufelräder heute noch bekannt und gebräuchlich.

War das Schaufelrad der erste allgemein gebräuchliche Propeller gewesen, so begann man bald nach Einführung des Dampfschiffes einem anderen Antriebmittel seine Aufmerksamkeit zuzuwenden — der Schraube! Schon Bernoulli und Euler hatten um die Mitte des 18. Jahrhunderts vorgeschlagen, als Propeller neben Schaufelrädern und Reaktionsröhren, den Windmühlenrädern ähnliche Schrauben zu benutzen; Fitch hatte sich gegen Ende des 18. Jahrhunderts mit der Konstruktion eines Schiffsmodells beschäftigt, welches mit zwei Propellern, Schaufelrädern und Schraube, arbeiten sollte; noch eine ganze Reihe von Erfindern hatte sich mit dem Problem der Schiffsschraube beschäftigt und auch zum Teil Patente auf derartige Schrauben genommen, aber über Vorschläge und erfolglose Versuche war man nicht hinausgekommen.

Ein besonderes Verdienst um die Erfindung einer Schiffsschraube erwarb sich zweifellos der Österreicher Josef Ressel. Am

29. Juni 1793 in Chrudim (Böhmen) geboren, bezog der junge Ressel, nachdem er schon in seiner Vaterstadt den ersten Unterricht in der lateinischen Sprache erhalten hatte, mit dem 13. Lebensjahre das Gymnasium in Linz und absolvierte dasselbe. Im Alter von 16½ Jahren trat Ressel als Zögling in das Bombardier-Korps zu Budweis ein, in welchem er in den exakten Wissenschaften unterrichtet wurde. 1812 bezog er die Wiener Universität zwecks Studiums der Landwirtschaft, welchem sich ein zweijähriger erfolgreicher Besuch der Mariabrunner Forstakademie anschloß. Damit trat Ressel in die Forstlaufbahn ein, die ihn in verschiedene Gegenden Österreichs führte und die er als Marine-Forstintendant beschloß. Neben seinen anstrengenden Berufsarbeiten widmete Ressel sich vorzugsweise technischen Studien und Arbeiten, deren Früchte mehrere ihm verliehene Patente für die verschiedensten Erfindungen bilden. Zu seinen Haupterfindungen zählt eine Schraube ohne Ende zum Fortbewegen der Schiffe*).

Nachdem Ressel schon im Jahre 1812 eine Zeichnung einer Schiffsschraube entworfen und am 11. Februar 1827 ein Patent in Österreich auf letztere erlangt hatte, gelang es ihm 1829 ein mit seiner Schraube versehenes Dampfschiff auszurüsten. Die »Civetta«, wie das Schiff hieß, war 45 Fuß venetianisch lang und 11 Fuß breit. Die Schraube hatte einfaches Gewinde mit

---

*) Josef Ressel, Denkschrift. Wien 1893.

1$^1/_2$ Gängen und war vollständig unter Wasser zwischen Achtersteven und Ruder des Schiffes gelagert. Leider konnte die sonst glücklich verlaufene Probefahrt mit dem Schiff nicht zu Ende geführt werden wegen eines Unfalls in der Dampfrohrleitung, was der Polizei Gelegenheit bot, weitere Versuche zu verbieten. Inzwischen war Ressels Erfindung auch in Frankreich (1828 durch Malar) und England (1829 durch Charles Cumerow) zum Patent angemeldet und patentiert worden. Bei der Anordnung des letzteren wies die Resselsche Schraube statt 1$^1/_2$ Gänge nur einen Gang auf. Weder Ressel, der am 10. Oktober 1857 in Laibach starb, ohne die Früchte seiner Arbeit geerntet zu haben[*]), noch die beiden genannten Patentinhaber konnten es jedoch zu einer Einführung der Schraube bringen; dies glückte erst im Jahre 1836 dem Engländer Smith und zu fast gleicher Zeit dem Schweden Ericsson.

Francis Pettit Smith, von Beruf Landwirt, beschäftigte sich aus Liebhaberei mit dem genannten Projekt. Es gelang ihm (1836) ein Boot mit einer hölzernen Schraube zu versehen und mit demselben Probefahrten anzustellen. Seine Schraube, die ihm am 31. Mai 1836 patentiert wurde, hatte einfaches Gewinde, aber zwei Gänge. Durch die Berührung des Propellers mit einem harten Gegenstand bei einer der Fahrten, wobei der erstere so brach, daß er nur noch einen Gang hatte, gelangte Smith zu der Schraube mit nur einem Gang, welche er als vorteilhafter nun beibehielt. Die Geschwindigkeit des Versuchsbootes war nach dem Bruch der Schraube eine merklich höhere geworden. Nachdem Smith 1837 mit seiner Schraube eine Anzahl Fahrten gemacht und sich auch auf die See gewagt hatte, gelang es ihm, die Aufmerksamkeit der englischen Admiralität auf den neuen Propeller zu lenken. Diese setzte eine besondere Kommission zur Vornahme weiterer Versuche ein, welche die gleichen günstigen Resultate ergaben. Schließlich veranlaßte die Admiralität Smith zum Bau eines größeren Schraubenbootes, bei dessen günstigen Ausfall seine Erfindung in der englischen Flotte eingeführt werden sollte. Gleichzeitig bildete sich für die Verwertung der Smithschen Schraube im Privatbetriebe eine besondere Gesellschaft, »The Ship Propeller Company«.

---

[*]) In den erstarrten Händen der Leiche fand man das letzte Rezept seines Arztes, auf dessen Rückseite Ressel eine Ermahnung an seine Kinder geschrieben hatte, sein Prioritätsrecht auf die Erfindung der Schiffsschraube nicht in Vergessenheit geraten zu lassen (s. Denkschrift).

Das Schiff, mit dessen Bau Smith schon im nächsten Jahre, 1838, begann, ist als erster Schraubendampfer in England zu verzeichnen. Dem Zweck, dem er diente, nämlich die Brauchbarkeit der archimedischen Schraube als Propeller zu beweisen, verdankte er auch seinen Namen: »Archimedes«. Der »Archi-

medes« war 125 Fuß lang und besaß zwei Maschinen, die Schraube hatte 5 Fuß 9 Zoll Durchmesser und eine Steigung von 8 Fuß. Am 14. Oktober 1839 konnte die erste Probefahrt stattfinden. Derartige Fahrten wurden dann noch verschiedentlich unternommen und dabei als größte Geschwindigkeit 9,75 Knoten in der Stunde erzielt, während die englische Admiralität nur 4 bis 5 Knoten ver-

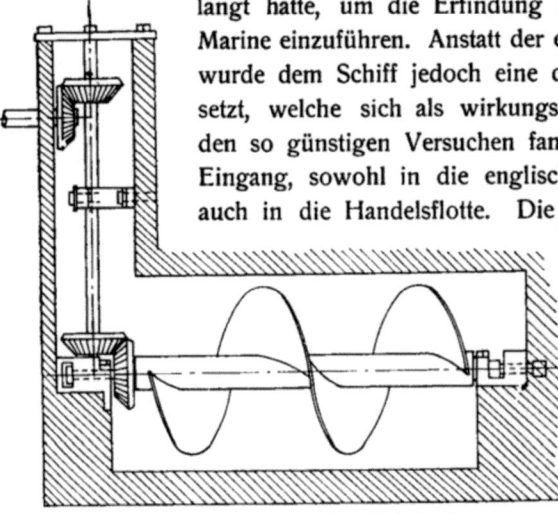

Smiths Schraubenpropeller (Originalform).

langt hatte, um die Erfindung bei den Schiffen der Marine einzuführen. Anstatt der eingängigen Schraube wurde dem Schiff jedoch eine doppelgängige eingesetzt, welche sich als wirkungsvoller erwies. Nach den so günstigen Versuchen fand die Schraube bald Eingang, sowohl in die englische Kriegsmarine, als auch in die Handelsflotte. Die englische Regierung ließ 1843 mit ihrem Schraubendampfer »Rattler«, einem Schiff von 176,5 Fuß Länge, 888 t und 200 PS-Dampfmaschine, weitere eingehende Versuche anstellen, welche die Brauchbarkeit des neuen Propellers nur bestätigten. Nach vielen Versuchen und Abänderungen erhielt die aus Kanonenbronze hergestellte Schraube dieses ersten Schraubenkriegsdampfers der Königlichen Marine nur zwei Flügel. Sie hatte 10 Fuß 1 Zoll Durchmesser bei 11 Fuß Steigung.

Neben Smith war zu gleicher Zeit der Schwede John Ericsson in England mit der Konstruktion einer

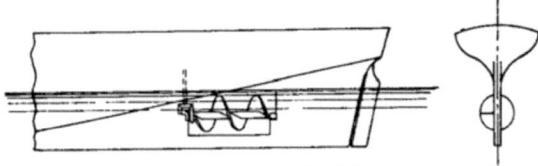

Stern eines Schiffes mit Smiths Schraubenpropeller.
(Nach J. Bourne.)

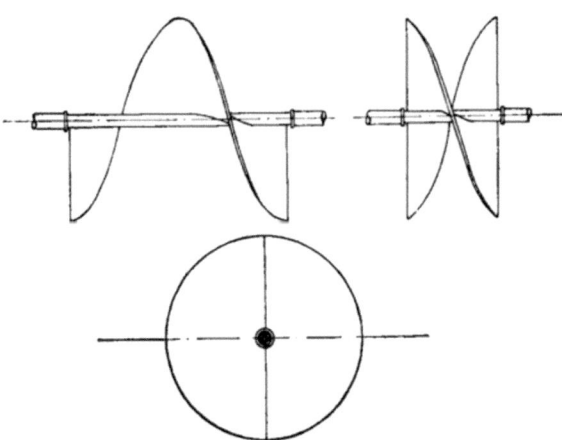

Smiths Schraubenpropeller, verbesserte Form.
(Nach J. Bourne.)

Schiffsschraube beschäftigt, auf die ihm am 13. Juli 1836 ein englisches Patent verliehen wurde. Mit Ericssons Propeller wurde,
durch die einflußreiche Unterstützung des amerikanischen Konsuls
in Liverpool, Ogden, als erstes Schiff der »Francis Ogden« ausgerüstet, ein Dampfer von 45 Fuß Länge, der auf seinen Probefahrten auf der Themse eine Geschwindigkeit von 10 Knoten erreicht haben soll. Ericsson benutzte zwei hintereinander liegende
Schrauben, welche entgegengesetzte Steigung hatten, sich aber auch
in entgegengesetzter Richtung drehten.

Während Ericsson in England nicht viel Gegenliebe fand, gelang ihm dies um so mehr in Amerika, woselbst er mit seinem

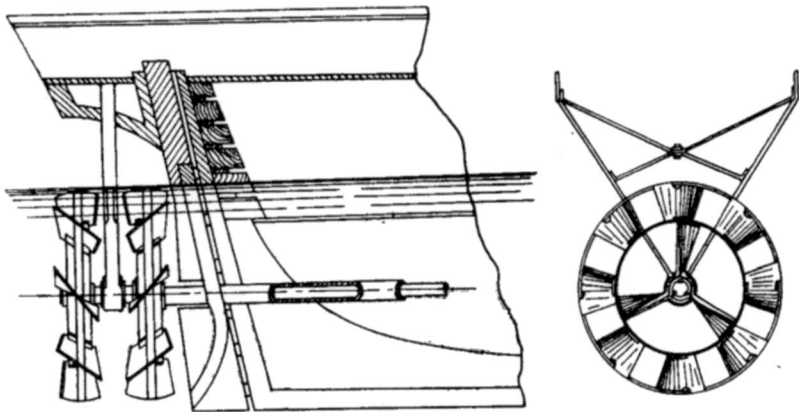

Ericssons Schraubenpropeller. (Nach J. Bourne.)

»Robert Stockton« und dem »Princeton«, dem ersten größeren
Kriegsschiff, das mit seinem Schraubenpropeller ausgerüstet, den
Ozean durchfurchte, den Schraubenpropeller mit solchem Erfolg
einführte, daß 1843 bereits 41 Schiffe der amerikanischen Flotte
mit demselben ausgerüstet waren. Auch in Frankreich war die
Ericssonsche Schraube gegenüber der Smithschen die vorherrschende.
Hier ließ die Regierung das Postschiff »Napoléon« (später »Le
Corse« genannt) mit drei- und vierflügeligen Schrauben ausstatten
und erzielte mit diesem Schiff eine Gewindigkeit von 12 Knoten.
1850 lief hier (in Toulon) das erste Schraubenlinienschiff
gleichen Namens, »Napoléon«, vom Stapel. Die mit diesem
Linienschiff erzielten Erfolge (u. a. 12 Knoten Geschwindigkeit)
waren von durchschlagender Wirkung auf die Lösung der Propellerfrage bei sämtlichen Kriegsflotten. —

5*

Ericsson, der Erfinder dieser Schraube, begegnet uns wiederholt in der Geschichte der Erfindungen, zumal auch auf dem Gebiete des Schiffswesens, so daß hier eine kurze Lebensbeschreibung dieses merkwürdigen Mannes folgen möge. Er wurde am 31. Juli 1803 zu Philipstad in der Provinz Wermeland in Schweden

geboren, wo sein Vater als Bergwerksbesitzer ansässig war. Da der junge Ericsson Begabung für Mechanik zeigte, fand er durch hohe Vermittlung Aufnahme im Ingenieurkorps und brachte es schließlich in der schwedischen Armee bis zum Kapitän. In seinen Mußestunden sich mit technischen Problemen beschäftigend, kam er auf die Idee der heutigen Heißluftmaschine. Die Verwendung des Dampfes in der Maschine erschien ihm unökonomisch, weil beträchtliche Wärmemengen aufzuwenden waren, um denselben erst zu erzeugen, ehe er in dem Kreisprozeß des Motors als Träger der Wärme dienen konnte. Die Luft bot sich dagegen als ein kostenlos überall vorhandenes, vollkommen gleichwertiges Mittel dar. Da Ericsson in seiner Heimat wenig Verständnis für seine Erfindung fand, quittierte er den schwedischen Dienst und wirkte in England für seine Idee. Zunächst hatte sein erfinderischer Geist jedoch Gelegenheit, sich in anderer Richtung zu betätigen: Die erste Eisenbahn zwischen Manchester und Liverpool harrte ihrer Eröffnung und ein hoher Preis war ausgeschrieben für die beste Lokomotive. So finden wir denn am 6. Oktober 1829 John Ericsson mit einer Lokomotive (»Novelty«) neben vier Mitbewerbern im Wettkampf von Rainhill. Seine Maschine war jedoch derjenigen Stephensons nicht gewachsen, der bekanntlich den Sieg davontrug. Nun wandte Ericsson sich wieder dem Bau seiner Luftmaschine zu, die er 1833 als fünfpferdige Maschine in London praktisch vorführte. Da die mechanische Wärmetheorie damals noch nicht aufgestellt war, galt Ericsson die Wärme noch als Stoff, der einem vermittelnden Körper, wie Dampf oder Luft bei wechselnden Temperaturen beliebig zugeführt und entzogen werden konnte. Bei seiner Maschine drückte eine Luftpumpe Luft unter Druck in einen Behälter; von hier trat dieselbe durch einen sog. Regenerator in den durch Feuer erhitzten Arbeitszylinder. Die erhitzte und gepreßte Luft dehnte sich hier aus und bewegte den Kolben im Zylinder und eine mit dem Kolben verbundene Welle. Beim Kolbenrückgang entwich die ihrer Spannung beraubte, aber immer noch heiße Luft wieder durch den Regenerator hindurch ins Freie. Der Regenerator bestand nun zur Hauptsache aus einem dichten Flechtwerk metallener Drähte von ungeheurer Oberfläche; in ihm glaubte Ericsson der verbrauchten entweichenden Luft die gesamte Wärme entziehen und aufspeichern zu können, um dieselbe dann wieder an die frische Arbeitsluft abzugeben. Die Feuerung sollte nur die durch Strahlung und unvollkommene Wirkung des Regenerators verursachten Wärmeverluste decken! Mit einer derartigen Luftmaschine hoffte Ericsson die vollkommenste, rationellste Maschine geschaffen zu haben. Nachdem er, wie schon berichtet, mit seinem Schraubenpropeller erfolgreich aufgetreten war, setzte er in Amerika nach verschiedenen größeren Versuchsmaschinen den Bau einer großen Schiffsluftmaschine durch. 1852 verließ das mit derselben ausgerüstete

Schiff die Werft zur Probefahrt. Das Resultat der letzteren war für Ericsson ein niederschmetterndes! Wohl lief sein Schiff wirklich und riß die Zuschauer zu lautem Beifall hin, — aber die Maschine erforderte Kohlen so gut wie eine Dampfmaschine und die Hoffnung auf die beträchtliche Kohlenersparnis erwies sich als eitel! Schließlich brannten auf einer anderen Fahrt die Heizböden der Maschinen durch und man ersetzte die letzteren in aller Stille durch Dampfmaschinen. So kam das Schiff auch über den Ozean, lag einige Zeit in Havre, als Wunder angestaunt — und scheiterte dann auf der Rückfahrt. So endete diese Verirrung menschlichen Erfindergeistes, die die Dampfmaschine und das Dampfschiff aus dem Felde schlagen sollte. Nur als Kleinmotor konnte die Heißluftmaschine später Verwendung finden.

Mehr Ruhm als bei dieser Gelegenheit erntete Ericsson mehrere Jahre später, im Sezessionskriege, mit seinem schwimmenden Panzerungetüm »Monitor«, der in dem berühmten Zweikampf mit dem »Merrimac«, der eisengepanzerten schwimmenden Batterie der Südstaaten, diesen besiegte und damit den Kampf zugunsten der Nordstaaten entschied. Fast der ganze Schiffskörper des eigenartig konstruierten Schiffes ruhte unter Wasser und nur 18 Zoll ragte sein Bord über den Wasserspiegel. Ein in der Mitte des Schiffes gelegener, dreifach gepanzerter Schießturm barg Geschütze stärksten Kalibers. Der »Monitor«, in 100 Tagen erbaut, bleibt für immer eine merkwürdige Erscheinung in der Geschichte der Kriegsdampfschiffe, weshalb wir glaubten, neben seinem Schöpfer und dessen anderen Werken auch seiner bei dieser Gelegenheit Erwähnung tun zu müssen. Ericsson starb 1890 als hochbetagter Mann; seine Gebeine ließ die amerikanische Regierung noch in demselben Jahre pietätvoll in seine Heimat überführen. —

Neben Ressel, Smith und Ericsson beanspruchen noch einige andere den Lorbeer als Erfinder des Schraubenpropellers, u. a. der Schotte Robert Wilson und die Franzosen Delisle und Sauvage. Zweifellos haben sich auch diese um die Erfindung eines geeigneten Schraubenpropellers verdient gemacht, wenn ihre Konstruktionen sich auch nicht gegenüber den der erstgenannten den durchschlagenden Erfolg erringen konnten.

Überhaupt ist es ein immer wiederkehrendes Moment in der Geschichte der Erfindungen und so auch hier, daß die tatsächliche Erfindung irgend einer Vorrichtung oder dergl. durch eine Person schwer festzustellen ist. Nachdem die Idee schon lange vorhanden gewesen, versucht einer, ihr ein praktisches Gesicht zu geben, ohne äußeren Erfolg, andere kommen hinzu, fügen dem Werke das bei, was dem ersten Gebilde zum Erfolge mangelte, wieder andere führen Verbesserungen der Erfindung ein, welche sie zum allgemeineren Gebrauch verhelfen, — und schließlich ist es eine heikle Aufgabe, diesen oder jenen als den wahren Erfinder zu bezeichnen. Es ist ebenfalls eine alte Erfahrung der Technik, daß sich die Lösung einer Erfindung fast nie als aus einem Guß geworden, als das Produkt einer einzigen schöpferischen Idee darstellt, sondern daß alle großen Errungenschaften der modernen Technik nur möglich waren, indem ihre Gestalter auf bereits vorhandener Erkenntnis logisch weiterbauten und dieselbe geschickt anzuwenden verstanden. John Bourne gibt in seinem umfangreichen Werk: »A Treatise on the screw propeller« (London 1867) eine ganze Reihe von Männern an, die sich um die Erfindung einer brauchbaren Schiffsschraube verdient gemacht haben. Auf dieses klassische technische Werk sei der für diese Frage interessierte Leser hiermit verwiesen.

Schraubendampfer »Archimedes« (1839).

8. Die Entstehung von Dampfergesellschaften und die Anfänge der regelmäßigen Ozeandampfschiffahrt.

Die Dampfschiffahrt erfordert größeres Kapital. — Die ersten Dampfergesellschaften. — »Great Western« und »Great Britain«. — Die Cunard-Linie. — Verdrängung der Schaufelraddampfer durch die Schraubenschiffe. — Amerikanische und englische Dampferlinien. — Die deutsche Ozeandampfschiffahrt in ihren Anfängen. — Hamburg-Amerika Linie und Norddeutscher Lloyd.

Nachdem das Dampfschiff in den verschiedenen Ländern zur Einführung gelangt und in Bau und Konstruktion immer mehr vervollkommnet war, wuchs auch das Verkehrsbedürfnis. Die Segelschiffe, die diesem bisher hatten genügen müssen, hatten durch ihre lange Reisedauer und ihre Abhängigkeit von Wind und Wetter nicht gerade anreizend auf den Verkehr gewirkt. Mit der Einführung des Dampfschiffes wurde dies anders. Das bequemere und schnellere Reisen mit den Dampfern wirkte fördernd auf den Verkehr ein und hatte zur Folge, daß sich derselbe immer mehr hob. Andererseits erforderte aber die Einstellung eines Dampfschiffes in den Verkehrsdienst, infolge seiner Maschinenanlage, das Hineinstecken eines bedeutend größeren Kapitals in das Unternehmen, als es bei Segelschiffen nötig war. Da die Aufbringung des erforderlichen Kapitals z. B. für die dem Weltverkehr dienenden Dampfschiffe dem Einzelnen schwierig wurde, so führte die Sachlage von selbst zur Gründung von Dampfergesellschaften, die sich mit ihren größeren Gesellschaftskapitalien tatkräftiger, wirtschaftlich besser rühren konnten.

Die Entstehung der ersten größeren Dampfergesellschaften fällt in die Mitte der dreißiger Jahre des vorigen Jahrhunderts. Es waren drei Gesellschaften, welche durch ihre Tätigkeit die Weiterentwicklung des Dampfschiffes günstig beeinflußten: die »Peninsular and Oriental Steam Navigation Company«, die »Great Western

Steam Ship Company« und die »Royal Mail Steam Company« oder kurz »Cunard Company« genannt. Von diesen genannten Gesellschaften existieren heute noch die erst- und letztgenannte und zwar beide in hervorragendem Umfange. Die »Peninsular and Oriental-Steam Navigation Company« (gewöhnlich bezeichnet P. & O.) legte sich hauptsächlich auf den Verkehr zwischen England und Ostindien. Im Jahre 1840 ließ die Gesellschaft zwei große Dampfer »Oriental« und »Great Liverpool« direkt von England nach Alexandrien gehen; 1845 übernahm sie den Postdienst auch im Roten Meere und im Indischen Ozean und dehnte ihre Linien allmählich bis China und Australien aus. Der »Oriental« war ein Raddampfer

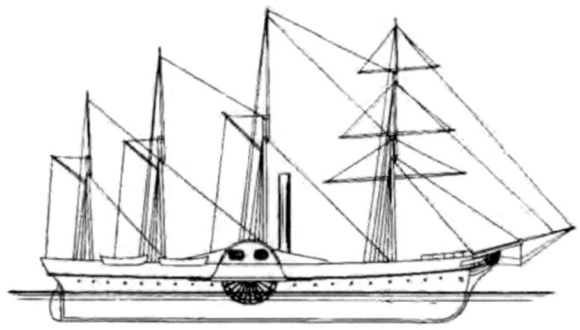

»Great Western« (1838).
Erster transatlantischer Passagierdampfer.

von 217,5 Fuß Länge, 35 Fuß Breite und hatte bei 1476 t Ladevermögen einen Tiefgang von 16 Fuß. Er wurde getrieben durch eine Dampfmaschine von 420 nominellen Pferdestärken.

Die »Great Western Steam Ship Company« führte zuerst die alleinige Verwendung des Dampfes auf Schiffen im transatlantischen Verkehr ein. Ihr erstes Schiff, das also als erster transatlantischer Passagierdampfer zu betrachten ist, war der »Great Western«; er hatte eine Länge von 64,61 m, ein Deplacement von 2300 t und wurde von einer Maschine von 400 nominellen Pferdestärken mittels Schaufelrädern (System Field, mit festen Schaufeln) bewegt. Das Schiff wurde auf Anregung des jüngeren Brunel 1836 in Bristol auf Stapel gelegt und trat am 8. April 1838 seine erste Reise nach New York von Bristol an. Am 23. April traf der »Great Western« in New York ein, hatte also 15 Tage zu dieser Fahrt ge-

braucht*). Im Jahre 1839 gab die Gesellschaft ein zweites Dampfschiff, »Great Britain«, in Bau, welches wiederum auf Betreiben des
für alle neuen Ideen begeisterten Brunel aus Eisen hergestellt wurde,
trotzdem es damals erst sehr wenige eiserne Schiffe gab. Ebenso
wurde dieses Schiff als erster Passagierdampfer, statt mit Schaufelrädern, mit einer Schraube ausgerüstet, mit welcher soeben erst der
»Archimedes« Erprobungen ausgeführt hatte. Der zu seiner Zeit
vielbewunderte »Great Britain« ist daher auch als erster Ozean-
Schraubendampfer zu verzeichnen. Das Schiff überragte den
»Great Western« sowohl an Länge als auch an Wasserverdrängung;
erstere betrug zwischen den Perpendikeln 98,14 m, letztere 2984 t.
Das Schiff hatte zwei Maschinen von je 500 PS, die mit Räder-
übersetzung arbeiteten. Die Schiffsgeschwindigkeit betrug im Mittel

»Great Britain« (1844). Erster Ozean-Schraubendampfer.

9,25 Knoten. Im Juli 1843 vom Stapel gelaufen, machte der »Great
Britain« 1844 seine Probefahrten und wurde im August 1845 in
den Verkehrsdienst nach New York eingestellt. Leider sollte er in
demselben nicht lange Verwendung finden, denn bei seiner dritten
oder vierten Ausreise von Liverpool nach New York strandete der
»Great Britain« 1846 an der irischen Küste. Später wieder abge-
bracht, diente der Dampfer nach gründlicher Ausbesserung einer
Liverpooler Reederei für Reisen nach Australien. Schließlich in ein
Segelschiff umgewandelt, strandete der »Great Britain« 1886 an den
Falklandinseln, und wurde nach seiner Abbringung noch bis vor
kurzem als Kohlenschiff (Hulk) verwendet.

---

*) Am 5. April hatte bereits der Dampfer »Sirius« einer kleineren
Konkurrenzgesellschaft (der »St. George Steam Paket Co.«) die Ausreise
von England nach New York angetreten; da der »Sirius« jedoch per
Stunde zwei Knoten weniger lief als der »Great Western«, so wurde er
von letzterem aus dem Felde geschlagen.

Mit dem ersten Unfall des »Great Britain« war aber auch das Schicksal seiner Besitzerin, der »Great Western Steam Ship Company« besiegelt; ihr erstes Schiff wurde schließlich in die Fahrten der Cunard-Linie eingestellt.

Die Cunard-Linie (»Royal Mail Steam Ship Company«) ist eigentlich als die erste Gesellschaft anzusehen, welche es zu einem regelmäßigen Verkehr zwischen Europa und Amerika brachte. Gegründet wurde diese Gesellschaft von Samuel Cunard, einem Quäker, der aus Halifax in Neuschottland stammte und im Winter 1839 nach

Samuel Cunard.

England kam. 1840 wurde der Verkehr dieser Gesellschaft zwischen Liverpool und New York mit den Schiffen »Arcadia«, »Britannia«, »Caledonia« und »Columbia« eröffnet, wobei die Gesellschaft einen jährlichen Staatszuschuß von 85000 ₤ erhielt. Die englische Regierung gewährte diese Unterstützung mehr aus politischen Gründen als aus kommerziellen Rücksichten. Fast alle in England subventionierten Linien waren und sind solche, welche seine Kolonien untereinander oder mit dem Mutterlande verbinden. Als Gegenleistung hatte die Cunard-Linie die britische Post von England nach Halifax überzuführen; die Schiffe dehnten ihre Reisen jedoch

bis Boston und New York ohne Extraentschädigung aus. Im folgenden Jahre (1841) wuchs der Staatszuschuß bereits auf 110000 £,
aber auch diese Summe genügte nicht, die Gesellschaft vor Schaden
zu bewahren, so daß die Regierung 1846 schon 145000 £ zu-
schießen mußte. Damit erst war das Unternehmen gesichert. 1850
bestand dessen Dampferflotte für den transatlantischen Dienst aus
9 hölzernen Raddampfern, deren Tragfähigkeit 1250 bis 2250 t bei
500 bis 800 PS der Maschinen betrug, während ihre Fahrschnelligkeit
sich auf etwas über 8 Knoten belief. 1862 war die Linie auf
11 Dampfer gewachsen, denen die Regierung 176000 £ pro Jahr
als Zuschuß zahlte.

Der im Jahre 1862 in Fahrt gesetzte Postdampfer »Scotia«
der Cunard-Linie, von 115,5 m Länge, war der letzte transatlantische
Dampfer mit Schaufelrädern; alle späteren Ozeandampfer wurden
mittels Schrauben angetrieben, zu deren Gunsten sich auch hier die
Reedereien entschlossen. Zunächst fielen nämlich die Maschinen
für Schaufelräder schwerer aus, als diejenigen für Schraubenantrieb;
dann beanspruchten erstere mehr Raum und zwar den besten, in
der Mitte des Schiffes gelegenen. Ihre Anlage-, wie auch ihre Unterhaltungskosten (hauptsächlich auch der Schaufeln selbst) waren höher
als die der Schraubenmaschinen. Durch den verschiedenen Tiefgang
des Schiffes gegen Anfang und Ende seiner Reise wurde der Nutz-
effekt der Schaufelräder ungünstig beeinflußt. Das waren die Haupt-
gründe, zu denen eine Reihe anderer hinzukamen, daß die Raddampfer zunächst in der Ozeanfahrt von den Schraubenschiffen
abgelöst wurden.

Die nächste Dampferlinie zwischen Europa und Amerika lief
von New York aus. Aber, wie die Amerikaner später selbst einge-
standen: »die Geschichte der amerikanischen Ozeandampferlinien
ist kurz und unserer (der amerikanischen) großen Handelsmarine
durchaus unwürdig«. Der hölzerne Raddampfer »Washington« der
unter Mitwirkung des bremischen Staates, benachbarter deutscher
Staaten und einflußreicher Deutscher in New York begründeten
»Ocean Steam Navigation Company« (Bremen-Linie), der 1847
von New York auslief, war der erste Ozeandampfer, welcher in
deutschen Gewässern, und zwar auf der Reede von Bremerhaven,
das Sternenbanner entfaltete. Ihm folgte in demselben Jahre noch
ein zweites Schiff, der »Hermann«, gleichen Baues. 1858 wurde die
Linie wegen mangelnder Rentabilität jedoch aufgelöst.

Als zweite amerikanische Unternehmung in der Ozeanfahrt folgte die Havre-Linie derselben Gesellschaft, 1847 eingerichtet. Dieselbe erhielt sich trotz des schweren Verlustes der beiden Dampfer »Humboldt« und »Franklin« bis zum Ausbruch des amerikanischen Bürgerkrieges 1861, wo die übrig gebliebenen Schiffe »Fulton« und »Arago« von den Nordstaaten gechartert wurden.

Fast zu gleicher Zeit mit ihr (1850) wurde ebenfalls von Amerikanern die Collins-Linie gegründet, zunächst mit vier Schiffen (»Arctic«, »Baltic«, »Atlantic« und »Pacific«), hölzernen

Dampfer »Washington«,
der erste direkte Dampfer Bremen-New York (1847).

Raddampfern mit Seitenhebelmaschinen, denen sich 1856 ein fünftes Schiff (»Adriatic«) hinzugesellte. Die Collins-Linie erhielt von der amerikanischen Regierung eine erhebliche Subvention. 1858 mußte die Gesellschaft jedoch den kostspieligen Wettbewerb mit der Cunard-Linie aufgegeben; sie endete mit dem Bankerott, nachdem zwei Schiffe untergegangen bezw. verschollen waren und eine schlechte Direktion den Untergang der Gesellschaft besiegelt hatte. Damit verschwand die amerikanische Flagge von den Dampfern erster Klasse der transatlantischen Fahrt und wurde erst nach Verlauf von 35 Jahren, im Jahre 1893, mit dem Übergang der Dampfer der Jnman-Linie »City of Paris« und »City of

New York« in amerikanische Hände, auf erstklassigen Schiffen wieder gesetzt.

Ein vierter Versuch wurde von amerikanischer Seite freilich wieder im Jahre 1866 gemacht, indem von New York aus seitens der Firma Ruger Brothers die Ruger-Linie eingerichtet wurde. Die Dampfer dieser Linie machten 12 Reisen im Jahre 1866, 14 in 1867, 8 in 1868 und 7 in 1869. Im letzten Jahre dehnten sie ihre Reisen von der Weser bis Kopenhagen und Stettin aus. Das Unternehmen wurde schließlich dadurch zu Fall gebracht, daß die englischen und deutschen Dampferlinien sich dahin einigten, einen Dampfer für New York an demselben Tage abzulassen, an dem einer der Ruger-Linie zur Fahrt angezeigt war und daß sie außerdem Fracht und Passage ermäßigten. Die Schiffe der Brothers Ruger waren außerdem alte und sehr unrein gehaltene Holz-Raddampfer, die natürlich mit den schönen sauberen und schnellen Eisen-Schraubendampfern Deutschlands und Englands nicht konkurrieren konnten.

Ein gleichzeitig (1866) mit der Ruger-Linie ins Leben gerufenes amerikanisches Unternehmen war die Baltimore-Linie, zwischen Baltimore und Liverpool. Diese Linie setzte ihre Flotte aus alten ausrangierten Kriegsschiffen zusammen, wurde aber noch im selben Jahre wegen mangelnder Rentabilität wieder aufgelöst.

Mehr Glück in der Ozeandampfschiffahrt als die Amerikaner hatten die Engländer und Deutschen, wie sie dieselbe auch jetzt noch fast ausschließlich beherrschen.

Von den englischen Linien haben wir bereits die erste dieser Art und noch heute eine der größten, die Cunard-Linie, erwähnt. Ihr schloß sich als zweite 1850 die Jnman-Linie, Liverpool und New York verbindend, an, die seit 1893 allerdings in die »Neue Amerikanische Linie« übergegangen ist. Die Überfahrten zwischen Liverpool und New York dauerten zu jener Zeit 11 bis 12 Tage. Die Schiffe dieser Linie waren dadurch leicht kenntlich, daß sie fast ausschließlich, wie der erste Dampfer »City of Clasgow«, nach Städten benannt waren (»City of Paris«, »City of London«, »City of New York« usw.). 1856 wurde die Montreal-Linie etabliert; 1863 folgten die London-New York Linie der »London and New York Steamship Company« und gleichzeitig die Anchor-Linie. 1864 begann die National-Linie ihre Fahrten zwischen Liverpool und New York; 1866 taucht wieder eine »Great Western Steamship Company« auf, gleichfalls zwischen den letzgenannten Städten verkehrend; 1867 folgte dieser noch die Southern-Linie. 1874/75 tritt die White Star-Linie mit zwei Dampfern, »Britannic« und »Germanic«, Schwesterschiffen von je 5000 t und 5500 JPS, auf den Plan.

Frankreich eröffnete seine erste, noch heute bestehende Dampferlinie nach Amerika, die »Compagnie Générale transatlantique«, von der Regierung unterstützt, im Jahre 1864 zwischen Havre und New York.

Adolph Godeffroy.

Ein Ruhmesblatt in der Geschichte der transatlantischen Dampfschiffahrt bildet die deutsche Ozeandampfschiffahrt, wie sie heute im größten Umfange von den beiden Gesellschaften »Hamburg-Amerika Linie« (»Hamburg-Amerikanische Paketfahrt-Aktien-Gesellschaft«) und »Norddeutscher Lloyd« betrieben wird. Wir wollen hier nur die Anfänge dieser Unternehmen streifen, um nachher die Verdienste der letzteren in neuerer Zeit noch besonders und eingehender zu würdigen.

Die älteste der beiden Linien, die älteste deutsche Großschiffahrtsgesellschaft überhaupt, ist die Hamburg-Amerika Linie, als deren eigentlicher Gründer der tatkräftige Reeder und derzeitige Chef des berühmten Welthauses Adolph Godeffroy bezeichnet werden muß. Sie

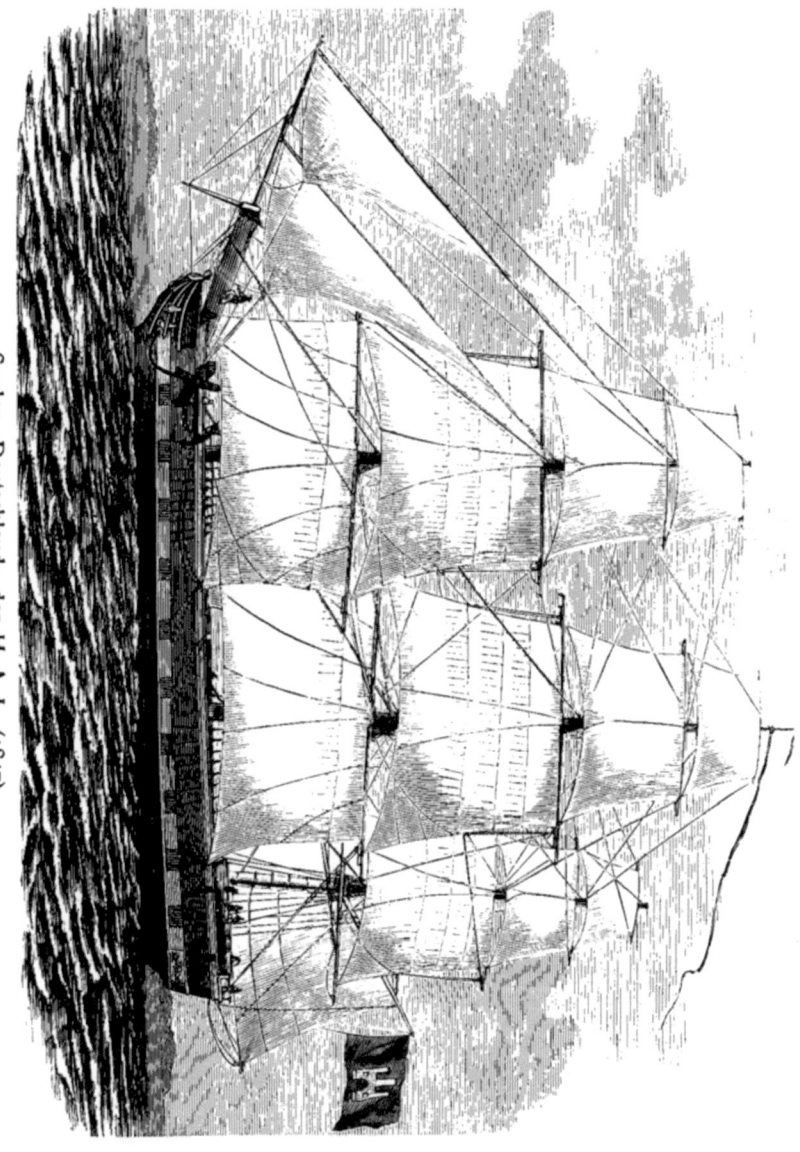

Segler »Deutschland« der H. A. L. (1847).

begann ihren Dienst 1847, allerdings nur mit einem Segelschiff, der »Deutschland«. Dasselbe war 717 t groß, hatte Unterkunft für 20 Kajütenpassagiere und legte die Reise von Hamburg nach

New York in ungefähr 25 Tagen zurück. Zu einer Zeit, wo die britische Flotte den Handelsverkehr zur See nahezu beherrschte und

Damensalon der alten »Deutschland« der H. A. L.

England eifrig bemüht war, seine Überlegenheit zu wahren und immer weiter zu fördern, hatte es eine Anzahl tatkräftiger Männer

Rauchsalon der alten »Deutschland« der H. A. L.

in Hamburg unternommen, mit jetzt lächerlich gering erscheinenden Mitteln in den Wettbewerb um die Vorteile dieses Verkehrs einzutreten. Am 27. Mai 1847 war die Hamburg-Amerika Linie mit einem Kapital von 450000 Mark ins Leben gerufen. Dem ersten Segelschiff, »Deutschland«, folgten eine Anzahl weiterer tüchtiger Segler (»Donau«, »Oder«, »Elbe« u. a.), die allgemein als die besten und schnellsten jener Zeit bekannt waren und deren größter etwa 200 Reisende aufzunehmen vermochte. Als aber der sich rapid vergrößernde Warenaustausch zwischen der alten und der neuen Welt und die stetig zunehmende Auswanderung nach Nordamerika die vorhandenen Beförderungsmittel als ungenügend erscheinen ließen, beschloß die Verwaltung, Dampfschiffe in ihren Dienst einzureihen, deren erstes, die »Borussia«, am 1. Juli 1856 seine planmäßige Reise antrat. Ihr folgte bald die »Hammonia«, welche beiden Dampfer abwechselnd am 1. jeden Monats ihre Reise antraten.

»Borussia« der H. A. L. (1856).

Die Dampfer waren Schraubenschiffe von 2026 Brutto-Registertonnen Raumgehalt*). Die Maschine indizierte 1400 PS und verlieh dem Schiff eine Geschwindigkeit von 12 bis 12,5 Knoten

---

*) Die Bezeichnung »Registertonnen« leitet sich her aus dem Gebrauch der Hansa, die Beladungsfähigkeit eines Schiffes nach der Anzahl Tonnen Wein oder Bier, die sich in dem Schiff verstauen ließen, anzugeben. Der Brutto-Raumgehalt bezeichnet die Lade- oder Tragfähigkeit eines Schiffes, die durch Ausmessen des Innenraumes des Schiffsrumpfes nach besonderen Bestimmungen ermittelt wird, wobei 2,83 cbm (100 Kubikfuß engl.) = 1 Reg.-Tonne sind. Den Netto-Raumgehalt stellt der, nach Abzug der Mannschafts-, Kessel-, Maschinen- und Kohlenräume vom Bruttogehalt, zur Aufnahme von Frachtgut und Fahrgästen verfügbar bleibende Raum dar.

in der Stunde. So vermochte die »Borussia« die Reise nach New York in 16, die Rückreise in 14 Tagen zurückzulegen. Dabei beförderte sie auf einer Reise 54 Passagiere in der 1. Kajüte, 136 in der 2. Kajüte, 310 Passagiere im Zwischendeck und ca. 80 Mann Besatzung.

Der allgemeine Übergang vom Segler zum Dampfschiff liegt überhaupt in dem Zeitraum von der Mitte des 19. Jahrhunderts bis etwa 1870. Damit beginnen die eigentlichen Großreedereien, deren stärkere Kapitalkraft die größeren Aufwendungen für den Bau und Betrieb der Dampfschiffe auf sich zu nehmen vermochte.

Nach einem Jahre erhöhte denn auch die Gesellschaft, ermutigt durch die bisherigen Resultate, ihr Kapital um 3 Millionen Mark zum Bau weiterer Schiffe. Durch Aufwendung dieser Summe ward der Bestand ihrer Flotte auf 4 Dampfer und 8 Segelschiffe gebracht, ein Resultat, welches damals so bedeutend erschien, daß die derzeitige Direktion in einer Generalversammlung ausdrücklich hervorhob: »Bei diesem großartigen Umfange dürfte eine weitere Ausdehnung des Betriebes nicht in Aussicht zu stellen sein«. Aber immer gewaltiger schwoll der Strom des Personenverkehrs, wuchs die Menge der zu befördernden Güter. Schon im Jahre 1860 hatte die Gesellschaft die unmodern gewordenen Segelschiffe abgestoßen und mit ihrer auf 8 Schiffe gestiegenen Dampferflotte nach New York einen vierzehntäglichen Dienst eingerichtet.

Ein stattlicher Dampfer der Gesellschaft in den sechziger Jahren war die »Germania«. Ihre Länge über Deck betrug 321 Fuß engl., die Breite 40 Fuß, der Tiefgang 17 Fuß. Die Kohlenbunker faßten 1000 t. Die Maschine indizierte 600 PS und verbrauchte täglich etwa 50 t Kohlen. Außer einer bedeutenden Güterladung konnte die »Germania« 725 Passagiere befördern, von denen die erste Kajüte 80, die zweite 120, das Zwischendeck 525 aufnahm. Die Kajüten zeichneten sich durch eine elegante Ausstattung aus. »Die zu beiden Seiten des Salons befindlichen Schlafgemächer enthalten jedes nur zwei Betten und ein Sofa und lassen vom häuslichen Komfort kaum etwas vermissen. Die zierlichen Waschtische sind sogar (!) mit Wasserleitung versehen. Auch ein hübsches Badezimmer ist vorhanden, in dem Passagiere zu jeder Zeit warme und kalte Bäder nehmen können. Um die großen Quantitäten von frischem Fleisch, Wildpret, Geflügel, Obst und Milch gehörig konservieren zu können, befindet sich an Bord ein großer Eiskeller,

welcher einen Eisvorrat von mehr denn 300 Zentnern enthält.«
Diese zeitgenössische Beschreibung der Schiffseinrichtung lassen dem
verwöhnten Passagier eines heutigen Ozeandampfers die damaligen
Verhältnisse doch als recht bescheiden erscheinen!

Nachdem die in die Mitte der sechziger Jahre fallende Handels-
krisis überwunden war, folgte wieder eine lange Periode stetigen Aus-
baues, in welcher die Gesellschaft das Feld ihrer Wirksamkeit immer
mehr erweiterte. Mußten zeitweilig auch schwere Opfer für die Bildung und Lebensfähigkeit der neu eingerichteten Linien gebracht werden, so half die Zähigkeit, mit welcher die Gesellschaft ihr Ziel ver-

Paketdampfboot »Germania« der H. A. L. (1865).

folgte, doch stets über die ersten Schwierigkeiten hinweg zu einem
gesunden Gedeihen, welches die Hamburg-Amerika Linie neben dem
Norddeutschen Lloyd zu einer der ersten Schiffahrtsgesellschaften
der Welt gemacht hat.

Die stufenweise Vervollkommnung der Dampfer der
beiden Gesellschaften läßt sich wohl kaum schlagender nachweisen,
als durch einen Vergleich der Bauvorschriften für ihre damaligen
ersten Seedampfer mit solchen Vorschriften von heute. Während
bei den letzteren die nur den maschinellen Teil umschließende
gedruckte Bauvorschrift schon für sich einen kleinen Band von
etwa 50 Seiten bildet, wozu noch ein zweiter, die Bauregeln für
den Schiffskörper enthaltender Band von fast 100 Druckseiten tritt,

ist der älteste Bauvertrag nebst Bauvorschrift für Schiff und Maschine, welche die Herren Adolph Godeffroy, Ferdinand Laeisz, C. Woermann und W. Amsinck in Hamburg als Vertreter der H. A. P. A. G. mit der Firma Caird & Co. in Greenock am 4. August 1854 über ihre ersten Dampfer »Borussia« und »Hammonia« abschlossen, auf sieben Bogenseiten geschrieben. Welch eine Entwicklung der Schiffsgröße selbst bis zu dem modernsten Schnelldampfer der Hamburg-Amerika Linie »Kaiserin Auguste Victoria«, dessen Brutto-

H. H. Meier-Bremen.

Raumgehalt mehr als das zwölffache desjenigen der »Borussia« beträgt, dessen Besatzung allein größer ist, als die gesamte Passagier- und Mannschaftszahl jenes alten Schiffes! —

Die Gründung des Norddeutschen Lloyds, der bedeutendsten deutschen Dampfschiffahrtsgesellschaft, erfolgte im Jahre 1857. Diese Gesellschaft ging hervor aus der Verschmelzung von drei Fluß-dampfschiffslinien und einer Assekuranzgesellschaft. Als Vater und tatkräftiger Förderer des Unternehmens ist der Konsul H. H. Meier in Bremen anzusehen. Am 3. Januar 1857 fand die erste Versamm-lung des provisorischen Verwaltungsrates statt, welcher aus den

Leitern erster Bremer Handelshäuser bestand. Die Hauptbestimmungen des Statuts gingen dahin: »Zweck der Gesellschaft ist, regelmäßige Dampfschiffahrtsverbindungen mit europäischen und transatlantischen Ländern herzustellen, Fluß- und Seeassekuranzen zu übernehmen, den bisherigen Dampferverkehr für Personen und Güter, sowie für den Schleppdienst von Fluß- und Seeschiffen auf der Weser und deren Nebenflüssen oberhalb und unterhalb Bremens zu erhalten und zu erweitern.« Als Grundkapital wurde die Summe von 3 Millionen Talern Gold festgesetzt. Bereits am 20. Februar 1857 konnte die Gründung als Aktiengesellschaft er-

»Bremen«, das erste Ozeandampfschiff des Norddeutschen Lloyds (1858).

folgen. Der Norddeutsche Lloyd eröffnete seine Fahrten 1858 von Bremerhaven aus mit zwei Schraubendampfern, »Bremen« und »New York«, denen bald zwei weitere Dampfer, »Weser« und »Hudson« folgten. Der Dampfer »Bremen« galt seinerzeit als eins der schönsten Dampfschiffe seiner Art und wurde nach seiner Probefahrt (1858) selbst von englischen Ingenieuren als ein vorzüglich gelungenes Seeschiff anerkannt. An Passagieren konnte das Schiff in der 1. Klasse 60, in der zweiten 110 und im Zwischendeck 700 aufnehmen. Die Ladefähigkeit betrug 1000 t Güter und 850 t Kohlen. Eine dreiflügelige Schraube, die von einer Hammermaschine angetrieben wurde, verlieh der »Bremen« eine Geschwindigkeit von 13,15 Knoten in der Stunde. Obgleich ein Schiff (»Hudson«) der Gesellschaft im Hafen von Bremerhaven durch Feuer vernichtet wurde und zwei Schiffe (»Weser« und »Rhein«) durch Kauf in anderen Besitz übergingen, verfügte der Norddeutsche Lloyd im Jahre 1868, also 10 Jahre nach Beginn seiner transatlantischen Fahrten, doch schon über 13 Ozeandampfer, von denen 11 Schiffe die ursprüngliche Route nach New York, über Southampton oder über Havre steuerten, während zwei Schiffe im Jahre 1866 die Fahrt nach Baltimore eröffnet hatten. 1869 eröffnete die Gesellschaft eine dritte Linie und zwar mit zwei Dampfern nach New Orleans; 1871 folgte die vierte Route nach Zentralamerika, die schon für das Jahr 1870 in Aussicht genommen war, durch den Krieg aber in der Eröffnung verschoben wurde. Die durchschnittliche Fahrtgeschwindigkeit der Dampfer der New York-Linie des Norddeutschen Loyds betrug 1870 nach Westen steuernd 10,9, in umgekehrter Richtung 11,5 Seemeilen pro Stunde. Mit dem sich immer mehr hebenden Verkehr wuchs auch der Norddeutsche Lloyd zu seinem heutigen, Achtung gebietenden, riesigen Umfange und trug, wie die übrigen Gesellschaften, wesentlich zur Vervollkommnung des Dampfschiffes und der Dampfschiffahrt, sowohl nach der technischen als nach der wirtschaftlichen Richtung bei.

Ein bedeutungsvoller Fortschritt in technischer Beziehung liegt für die Dampfschiffahrt in dem Übergang vom Holzschiffbau zum Bau eiserner, später stählerner Schiffe, dem wir unsere Betrachtung jetzt zuwenden.

9. Eiserne und stählerne Dampfschiffe.

Die Einführung des Eisens als Baumaterial für Schiffe. — Die ersten eisernen Dampfschiffe. — Erster Dampfer mit wasserdichten Schotten. — Eiserne Seedampfer. — Die ersten eisernen Dampfer in Deutschland. — »Michigan«. — Der Unfall des »Great Britain« beweist die Vorzüge der Eisenkonstruktion. — Bauvorschriften für eiserne Schiffe. — Vorzüge des Eisen- und Nachteile des Holzschiffbaues. — Der weiche Stahl als heutiges Schiffbaumaterial. — Schutz der Schiffsböden gegen Verrosten. — Schiffbau in Amerika.

Wenn man heute unsere Dampfschiffe fast ausschließlich aus Eisen oder vielmehr Stahl gebaut sieht, so könnte man annehmen, daß diese Bauweise von ihrer ersten Anwendung an gleich als die zweckmäßigste erkannt worden sei, zum mindesten aber, daß der Übergang vom Holzschiffbau zum Eisenschiffbau sich l e i c h t u n d o h n e w e i t e r e s vollzogen habe. Dem ist jedoch nicht so. Das Eisen hat sich als Baumaterial für Schiffe den Eingang auf den Werften vielmehr in hartem Kampfe erringen müssen. Man muß bedenken, daß das Material zum Bau der Schiffe seit Jahrtausenden, solange dieser überhaupt bekannt ist, das H o l z gewesen war und weiter, daß der Gedanke, ein Schiff aus E i s e n könne wirklich auf dem Wasser schwimmen, vielen Leuten einfach absurd erschien. So mußte der Übergang vom Holz zum Eisen sich zuerst auch nur langsam und vielfach Mißtrauen begegnend, vollziehen, um dann allerdings, nachdem die vielen Vorzüge des Eisens zu offensichtig waren, sich energisch Eingang zu verschaffen.

Der größte Gegner des Eisenschiffbaues war der gesamte alte Schifferstand. Vor allen Dingen befürchtete er, daß man auf hoher See ein Leck eines eisernen Schiffes nicht würde stopfen können, daß der Kompaß durch die Eisenmasse in Verwirrung gebracht würde, und daß die Innenseiten der Eisenwände Wasserdunst zum Niederschlag bringen und durch dessen Abtropfen die Ladung leiden müsse. Von diesen Übelständen ist die Eigenwilligkeit des Kompasses fast vollständig überwunden, die beiden anderen hat man teilweise durch Erfahrung besiegt, jedenfalls haben sie den Sieg des Eisens nicht aufgehalten. Ähnliche Klagen der Vertreter des Alten ertönten gegen eiserne Masten, eiserne Raaen, Drahttauwerk und Ankerketten; man würde sie im Notfalle nicht »kappen«, nicht »slippen« können, um das Schiff von ihnen frei zu machen. Auch dafür sind Vorkehrungen getroffen. Das eiserne (später auch das stählerne) Schiff erwies sich als dem hölzernen weit überlegen, und heute werden in den Ländern des vorgeschrittenen Schiffbaues wohl kaum noch große Holzsegler gebaut.*)

Das erste bekannt gewordene Schiff aus Eisen wurde schon im 18. Jahrhundert (1787), nach der Inbetriebnahme des ersten Walzwerkes von einem gewissen Wilkinson erbaut. Es war 70 Fuß lang und 6,5 Fuß breit und für einen, nach Birmingham führenden Kanal bestimmt. Zu Anfang des 19. Jahrhunderts finden wir schon hin und wieder in England Vergnügungs- und andere Boote aus Eisen gebaut. Vorschläge zum Bau eiserner Schiffe gingen 1810 namentlich von den englischen Ingenieuren Trevethick und Dickensons aus. Als erstes Dampfschiff, welches aus Eisenmaterial hergestellt wurde, ist der Dampfer »Aron Manby« zu verzeichnen. Dieser Dampfer wurde im Jahre 1821 in Staffordshire in England von der Horsley Company für die Seine erbaut und nach einem der Gründer der Gesellschaft benannt. Unter Führung des Kapitäns Napier, des späteren Admirals Sir Charles, fuhr der »Aron Manby« von London aus nach Havre und sodann weiter nach Paris, wo er 1822 seinen Dienst antrat. Ein zweiter eiserner Dampfer derselben Gesellschaft war der »Marquis of Wellesley«, dessen Schaufelrad in der Mitte des Schiffskörpers angebracht war. Diesen Erstlingen unter den eisernen Dampfschiffen folgten anfangs der dreißiger Jahre weitere Eisendampfer, so 1831 in Liverpool der Dampfer »Albukhar« von 70 Fuß Länge, 1833 »John Randolph« (Erbauer Laird). Im nächsten Jahre wurde von demselben Erbauer ein eiserner Dampfer fertiggestellt, der »Harry Owen«, der als erster durch Schotten (eiserne Scheidewände) in wasserdichte Abteilungen geteilt war. Dadurch hatte Williams ein Mittel zur Einführung gebracht, die Sicherheit der Schiffe gegen die Gefahr des Sinkens ganz wesentlich zu erhöhen. Und das war

---

*) E. Fitger, Die wirtschaftliche und technische Entwicklung der Seeschiffahrt. Leipzig 1902.

ein wesentlicher Vorteil, den der Eisenbau gegenüber dem Holz-
bau bot.

Nachdem auch Frankreich sich dem Bau eiserner Dampfer zugewendet hatte, und dieser überhaupt gute Erfolge aufzuweisen
hatte, wagte man sich auch an den Bau größerer, für die offene
See bestimmter Dampfer aus Eisen heran. Laird in Liverpool, der
sich in Richtung des Eisenschiffbaues bereits erfolgreich betätigt
hatte, baute im Jahre 1837 für die »General Steam Navigation
Company« den »Rainbow«, ein Schiff von 580 t Lastigkeit. Dieser
erste eiserne Seedampfer fuhr eine Zeitlang zwischen London und
Antwerpen, eine Strecke, die er oft in 17 bis 18 Stunden zurücklegte. Damit war der Bann für Seeschiffe gebrochen. 1839 gab,
wie schon erwähnt wurde, die »Great Western Steam Ship Company«
den »Great Britain« in Bau, der auf Brunels Vorschlag aus Eisen
hergestellt wurde, allerdings erst 1843 vom Stapel lief. Der kühne
Laird ließ dem »Rainbow noch größere Seedampfer aus Eisen
folgen. So baute er u. a. 1842 für die englische Kriegsmarine den
ersten eisernen Kriegsdampfer »Dover«.

In demselben Jahre taucht auch in Deutschland und zwar
auf dem Rhein, ein eisernes Dampfschiff, die »Victoria«, auf. In
Berlin und Buckau bei Magdeburg wurden 1849/50 die ersten
eisernen Flußdampfer gebaut. Man erzählt, daß die Berliner nach
dem auf der Spree liegenden eisernen Schiff wallfahrteten, um sich
zu überzeugen, ob ein eisernes Schiff wirklich schwimmfähig sei.

Ende Juli 1851 wurde auf der Werft von Zeltz & Tischbein
in Rostock der von der ersten Rostocker Reedereigesellschaft 1850
in Bau gegebene erste in Deutschland erbaute eiserne Schraubendampfer, »Erbgroßherzog Friedrich Franz«, vom Stapel gelassen und am 23. Februar 1852 dem Direktorium der Gesellschaft
abgeliefert. Ende 1851 lief auf derselben Werft das Schwesterschiff
»Großfürst Constantin« vom Stapel. An Herstellungskosten beider
Schiffe wurden an die Erbauer 64 000 Taler, im ganzen 73 724 Taler
13 β 6 ₰ gezahlt und beide Schiffe 1855 für 100 000 Taler verkauft. Die beiden Schraubendampfer waren für Fahrten zwischen
Rostock und St. Petersburg, bezw. Warnemünde und Kronstadt bestimmt und die Passagepreise einschließlich Beköstigung, ausschließlich Wein, wie folgt festgesetzt: für eine Privatkajüte mit 2 Betten
90 Taler, für eine Person I. Kajüte 40 Taler und 1 Taler für Bedienung, II. Kajüte 25 Taler und 32 β für Bedienung. Jeder Passagier

I. Kajüte hatte 12 Kubikfuß, jeder der II. Kajüte 8 Kubikfuß Gepäck frei. Da die Newa noch mit Eis bedeckt war und auf das Freiwerden des Wassers gewartet werden mußte, ging der »Erbgroßherzog Friedrich Franz«, um die Zwischenzeit bis zur Eröffnung der regelmäßigen Fahrten auszunutzen, Ende Februar mi einer Ladung Getreide nach London. Er erwies sich als ein vorzüglich seetüchtiges Schiff und erregte durch seine gefälligen Formen sogar bei den Sachverständigen in England Aufsehen. Der Dampfer war mit Bugspriet und Klüverbaum versehen, führte Schonertakelage

»Erbgroßherzog Friedrich Franz«,
das erste eiserne, in Deutschland erbaute Schraubendampfschiff.
(Erbaut 1851 bei Zeltz & Tischbein in Rostock.)

und besaß bei 170 t Ladefähigkeit eine Maschine von 60 PS. Ende März kehrte das Schiff, das allen Erwartungen entsprochen hatte, nach Rostock zurück. Am 3. April ging der Dampfer mit 64 Last Weizen und einer Last Saat wieder nach London und traf am 7. Mai wieder im Heimatshafen ein. Am 11. Mai trat der »Erbgroßherzog Friedrich Franz« dann mit voller Ladung seine erste Reise nach St. Petersburg an. Im Juni erlitt der Dampfer auf einer weiteren Reise schwere Havarie, indem er bei Gotland im Nebel auf Strand geriet und erst nach sechsunddreißigstündiger Arbeit unter Assistenz der Gotländer freikam, wofür diese 2500 Taler forderten, von deren Zahlung die Herausgabe der geborgenen Güter abhängig gemacht wurde. Inzwischen war auch das Schwesterschiff »Großfürst Constantin« in Fahrt gestellt worden. Die Fahrten beider Dampfer ergaben 1852 einen Überschuß von 400 Talern, wobei »Erbgroßherzog Friedrich Franz« 1000 Taler Verlust und »Großfürst Constantin« 1400 Taler Gewinn erbrachten.

Vor einigen Jahren (1900) wurde von einem eisernen Kriegsdampfer der amerikanischen Flotte, dem »Michigan«, berichtet, der sich damals noch, auf dem Eriesee stationiert, in Dienst befand, obgleich er schon im Jahre 1843 vom Stapel gelassen war. Der »Michigan«, ein Raddampfer von 49,5 m Länge, 8,2 m Breite, 3,8 m Raumtiefe und 685 t Wasserverdrängung, wurde in den Jahren 1841—43 in Pittsburg erbaut, in einzelnen Teilen nach Erie-Stadt gebracht und dort zusammengesetzt. Er besaß 1900, mit Ausnahme der neuen Kessel, noch seine ursprünglichen zwei liegenden, direkt wirkenden Maschinen, wie sie bis heute auf amerikanischen Raddampfern beliebt sind. Dieselben befanden sich in durchaus gutem, arbeitsfähigen Zustand, ebenso der Schiffskörper, obgleich das Schiff seit 1843 ununterbrochen im Dienste stand. In den letzten Jahren diente dieser Veteran als Ausbildungsschiff für die Marinemiliz und als Vermessungsschiff. —

Von der Mitte des Jahrhunderts an beginnt der Bau eiserner Schiffe sich allgemeiner einzubürgern, wobei England bahnbrechend und vorbildlich vorangeht und die anderen Länder folgen. Der Eisenschiffskörper zeigt immer mehr Vorzüge gegenüber dem aus Holz hergestellten, der ihm deshalb, hauptsächlich im Dampfschiff-, weniger im Segelschiffbau, weichen muß, namentlich nachdem u. a. einige bemerkenswerte Unfälle die Vorzüglichkeit der Eisenkonstruktion hervorgehoben hatten.

Wir haben bereits berichtet, daß der bekannte, aus Eisen gebaute »Great Britain« bei einer Reise von Liverpool nach New York im Jahre 1846 bei Irland strandete. Einen ganzen Winter hindurch war das gestrandete Schiff dem Anprall der Wellen und dem Wüten der Stürme ausgesetzt. Aber beide Elemente hatten nicht vermocht, das stolze Werk von Menschenhand zu zerstören. Als man den Dampfer nach fast einjährigem Festsitzen wieder abbrachte, wurde konstatiert, daß das Schiff außer der Bodenbeschädigung keine weiteren Zerstörungen erlitten hatte. Damit hatte sich der Versuch des Eisenschiffbaues auch unter ungünstigen Verhältnissen glänzend bewährt.

Im Jahre 1855 veröffentlichte der Englische Lloyd zum ersten Male Bauvorschriften für eiserne Schiffe, während die von demselben bis dahin herausgegebenen Vorschriften sich nur auf hölzerne Schiffe bezogen hatten, 1844 aber schon auf die Notwendigkeit der Klassifikation eiserner Schiffe hingewiesen worden war. Um eine gewisse Garantie für die Qualität des Eisenmaterials zu haben, mußte jedes Stück den Firmenstempel des Walzwerkes an zwei Stellen tragen. So suchte man wenigstens die Werke moralisch zur Lieferung einer besseren Eisenqualität zu bringen, denn das anfangs im Schiffbau verwendete vorzügliche Holzkohleneisen, welches meist Kesselblechqualität besaß, hatte allmählich einem derartig schlechten Material Platz gemacht, daß »boat plates« die allerschlechteste Qualität der Handelsware bezeichneten. —

Die Vorzüge des Eisenschiffbaues gegenüber dem Holzschiffbau und die Nachteile des letzteren lassen sich kurz wie folgt zusammenfassen. Zunächst gestattet Holz nicht immer, die Verbände eines Schiffes, besonders in der Längsrichtung, in solcher Solidität herzustellen, wie dies bei Verwendung von Eisen resp. Stahl möglich ist. Eine einigermaßen gute und sichere Ausführung in Holz verursacht jedenfalls eine bedeutende Material- und Gewichtsvermehrung. Weiter gewährt Holz erfahrungsgemäß nur dann Dauer, wenn es gesund ist, in der richtigen Jahreszeit gefällt wird, hinreichend lange zum Austrocknen aufgespeichert liegt, sowie endlich in schon bearbeiteter Form eine geraume Zeit auf Stapel bleibt. Es werden allerdings bei Beachtung dieser Regeln in bezug auf Lebensfähigkeit der Schiffe ganz erstaunliche Resultate erzielt, aber unter welchen Opfern an Zeit und Geld! Bei Dampfschiffen kommt ferner besonders in Betracht, daß die unvermeidlichen Stöße und Vibrationen der Maschine Beanspruchungen des Schiffskörpers verursachen, denen ein Holzkörper schwerlich gewachsen ist. Diesen Nachteilen der Holzkonstruktion gegenüber hat der Eisenbau Vorzüge, welche ihm schließlich das Übergewicht sicherten. So läßt das Eisen sich unmittelbar nach der Erzeugung verwenden und stets nach Maßgabe des Bedarfs beschaffen; man kann ihm leicht jede gewünschte Form geben, wobei die Verbindung der einzelnen Teile durch Nietung usw. einen so guten Verband gibt, als ob die zusammengefügten Teile aus einem Stück wären. Mit der Entwicklung der Schiffsmaschine lernte man den Wert der größeren Schiffsgeschwindigkeit schätzen, die aber durch eiserne Schiffe mehr garantiert wurde, als durch hölzerne, weil das Eisen eben gestattete, dem Schiff schärfere Formen zu geben. Ferner besitzt, bei gleichen Außendimensionen, ein Fahrzeug aus Eisen ein bedeutend geringeres Eigengewicht[*]); dadurch wird der Tiefgang ein geringerer und dies kommt der Ladefähigkeit wieder zugute.

Als ein Kompromiß zwischen Holz- und Eisenschiff erschienen in der ersten Zeit des Eisenschiffbaues vielfach sogenannte Kompositschiffe, d. h. Schiffe, deren innere Verbände aus Eisen hergestellt waren, deren äußere Beplankung aber aus Holz bestand. Diese Schiffe mußten aber schließlich doch den ganz aus Eisen oder Stahl hergestellten Schiffen das Feld räumen. Denn alle Vorteile, die das Eisen als Baumaterial bot, kamen in noch größerem Maße in Betracht, als man zur Verwendung des weichen Schiffbaustahls überging, eines vorzüglich geeigneten Materials von großer Festigkeit, das heute ausschließlich benutzt wird. Man müßte zu sehr in Einzelheiten gehen, wollte man alles für und wider das eine oder andere Material anführen. Die Verdrängung des Holzes durch das Eisen bezw. den Stahl illustriert am besten die Überlegenheit der letztgenannten Materialien über das erstere.

1873 wurden das Linienschiff »Redoutable« in Frankreich, 1875 die ersten Avisos »Mercury« und »Iris« in England aus Stahl gebaut; 1877 folgte der Handelsschiffbau. Nach Colin betrug im Jahre 1879 die Verwendung von Stahl im Weltdampfschiffbau $10,25\,^0/_0$, 1885 $48\,^0/_0$, heutigen Tages etwa $95\,^0/_0$ des Gesamtmaterials. Lloyd ließ im Jahre 1880 Stahl für den Schiffbau zu. Seine Regeln erlaubten alsdann bei Anwendung dieses Materials eine Reduktion der Materialstärke um $20\,^0/_0$ gegenüber dem Eisen. Die Einführung des Stahls ergab infolge der abermals erzielten Erleichterung des Rumpfes eine Vergrößerung der Tragfähigkeit um $14\,^0/_0$. T. Schwarz berechnet den Gesamtgewinn an Ersparnis des Gewichts beim Übergang vom Holzschiff auf das Stahlschiff auf $24\,^0/_0$ der Tragfähigkeit. Die Vergrößerung der Stauräume beim Vergleich von Holzschiff- und Stahlschiffkonstruktion ist bei kleineren Typen etwa $4:5$, bei größeren $5:6$[**]).

---

[*]) Während beim Holzschiff das Gewicht des Schiffskörpers 46 bis $50\,^0/_0$ des Deplacements beträgt, ergeben sich beim Eisenschiff nur 36 bis $44\,^0/_0$ für den Rumpf.

[**]) Schwarz-Halle, Die Schiffbauindustrie in Deutschland und im Auslande. Berlin 1902.

Eine Schwäche besitzen die Eisen- und Stahlschiffe noch heute darin, daß sie vom Rost angegriffen werden. Namentlich in der ersten Zeit des Eisenschiffbaues hatte man diese Rostwirkung nicht genügend berücksichtigt; die Folge war eine schnelle Zerstörung der Eisenteile der Schiffe, der Verbände, des Bodens usw. Die inneren und nicht direkt vom Wasser berührten Schiffsteile lernte man bald durch Anwendung eines zweckentsprechenden Anstrichs oder wenn es sich um schwer zugängliche Stellen handelte, durch Zementierung schützen. Mehr Schwierigkeiten bot der Schutz der vom Wasser bespülten Schiffswände. Hierfür hat man im Laufe der Zeit mit mehr oder weniger Erfolg verschiedene Mittel in Anwendung gebracht, nämlich die Beplankung des eisernen Schiffsbodens mit Holz und das Anstreichen des Bodens mit einer Farbe, der giftige Stoffe beigemischt sind, um das Ansetzen von Schaltieren zu verhindern. Die Holzbeplankung schützt man gegen das Bewachsen und die Angriffe des Bohrwurms durch Bekleidung mit Kupfer-, Messing- oder Zinkblech, von welchen Metallen sich das erstgenannte am besten bewährte.

Die Anregung, eiserne Schiffe in dieser Weise zu »bekupfern«, gab der Engländer Gantham anfangs der sechziger Jahre. Die Schiffe wurden hierbei außerdem mit bronzenen Steven ausgerüstet, um die Entstehung eines galvanischen Stromes zwischen Eisen und Kupfer zu verhindern. So wurde der 1868 vom Stapel gelassene englische Kreuzer »Inconstant« als erstes Schiff mit einer derartigen Bodenbekleidung versehen. Zunächst wurde eine Plankenlage Teakholz an der Schiffswand befestigt. Auf dieser Lage wurde eine zweite mittels messingener Bolzen so befestigt, daß jegliche Berührung von Eisen und Messing ausgeschlossen war. Die ganze Beplankung wurde dann mit sog. Marineleim (Lösung von Kautschuk und Schwefelkohlenstoff nebst einem Zusatz von Schellack) abgedichtet, eine Ausführung, die sich vorzüglich bewährte, ihrer Kostspieligkeit wegen aber bald wieder aufgegeben wurde. 1887 wandte man in England dann eine von dem Chefkonstrukteur der englischen Marine, White, angegebene Beplankung an, welche sich besser einführte. Hierbei wird auf dem Schiffsboden eine 9 bis 10 cm dicke Holzbekleidung mit Schraubenbolzen aus geschmiedetem Messing befestigt. Die Köpfe der letzteren sind dabei tief in das Holz versenkt; die Versenkung wird mit Portlandzement ausgefüllt, während der an der Innenseite der Schiffswand befindliche Bolzenkopf durch mit Bleimennige getränkten Hanf gegen erstere gedichtet ist. Vor dem Anbringen der Beplankung sind schon die Außenfläche der Schiffswand und die Innenfläche der Planken mit einer gewissen Mischung bestrichen. Nachdem schließlich die Planken noch in ihren Fugen kalfatert sind, wird das Kupferblech angebracht. Nachdem eine große Zahl der englischen Kriegsschiffe mit dieser Bekleidung versehen waren, konnte man 1895 bei der Untersuchung eines seit drei Jahren im Dienst befindlichen Schiffes nach Fortnahme der Planken konstatieren, daß die Außenfläche des stählernen Schiffsbodens keine Spur von Rost zeigte und vollkommen trocken war. Dieses Verfahren hat denn auch bereits bei anderen Kriegsmarinen Einführung gefunden.

Als die Elektrolyse dem Techniker ein wertvolles Mittel in die Hand gab, durch einen kupfernen Überzug gegen Rost empfindliche Teile zu schützen, versuchte man auch die elektrolytische Verkupferung der Schiffsböden. Das Verfahren scheint aber keine allzuweite Verbreitung gefunden zu haben. Der Grund hierfür mag hier ebenso gelegen haben, wie bei der Anwendung giftiger Farbenanstriche, die verfehlt war. Man schrieb nämlich zuerst die Reinhaltung der Kupferböden der giftigen Wirkung der Grünspanschicht zu, welche sich auf der Außenhaut bildete und alle Lebewesen tötete. Dementsprechend mußten auch alle giftigen Farben dieselbe Wirkung auf letztere äußern. Nachdem man es jedoch mit solchen versucht hatte, machte man damit schlechte Erfahrungen und kam schließlich dahinter, daß nicht das Gift des Grünspans die Tiere abhielt, sondern daß letztere sich immerhin ansetzten, jedoch bald mit der leicht vom Wasser wegspülbaren Oxydschicht wieder beseitigt wurden. Da also die ständige Ablösung einzelner Schichten die Ursache eines jeglichen Erfolges ist, so muß die zu dünne Verkupferung versagen. Eine Anzahl amerikanischer Handelsdampfer soll jedoch eine derartige Verkupferung erhalten haben. —

Die Amerikaner, im Besitze großer, noch wenig gelichteter Eichenwälder, versuchten in den sechziger Jahren noch einmal, das Holz als Baumaterial für große schnelle Schiffe wieder zu Ehren zu bringen, was ihnen aber nicht recht gelingen wollte. Ihr zähes Festhalten an dem bisherigen Material führte vielmehr neben den Kriegen zu schweren Schädigungen des dortigen Dampfschiffbaues und -verkehrs. Über das Schicksal der nordamerikanischen Flotte berichtet E. Fitger, nachdem er die Begünstigung des dortigen

Schiffbaues durch die reichen Waldbestände, das Aufhören dieses
Vorteils durch das Emporkommen des Eisenschiffbaues, die Zerstörung vieler Schiffe während des Bürgerkrieges durch die süd-
staatlichen Kreuzer und den Verkauf vieler derselben aus Furcht
vor solcher Zerstörung berührt hat: »Der Sieg der Nordstaaten war
zugleich ein Sieg des Schutzzolles. Die Eisenproduzenten machten
ihre Macht nun rückhaltslos geltend. Zölle auf Schiffbaurohstoffe
verteuerten die Erzeugnisse des Schiffbaues so, daß sie mit auswärts
gebauten Fahrzeugen nicht konkurrieren konnten. Um den Schiffbau schadlos zu halten, wurde es gänzlich verboten, Schiffe ausländischen Ursprungs unter nordamerikanische Flagge zu bringen.
Da zugleich die gesamte Küstenschiffahrt der nordamerikanischen
Flagge vorbehalten blieb, — sogar einschließlich der Reisen zwischen
atlantischen und pazifischen Häfen, — so hatte der Schiffbau in
der Tat einen Ersatz daran, auch abgesehen von demjenigen an den
großen Seen. Aber der Zuwachs der Küstenflotte reichte im allgemeinen nicht weiter, als um die fortwährenden Verluste der Ozean-
flotte zu decken. Dem konnten auch die in den letzten Jahrzehnten
freigebig erteilten Postkontrakte, sowie die Subvention von 1891
nicht steuern. Vielmehr ging zeitweilig sogar die Dampferflotte
erheblich zurück. Und die Segelflotte verlor von 1887 bis 1898
ein volles Drittel ihres Bestandes. Erst die außerordentlichen Anstrengungen der allerletzten Jahre haben die Dampferflotte wieder
etwas herausgerissen«.

In Europa war man dagegen bald im Bau eiserner Dampfschiffe bei Leistungen angelangt, die Riesendampfer zeitigten, wie
den berühmt gewordenen »Great Eastern«[*]). Da dieser Riesenbau
nur möglich war durch die Verwendung des Eisens als Baumaterial,
so wollen wir ihn im Anschluß an unsere eben ausgeführten Betrachtungen jetzt näher kennen lernen. Interessante Momente bieten
seine Schicksale genug.

---

[*]) In Frankreich wurden allerdings z. B. noch Panzerschlachtschiffe
bis zum Jahre 1877 aus Holz gebaut.

---

10. Der »Great Eastern« und seine Schicksale.

Brunels Projekt. — Bau und Stapellauf des Riesen. — Die Maschinenanlage. — Mit der Probefahrt beginnt das Mißgeschick. — Die Reisen
des Schiffes. — Der »Great Eastern« wird Kabeldampfer, Ausstellungsschiff
und Kohlendepot. — Sein ruhmloses Ende.

Entsprungen der Begeisterung seines Erbauers für eine Idee, entstanden unter tatkräftiger, größtenteils pekuniärer Beihilfe zahl-
reicher Ingenieure, verfolgt von Widerwärtigkeiten verschiedenster
Art, die nicht zum geringsten Teil in wirtschaftlichen Erscheinungen
ihre Ursache hatten, schließlich ein Objekt beutelustiger Spekulanten
und ein ruhmloses Ende unter den Meißeln der ihn abschlachtenden
Arbeiter, — das ist in kurzen Worten der Lebenslauf des zu seiner
Zeit viel besprochenen und bewunderten, oft auch wohl ver-
wünschten Riesendampfers, von dem hier berichtet werden soll.

Reichlich ein halbes Jahrhundert ist verrauscht, seit der Bau
des »Great Eastern« in Angriff genommen wurde. Wir haben bei
der Besprechung der Dampfergesellschaften, der »Great Western
Steam Ship Company« mit ihren beiden schönen Dampfschiffen
»Great Western« und »Great Britain« den jüngeren Brunel
kennen gelernt, wie er, für alle neuen Ideen begeistert, veranlaßte,
daß letzteres Schiff, trotzdem es damals erst sehr wenige eiserne
Schiffe gab, aus Eisen erbaut wurde. Dieser Konstrukteur tritt
uns auch beim »Great Eastern« entgegen. Die verhältnismäßig
günstigen Erfahrungen, die man mit den beiden Seedampfern machte,
gaben Brunel den Plan ein, ein ganz besonders großes und
schnelles, allen Anforderungen gewachsenes Dampfschiff zu erbauen. Bei der Erfüllung dieses Planes galt es zugleich, eine Reihe
von Aufgaben zu lösen, welche den als Brückenkonstrukteur bekannten Brunel besonders lockten.

Bereits im Jahre 1851 legte er der neugegründeten »Eastern
Steam Navigation Company« seinen Entwurf vor. Er wies dabei
darauf hin, daß z. B. Indien mit diesem Schiff auf dem Wege um

7*

99

das Kap der guten Hoffnung bequem in 30 bis 40 Tagen erreicht werden könnte, ebenso Australien in ungefähr der gleichen Zeit, und was die Hauptsache sei, diese Reisen könnten ganz, ohne unterwegs die Kohlenbunkervorräte zu erneuern, ausgeführt werden. Das Schiff sollte so groß gebaut werden, daß es den ganzen Kohlenvorrat für die Reise nach Australien und zurück in sich aufnehmen konnte. Man muß dabei im Auge behalten, daß die Maschinen jener Zeit richtige »Kohlenfresser« waren und deshalb der mitzunehmende Kohlenvorrat ein ungeheuerlich großer war. Die Unterbringung einer großen Anzahl Passagiere und hinlänglicher Fracht sollten das Unternehmen rentabel machen. Brunel schwebte auch der Gedanke vor, das Schiff als Truppentransportschiff für die englische Regierung zu verwenden; er rechnete dabei mit der Unterbringung einer Armee von 10000 Mann auf demselben. Dementsprechend mußten die Dimensionen des Schiffes ausfallen, dessen Länge übrigens auch so bemessen sein sollte, daß sie die längsten Ozeanwellen überträfe. Um dem Fahrzeug eine genügende Schnelligkeit zu geben, andererseits auch, um ihm eine gewisse Stabilität gegen das Schlingern zu sichern, projektierte Brunel außer einem Schrauben- propeller auch noch zwei seitliche Schaufelräder. Um dem riesigen Schiffskörper endlich eine genügende Festigkeit zu geben, sollte dessen Boden, analog der Ausführung eiserner Brücken, ein Doppel- boden werden, dem durch eine Anzahl Längs- und Querspanten genügend Steifigkeit verliehen wurde, ein System, wie es noch heute bei den meisten Schiffsbauten zur Ausführung gelangt. Das waren die verschiedenen, bei der Konstruktion und dem Bau des Schiffes zu lösenden Aufgaben. Zur Bewältigung des gigantischen Baues verband Brunel sich mit John Scott Russel, dem Inhaber einer Schiffswerft und Maschinenfabrik zu Millwall an der Themse.

Auf dieser Werft begann dann 1852 der Bau, der erst im Jahre 1857 fertig werden sollte. Diese lange Zeit hindurch wurden die beiden Bauleiter vor außerordentlich schwierige technische Fragen gestellt; die Zeitungen brachten fortlaufend spaltenlange Berichte und Betrachtungen über den im Bau befindlichen Koloß. So schrieb die »Illustrierte Zeitung« vom 16. Mai 1857: »Die Augen der ganzen schiffenden Welt und der bei Handel und Schiffahrt Beteiligten sind auf dies Unternehmen gerichtet. Die Gemüter werden von Hoffnung und Zweifel bewegt und nur das Meer selbst wird den letzten Ausspruch tun, ob es seine Wogen von dem eisernen Leviathan durchfurchen oder ihn zerschellen lassen wird, wie ein leichtes Spielzeug. — Allerdings haben auch die Beteiligten, die Unternehmer zunächst, eine sehr bedeutende Stimme bei der Frage, ob das Schiff überhaupt von den Wogen getragen werden soll oder nicht. Jedoch ist mit Sicherheit anzunehmen, daß die etwa nötigen 12 Millionen Taler herbeigeschafft werden; um die Sache aufzugeben, ist sie schon viel zu weit gediehen.« — — »Das Eisen für das Schiff selbst beläuft sich auf etwa 200 000 Zentner Gewicht; dazu noch die Last der Ausrüstung der Maschinen gerechnet, erscheint das Unternehmen, ein solches Ungeheuer in sein Element zu bringen, mit anderen Worten, das Schiff vom Stapel zu lassen, mit bedeutenden Schwierigkeiten verknüpft zu sein. Diese zu überwinden, ist beschlossen worden, das Schiff, anstatt, wie es gebräuchlich ist, Schnabel voraus, mit der Breitseite ablaufen zu lassen. Daher liegt das Schiff parallel mit dem Themseufer auf dem Stapel.«

1855, nachdem ungefähr ein Drittel des Schiffskörpers fertiggestellt war, mußte der Bau des Dampfers wegen Geldmangel unterbrochen werden. Endlich, im Jahre 1857, war der Bau so weit gediehen, daß er vom Stapel laufen sollte. Miß Hope, die nachmalige Herzogin von Newcastle, taufte das Fahrzeug. Ursprünglich war der Name »Leviathan« für das Ungetüm gewählt, weil nach dem Bibelwort der Leviathan ein ungeheuerlicher Fisch war, von dem es heißt (Buch Hiob, 41. Kapitel): »Aus seiner Nase geht Rauch wie von heißen Töpfen und Kesseln«. Schließlich ist dieser Name dann in Analogie zum »Great Western« in »Great Eastern« umgeändert worden, unter welchem Namen das Fahrzeug auch bekannt geworden ist.

Kolossale Schwierigkeiten bot schon der Stapellauf! Man hatte von vornherein den seitlichen Stapellauf ins Auge gefaßt, den man bereits verschiedentlich anwandte. Hier mißglückte der Stapellauf jedoch vollständig und nahm, statt wie üblich nur einige Minuten, zweieinhalb Monate in Anspruch. Das Schiff mußte mittels hydraulischer Pressen von der Helling ins Wasser gebracht werden, eine Arbeit, die noch durch Unfälle aller Art behindert wurde. Es war für die damaligen Verhältnisse ein kolossales Gewicht, welches zu Wasser zu bringen war: der Schiffskörper allein wog 8750 t, davon die eiserne Außenhaut 6250 t, das Holzwerk 2500 t; dann hatte man bereits die zehn großen Doppelkoffer-

kessel, die Raddampfmaschinen von 836 t, die Schraubenschiffsmaschine von 500 t u. a. m. eingesetzt, so daß das Gesamtgewicht
rund 11000 t betrug. Ferner hatte man die Ablaufbahn, sowie
den Schlitten, statt wie üblich aus Holz, das an den Gleitflächen
mit Talg und Seife geschmiert wurde, aus Eisen hergestellt, was
wohl wegen der Festigkeit gebilligt werden konnte, im übrigen
aber das Gleiten sehr behinderte. Das Zuwasserbringen des Schiffes
soll allein ca. 250000 Mark gekostet haben.

Jetzt schwamm der Koloß auf dem Wasser! Er hatte eine
Länge von 207,25 m und völlig beladen ein Deplacement von
27400 t; das sind Zahlen, welche erst in allerneuester Zeit wieder
bei Dampfern erreicht worden sind. Die beiden Maschinen (je eine
für Schaufelrad und Schraube) leisteten zusammen 7650 IPS und
verliehen dem Schiff eine Geschwindigkeit von 14,5 Knoten in
der Stunde. Die Schaufelradmaschine hatte vier oszillierende Zylinder,
von denen je zwei sich gegenüberliegende auf eine Kurbel arbeiteten.
Auch die Schraubenmaschine besaß vier Zylinder, die horizontal
gelagert waren und sich ebenfalls paarweise gegenüberstanden. Die
beiden Schaufelräder hatten ursprünglich 17,07 m Durchmesser;
nach der ersten Reise verringerte man denselben jedoch auf 16,15 m
und bald darauf auf 14,63 m. Jedes Rad besaß 30 feste Schaufeln
und machte durchschnittlich ca. 10,5 Umdrehungen in der Minute.
Die Schraube war vierflügelig und rechtsgängig; ihre Flügel waren
aufgeschraubt. Bei 7,315 m Durchmesser betrug ihre Steigung
13,41 m und ihr Gewicht 36 t, während die beiden Schaufelräder
zusammen das enorme Gewicht von 370 t hatten.

Zur Dampferzeugung dienten für die Radmaschine 4 Doppel-
kofferkessel mit je 10 Feuern, für die Schraubenmaschine 6 solcher
Kessel mit je 12 Feuern. Die normale Dampfspannung der Kessel
war auf 1,75 kg/qcm Überdruck festgesetzt, gefahren wurde aber
nur mit 1,4 kg/qcm Überdruck. Je 2 Doppelkessel standen in einem
Kesselraum und hatten einen gemeinsamen Schornstein von 29,5 m
Höhe über dem Rost, so daß insgesamt fünf Schornsteine vorhanden waren. Für eine Reise von England nach New York waren
etwa 3600 t Kohlen nötig; das Schiff nahm deshalb für die
Hin- und Rückreise 9000 t Kohlen an Bord, zu deren Ver-
stauung 10 bis 12 Tage erforderlich waren. 10000 t Kohlen
konnten die Bunker fassen, eine Menge, die für Fahrten nach
Australien bestimmt war.

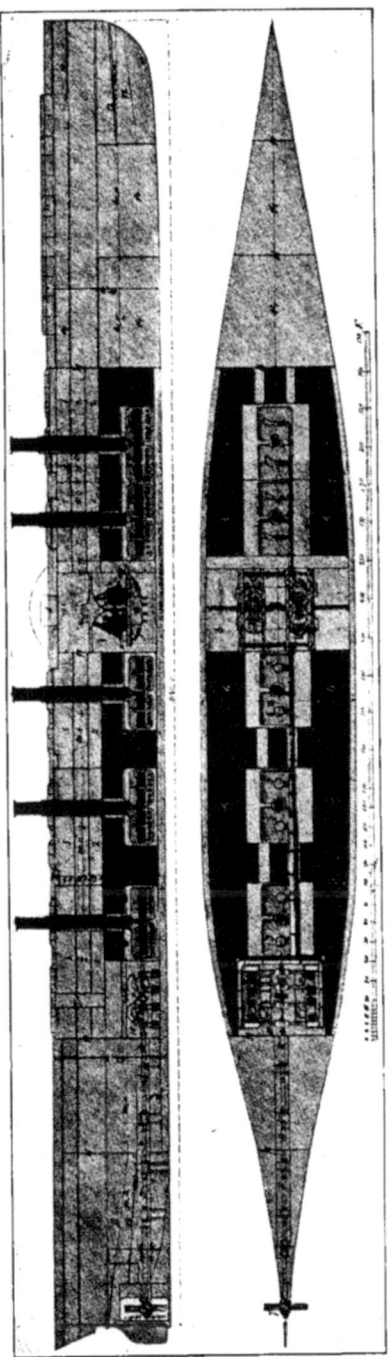

»Great Eastern« (Längsschnitte).

1. Obere Kajüten und Säle.
2. Hauptkajüten und Säle.
3. Kajüten des Kapitäns.
4. Schornsteine.
5. Dampfkessel f. d. Schraubenmaschine.
6. Kohlenbunker.
7. Schraube.
8. Schaufelradmaschine.
9. Schraubenwelle.
10. Schraubenmaschine.
11. Schotten.
12. Verstärkungsdecks im Bug.
13. Verstärkungsdecks im Heck.
14. Laderäume.
15. Offizierskajüten.
16. Mannschaftsräume.
17. Dampfkessel für die Schaufelradmaschine.

An Takelung besaß der »Great Eastern« 6 Masten (3 Voll-
und 3 Schonermasten), deren Segel bei frischem Wind die Maschinen
bedeutend entlasten konnten. An Passagieren konnte der Dampfer
(nach Busley) aufnehmen:

800 Fahrgäste I. Klasse,
2000 „ II. „
1200 Zwischendecksfahrgäste,

außerdem noch 6000 t Fracht.

Nachdem nach dem Zuwasserlassen der innere Ausbau beendet
war, war der »Great Eastern« am 8. September 1859 so weit fertiggestellt, daß er an diesem Tage seine erste Probefahrt unternehmen
konnte. Diese war von einem traurigen Mißgeschick begleitet, wobei 10 Mann der Besatzung Verletzungen davon trugen und teils
getötet wurden. Die Schornsteine des Schiffes waren nämlich mit
Hülsen umgeben, in welchen durch die Wärme des Schornsteins
das Speisewasser für die Kessel vorgewärmt wurde. Da diese Behälter
nun keine Sicherheitsventile besaßen, so fand beim Stillstehen der
Maschinen der in diesen Vorwärmern erzeugte Dampf keinen Aus-
weg und zerstörte dieselben durch eine nach unten gerichtete Explosion, welche, wie schon erwähnt, eine Anzahl Menschen traf.

Folgendes Bild liefert uns ein derzeitiger Bericht über diese
ereignisvolle Fahrt: »— Nachdem der »Great Eastern« sich zur
Fahrt die Themse hinab in Bewegung gesetzt, wobei er von vier
der stärksten Schleppdampfer bugsiert wurde, hätte er bei Blackwall,
nicht fern vom Eingang in die Westindiadocks, leicht ein Unglück
nehmen können. Es liegen hier stets eine Anzahl von Fahrzeugen
vor Anker und andere fahren aneinander gedrängt heran. Der
Monsterdampfer geriet hier aus seinem Kurs und mußte anhalten,
wobei er in Gefahr kam, ans Ufer zu treiben und dadurch sich
und anderen Schaden zuzufügen. Glücklicherweise wehte der Wind
vom Ufer her und so gelang es mit Hilfe der Schleppschiffe und
der Gewandtheit des Lotsen, die gefährliche Stelle ohne Nachteil
zu passieren. Wenige Stunden später traf der mächtige Dampfer
an der Mündung der Themse ein und Donnerstag, den 8. September, früh 7 Uhr schickte sich der Koloß an, mit eigenem Dampf
in die See hinauszufahren. Die Schleppschiffe wurden entlassen,
die Riesenlungen im Rumpfe des Schiffes begannen zu atmen.
Unter donnerndem Jubelruf der Passagiere begann es sich zu be-

wegen. Der erste Ausflug galt dem Hafen von Portland. Die See ging hoch, ein starker Westwind trieb die Wogen der Bai von Biscaya heran, der Wind wuchs fast zum Sturm, aber weder er, noch das empörte Meer vermochte die Kraft, die Schnelligkeit und den gleichen Gang des Dampfers zu beeinträchtigen. Ruhig glitt der neue König der Wellen über die schaumgekrönten Wasserberge hin. Das südliche und nördliche Vorland verschwand, die Küste von Kent erschien. Da hörte man plötzlich ein furchtbares Krachen, dem bald darauf ein entsetzliches Zischen des aus seinem Eisenkäfig befreiten Dampfes folgte. Alles war einen Augenblick starr vor Entsetzen. Ein Teil der Kajüte war zerschmettert, die Kandelaber, die großen Spiegel, alles was von Glas war, lag in Scherben verwandelt auf dem Deck umher. Der Ruf »Feuer!« ließ sich hören. Aber der Führer des Schiffes, Kapitän Harrison, verlor die Besinnung nicht; ebensowenig seine Mannschaft. Sofort war Alles auf dem ihm angewiesenen Posten. Man sah

»Great Eastern« bei seiner Probefahrt auf der Themse am 8. September 1859.

jetzt, daß ein Teil der Maschine gesprungen war. Die Explosion hatte fünf Menschenleben vernichtet; mehrere von den Heizern waren durch den hervordringenden Dampf so furchtbar verbrannt, daß sie bald nach Ankunft des »Great Eastern« in Portland verschieden. Die Ursache des Unfalls hatte lediglich im Zerspringen eines sogenannten Casing bestanden, d. h. eines äußeren Mantels, welcher den unteren Teil des Schornsteins umgibt und innerhalb dessen sich ein Vorrat von Wasser befindet. Nach der Regel sollte dieses Wasser fortwährend abgelassen und durch neues ersetzt werden.

105

Dies war versäumt worden und so hatte das zu Dampf erhitzte Wasser die Eisenhülle zersprengt.« Trotz der sonst glücklich verlaufenen Probefahrt und trotz des Lobes, welches der Solidität des Baues gezollt wurde, tauchten doch bereits Zweifel an der Verwendbarkeit des Schiffes auf, indem es hieß: »Ob sich die große Idee einer bis in die äußersten Konsequenzen verfolgten Theorie des Mechanismus in der Praxis auf die Dauer bewähren wird, ob sich damit der Seedampfschiffahrt überhaupt eine neue Ära eröffnet, ist eine erst noch zu entscheidende Frage, deren Beantwortung mindestens nicht sobald zu erwarten ist, wenn es sich begründet, daß die Direktoren des »Great Eastern« nicht Willens sind, den Monsterbau innerhalb Jahresfrist dem Ozean anzuvertrauen, sondern ihn vorläufig nur in verschiedenen Häfen zur Ausstellung bringen wollen[*].« —

Bald hernach kostete das Schmerzenskind auch seinem Konstrukteur das Leben; die schweren Enttäuschungen und vielen Aufregungen, die ihm der Bau dieses Schiffes gebracht hatte, hatten Brunel aufgerieben. Nachdem er an Bord des Schiffes vom Schlag getroffen und gelähmt worden war, starb er einige Tage später, am 15. September 1859.

Nun begann für den »Great Eastern« ein wechselreiches Leben!

Zunächst mußten 1860 auf dem kaum fertigen Schiff, das noch keine größere Fahrt gemacht hatte, die aus schlechtem Holz hergestellten Decks erneuert werden, was die ungeheure Summe von reichlich 500000 Mark verschlang. Dann machten sich an den Maschinen eine Reihe von Verbesserungen und Abänderungen notwendig. Die Maschinen mußten eigentlich als schon veraltet bezeichnet werden, da während der langen Bauzeit dieses Riesen bereits ein neues, wirtschaftlich günstigeres System, die Woolfsche Maschine, auf Dampfschiffen Einführung gefunden hatte, der gegenüber die »Great Eastern«-Maschinen als Wattsche Niederdruckmaschinen das anderthalbfache an Kohlen gebrauchten.

In den Monaten Juni—August des Jahres 1860 machte der »Great Eastern« seine erste Fahrt nach New York. Auf derselben wurde eine durchschnittliche Geschwindigkeit von 14 Knoten bei

---

[*] »Illustrierte Zeitung« vom 1. Oktober 1859, welcher Zeitschrift auch die Abbildungen des »Great Eastern« entnommen sind.

einer Leistung = 8300 IPS der Maschinen erzielt. Diese Fahrt hatte insofern ein schlechtes Omen, als auf derselben der Kapitän des Schiffes, Harrison, der schon beim Bau die Ausrüstung geleitet hatte, ertrank. Bis Ende 1863 machte der »Great Eastern« im ganzen acht Fahrten nach New York, die noch von manchem Mißgeschick begleitet waren. Unangenehm bemerkbar machte sich das Schlingern des Schiffes, so daß es wegen dieser Erscheinung bei den Passagieren schließlich in Verruf kam und niemand sich ihm anvertrauen wollte. So wurden z. B. auf der zweiten Reise nach New York, als man noch keine Erfahrung bezüglich des Schlingerns dieses Schiffes gemacht hatte, alle Gegenstände, die nicht niet- und nagelfest an Bord befestigt waren, durcheinander geworfen, wobei eine Anzahl Personen verwundet wurden. Am 26. August 1860 fuhr das Schiff, 100 Seemeilen vor New York, auf einen Felsen, der ihm den äußeren Schiffsboden aufriß. Dank seines Doppelbodens gelangte der »Great Eastern« jedoch glücklich nach seinem Bestimmungsort. Ihn in New York zu reparieren, war

»Great Eastern«: Der große Salon.

wegen Mangel eines genügend großen Docks nicht möglich, so daß die Ausbesserung durch Taucher geschehen mußte. Während einer anderen Reise zerbrachen in einem schweren Sturm sämtliche Schaufeln, sowie viele Radarme, weil die viel zu großen Räder bei ihrer verhältnismäßig geringen Breite dem seitlichen Anprall der See nicht gewachsen waren. Ebenso brach der Rudersteven, das Schiff trieb drei Tage lang steuerlos umher, bis es gelang, ein Notruder anzubringen.

Derart waren die Mißgeschicke, welche den riesigen Dampfer trafen, daß sie schließlich die »Great Eastern Steam Company«, deren Schulden mit aus anderen Ursachen auf 6 000 000 Mark angewachsen waren, bankerott machten, das Schiff selbst kam unter den Hammer!

Das war 1864. Jetzt lag der »Great Eastern« einige Monate lang still. Dann wurde er 1865 bis 1875 zum Legen von Kabeln benutzt; doch um für die Unterbringung dieser Platz zu gewinnen, mußten mehrere wasserdichte Schotten und ein Schornstein entfernt werden. Der so gewonnene Raum konnte drei riesige Seilbehälter von 20,5 Fuß Tiefe aufnehmen, von denen der vordere bei 51,5 Fuß Durchmesser an Kabel 693 Seemeilen, der mittlere bei 58,5 Fuß Durchmesser 899 Seemeilen, der hintere bei 58 Fuß Durchmesser 898 Seemeilen, alle drei zusammen also 2480 Seemeilen Kabel aufnehmen konnten. Beim Legen des ersten atlantischen Kabels brach das letztere und blieb nach verschiedenen mißglückten Rettungsversuchen verloren. Glücklicher verlief das Legen eines zweiten Kabels. 1868 legte der »Great Eastern« ein Kabel von Frankreich nach Amerika und etwas später ein solches von Bombay nach Aden. Schließlich aber endete auch diese Tätigkeit für den »Great Eastern«, weil für den Zweck Spezialdampfer gebaut wurden.

»Great Eastern«: Achterdeck.

Wie Busley berichtet, hatte zu dem Versuch, den Dampfer wieder für die Passagierfahrt nach New York zu verwenden, niemand mehr den Mut und zwar aus schwerwiegenden Gründen. Zunächst herrschte unter den Reisenden aus den schon oben angeführten Gründen berechtigtes Mißtrauen gegen das Schiff. Dann waren die Betriebsunkosten ungewöhnlich hohe; die Besatzung zählte allein 400 Köpfe und der Kohlenverbrauch war infolge der veralteten Maschinen zu hoch, als daß dieses Schiff die Konkurrenz der mit den neuen Compoundmaschinen ausgerüsteten Dampfschiffe aushalten konnte. Dann bot das Docken Schwierigkeiten wegen der kolossalen Dimensionen des Schiffes und endlich war es überhaupt nicht möglich, die nötige Anzahl Passagiere und die Fracht bei den damaligen Verkehrsverhältnissen aufzubringen, so daß die Rentabilität von Anfang an in Frage stand.

So wanderte der vielbesprochene »Great Eastern« ruhmlos von Hand zu Hand, gegen Schluß seiner Laufbahn meistens von Spekulant zu Spekulant. 1884 wurde er bei der Ausstellung in New Orleans auf dem Mississippi als schwimmendes Hotel benutzt. Im nächsten Jahre lag er als Kohlendepot in Gibraltar, 1886 im Mersey oberhalb Liverpool als Ausstellungsobjekt, ebenso 1887 im Garloch am Clyde, durch 45 Bogenlampen elektrisch beleuchtet. Im Jahre 1888 war aber auch diese letzte Epoche seiner Laufbahn beendet, denn er wurde auf 'Abbruch versteigert und nach Liverpool gebracht. 1889 begonnen, dauerte das »Abschlachten« des Riesen fast zweieinhalb Jahre und erst am 30. September 1891 wurden die letzten Bodenstücke auseinander geschlagen. Damit endete das Leben und die Geschichte eines der merkwürdigsten Bauten in der Dampfschifffahrt und eines der interessantesten Kapitel derselben.

11. Die Einführung des Dampfschiffes in den Kriegsmarinen.

Fultons Kriegsdampfer. — Entwicklung des Seekriegswesens von der Mitte des 17. bis zur Mitte des 19. Jahrhunderts. — Englische Kriegsdampfer. — »Princeton«. — »Napoléon« und seine Nachfolger. — Die Deutsche Reichsflotte 1848—52. — Die ersten Dampfkriegsfahrzeuge in der preußischen Marine. — Ein Jubilar. — Panzerschiffe.

Schon Fulton hatte nach der erfolgreichen Fahrt seines »Clermont« den Gedanken, Dampfschiffe für Kriegszwecke zu benutzen. Es mögen ihn bei diesem Plan verschiedene Gründe geleitet haben. Zunächst bewegten sich auch seine anderen Erfindungen, wie z. B. das Unterseeboot, meistens in der Richtung, neue Kriegswaffen zu schaffen und den Ausgang eines Krieges für den einen der beiden Gegner durch Erhöhung seiner technischen Wehrfähigkeit von vornherein günstig zu gestalten. Daneben mochte er aber wohl auch eine tatkräftigere Unterstützung seiner Erfindungspläne vom Staate als von Privatleuten erwarten, eine Hoffnung, die ihn, wie wir gesehen haben, meistens täuschte.

Von diesen Gesichtspunkten ist es zu verstehen, wenn Fulton im Jahre 1813 dem Präsidenten der Vereinigten Staaten Pläne zu einem mit Dampf betriebenen Kriegsfahrzeug einreichte, dessen Schicksale wir bereits kennen gelernt haben: es endete durch eine Explosion, ohne in dem Kriege gegen England zur Verwendung gekommen zu sein.

Diesen ersten Kriegsdampfer, den man als eigentlich vollwertig nicht ansehen kann, folgten andere mit Dampf betriebene Kriegsschiffe erst nach einem ziemlich langen Zeitraum. Das ganze Seekriegswesen war mit der Segelschiffahrt so eng verwachsen, daß es erst einer geraumen Zeit und der Erfolge der Handelsdampfer bedurfte, um dem Dampfschiff in den Kriegsflotten der Mächte eine Rolle zu sichern.

Von der Mitte des 17. Jahrhunderts an, d. h. von der Erbauung der ersten Linienschiffe, bis in die Mitte des 19. Jahrhunderts bildete, wie Tjard Schwarz berichtet*), das Segellinienschiff mit seinen zahlreichen Geschützen, mit seiner ausgebreiteten Vollschiffstakelage und seiner großen Besatzungsstärke die höchste Gefechtsstärke zur See. »Die technische Entwicklung in dem Bau der Linienschiffe war während dieses Zeitraumes von 200 Jahren zwar eine stetig fortschreitende, im allgemeinen jedoch keine bemerkenswerte, da die Erfindungen der mechanischen Triebwerke, der arbeitleistenden Dampfmaschine, noch nicht so weit ausgebildet waren, um für den Bau der Linienschiffe einerseits, sowie für den Dienst an Bord andererseits herangezogen zu werden«. (Schwarz.) »Erst die zweite Hälfte des 19. Jahrhunderts hat die gewaltigsten Umwälzungen im Kriegsschiffbau hervorgerufen, die die Geschichte kennt. Die hölzernen Segelfregatten, wie z. B. die berühmte dänische, 1843 vom Stapel gelaufene ‚Gefion‘, unterschieden sich nur wenig von den 200 Jahre älteren Kriegsschiffen de Ruyters. Erst der Dampf, der Eisenschiffbau, die Panzerung, die gezogenen Geschütze mit ihren Sprenggeschossen, die Torpedowaffe, der Stahlschiffbau, die Compoundmaschine und die Schnellfeuergeschütze bezeichnen die wichtigsten Stufen der Entwicklungsweise, die der Kriegsschiffbau seit der Zeit der alten ‚Gefion‘ durchgemacht hat«. (Wislicenus.) Namentlich mit der Einführung des Dampfes als Triebkraft begann der Kriegsschiffbau einen Aufschwung zu nehmen, sowohl bezüglich der Bauart, als auch der Formen der Kriegsschiffe und der Taktik, da man durch die Verwendung der Schaufelräder bezw. der Schiffsschraube vollkommen unabhängig von Wind und Wetter wurde.

Zur Zeit der ersten Entwicklung der Dampfschiffahrt hatten eigentlich nur England und Frankreich eine große Kriegsmarine. Jene Spaniens war im rapiden Verfall, jene Rußlands noch nicht entwickelt, Deutschland und Italien als Großmächte nicht vorhanden. Die Vereinigten Staaten machten in Friedenszeiten prinzipiell nur geringen Aufwand für Kriegszwecke und so war im allgemeinen das, was in England und Frankreich in den Einrichtungen der Kriegsmarine geschah, maßgebend auch für die anderen Nationen.

*) »Das Linienschiff einst und jetzt.« Berlin 1903.

Für England, welches als Seemacht führend im Seekriegswesen voranging, ist das erste mit Dampf getriebene Kriegsschiff
in dem 1833 erbauten Kriegsdampfer »Medea« zu verzeichnen.
Dieser Dampfer war mit Schaufelrädern ausgerüstet, da die Versuche
mit der Schiffsschraube noch nicht so weit gediehen waren, um
letzterer ihre praktische Verwendbarkeit zu sichern. Erst als die
Versuche mit dem Smithschen Schraubenpropeller an Bord des
»Archimedes« 1839 und in den folgenden Jahren günstige Resultate
lieferten, fand die Schiffsschraube, nun ganz vorherrschend, Eingang in die Kriegsmarine. Dafür bot die Schraube infolge ihrer
geschützten Lage und der Aufstellung der Maschinen- und Kesselanlage unter der Wasserlinie gegenüber den empfindlichen Schaufelrädern mit ihren hochragenden Maschinen zu viele Vorteile. Ebenso
konnte die bei den Segellinienschiffen zu so großer Bedeutung gelangte Breitseite der gedeckten Batterien bei den Schraubenschiffen
unbeschränkt erhalten bleiben. Für die Linienschiffe mit ihrem großen
Freibord waren die Schaufelräder ungeeignet. Die Raddampfer fanden daher vorzugsweise als Avisos und Dampfkorvetten Verwendung.

Die eingehenden Versuche mit der Schraube auf dem englischen
Kriegsdampfer »Rattler« (1843 u. f. Jahre) befestigten deren Stellung.
Allein auch hier hatte man mit mancherlei Mißgeschick zu kämpfen.
So wurde 1846 die Segelfregatte »Amphion« mit einer Schraube
versehen; jedoch trotz doppelten Umbaues mußte das Schiff als
gänzlich unbrauchbar außer Dienst gestellt werden. Nicht viel
besser ging es mit den transformierten Linienschiffen, u. a. mit dem
»Blenheim«. Zu den frühesten wirklich gelungenen englischen
Schraubenkriegsschiffen gehört der »Arrogant«, mit welchem die
erste Versuchsfahrt im April 1849 unternommen wurde. Der
»Arrogant«, ein Schiff von 200 Fuß Länge, war mit einer Pennschen
Dampfmaschine von 360 nom. Pferdestärken ausgerüstet. Jetzt voll-
zog sich der Übergang zum Dampfkriegsschiff verhältnismäßig
schnell. Auf Stapel stehende und im Bau befindliche Linienschiffe
wurden vielfach in der Mitte auseinander geschnitten, um durch
den Einbau eines Mittelschiffes verlängert zu werden, welches zur
Aufnahme der Maschinen- und Kesselanlage diente.

1843 finden wir in den Vereinigten Staaten von Nordamerika den ersten Schraubenkriegsdampfer, der die Ericssonsche
Schraube als Propeller erhielt; dieses, durch die Versuche mit
seinem Propeller bekannt gewordene Kriegsschiff hieß »Princeton«

In Frankreich war es der berühmte Schiffbaumeister Dupuy de Lôme, der in dem Schraubenlinienschiff »Napoléon«, das in den Jahren 1848—52 entstand, ein wahres Musterschiff schuf. Das erste und schnellste der französischen Linienschiffe hatte, bei 7,24 m Tiefgang in der Schwimmebene gemessen, eine Länge von 71,37 m und eine Breite von 16,8 m. Es trug etwa 100 Kanonen in zwei Batterien nebeneinander und hatte 850 Mann Besatzung. Seine unter Molls Leitung in den mechanischen Werkstätten von Indret erbaute Dampfmaschine*) leistete rund 900 Pferdestärken, was um so mehr eine beachtenswerte Leistung war, als die bis dahin ausgeführten mächtigsten Schiffsmaschinen höchstens 550 (nominelle) Pferdestärken hatten. Sie trieb eine vierflügelige Schraube von 5,8 m Durchmesser und verlieh dem »Napoléon« eine Höchstgeschwindigkeit von 13,5 Knoten. Die französischen Admirale und auch viele jüngere Seeoffiziere, unter ihnen Jurien de la Gravière, hatten den Plan von Dupuy de Lôme für unausführbar gehalten und wollten überhaupt nichts von mit Dampf getriebenen Schlachtschiffen wissen. Jedoch der einflußreiche Seeoffizier Prinz Joinville setzte den Bau des Schiffes durch, das übrigens ursprünglich »Le vingt-quatre Fevrier« hieß. Beim Stapellauf desselben im Jahre 1850, d. h. in republikanischer Zeit, wurde der Name in »Le Président« abgeändert, bis schließlich der Name »Napoléon« 1852 endgültig festgesetzt wurde. Am 27. September 1852 fuhr der »Napoléon« mit dem Prinz-Präsidenten (nachher Kaiser Napoleon III.) an Bord von Marseille nach Toulon, mit einer durchschnittlichen Geschwindigkeit von 12 bis 13 Knoten in der Stunde. Durch seine Leistungen erregte das Schiff hauptsächlich den Neid der Engländer, die so schnelle Schiffe noch nicht aufzuweisen hatten.

Nach dem Vorbilde des »Napoléon« wurden noch 9 gleiche und ein größeres Linienschiff (unter ihnen »l'Arcole«, »l'Impérial«, »le Redoutable«, »l'Algésiras«) neu erbaut. Hier ließ man jedoch bereits die bei der Maschine des »Napoléon« noch angewandte Zahnradtransmission zwischen Kurbel- und Schraubenwelle fallen und schuf eine direkte Übertragung der Kurbelbewegung auf die Schraubenwelle. Ferner erhielten 25 alte Segellinienschiffe, 20 Fregatten, 30 Korvetten und 60 kleinere Schiffe Maschinen eingebaut.

---

*) Angabe von Rühlmann; nach Schwarz wurde die liegende Maschine mit rückkehrender Pleuelstange von Mazeline in Havre erbaut.

Die Dampfkriegsschiffe behielten trotz der Dampfkraft die bisherige Vollschiffstakelage bei, um die Kraft des Windes nach Möglichkeit noch auszunutzen und den kostspieligen und Kohlen erfordernden Dampfbetrieb für das Gefecht und für besondere Fälle aufzusparen. Sie wurden übrigens mit den Segelkriegsschiffen zu einem Geschwader vereinigt, wodurch die Marschbewegung durch Segelkraft allein auch für die Dampfkriegsschiffe meistens bedingt war. So wurden bei dem Bau neuer Schraubenlinienschiffe auch die bisherigen Schiffsformen im allgemeinen beibehalten. —

Da Deutschland während dieser Zeit, in welcher wir bei den anderen Mächten den Übergang von den Segel- zu den Dampfkriegsschiffen verfolgen können, noch in politischer Zerrissenheit dalag und von einer eigentlichen deutschen Kriegsflotte nicht die Rede sein konnte, so ist hier aus dieser Periode auch nur wenig zu berichten. Wohl existierte eine deutsche Reichsflotte in den Jahren 1848 bis 1852, dieselbe, die im letztgenannten Jahre von Hannibal Fischer unter den Hammer gebracht wurde, doch waren die Schiffe derselben weder rechte Kriegsschiffe, die übrigens auch nie etwas Ernstliches unternommen haben, noch boten die einzelnen Schiffstypen etwas Bemerkenswertes dar. Jene Flotte bestand neben 2 Segelfregatten und 27 Ruderkanonenbooten aus folgenden Dampfschiffen (Raddampfern): »Barbarossa« (1840 erbaut, 1135 Reg.-Tons, 450 nom. PS, 9 Knoten Geschwindigkeit), »Bremen« (1842 erbaut, 180 nom. PS, 9 Knoten), »Der königliche Ernst August« (1849 erbaut, 270 nom. PS bei 2 Maschinen, 10 Knoten), »Erzherzog Johann« (1840 erbaut, 416 nom. PS bei 2 Maschinen), »Frankfurt« (1849 erbaut, 180 nom. PS bei 2 Maschinen), »Großherzog von Oldenburg«, »Hamburg«, »Hansa« und »Lübeck«.

In der preußischen Kriegsmarine finden wir außer der soeben schon bei der Reichsflotte erwähnten Radkorvette »Barbarossa«, die ersten Dampfer in den beiden, 1850 vom Stapel gelaufenen Radkanonenbooten »Nix« und »Salamander«, dann in der 1851 vom Stapel gelaufenen Radkorvette »Danzig«, den gedeckten Korvetten »Arcona« (1857) und »Gazelle« (1859) und 1860 in einer Anzahl Dampfkanonenboote (I. Klasse: »Chamäleon«, »Comet«, »Delphin«, »Cyclop«; II. Klasse: »Fuchs«, »Crocodil«, »Habicht«, »Hay«, »Hyäne«, »Jäger«, »Natter«, »Pfeil«, »Salamander«, »Schwalbe«, »Scorpion«, »Sperber«, »Tiger«, »Wespe« und »Wolf«), denen nach und nach weitere mit Dampf betriebene Kriegsfahrzeuge folgten. Die Radkanonenboote »Nix« und »Salamander« waren ursprünglich englische Dampfer und gingen dann in den Besitz der preußischen

Die Schraubenkorvetten »Arcona« und »Gazelle« auf der Königlichen Werft in Danzig.
(Nach einer Radierung von Prof. Schultz, 1857.)

Marine über. Die Raddampfkorvette »Danzig«, das ehemalige Flaggschiff des Prinzen Adalbert (Tresforcas!), wurde 1864 nach England verkauft und gelangte von dort in den Besitz der japanischen Marine, wo sie bei Ausbruch des Bürgerkrieges 1867 unter dem Namen »Kaiten« auf seiten der Schogunats-Regierung kämpfte. Die hölzernen gedeckten Schraubenkorvetten »Arcona« und »Gazelle« entstanden auf der Königlichen Werft in Danzig, der einzigen deutschen Werft, die zu der damaligen Zeit zeitgemäße Kriegsschiffe baute. Die »Arcona«, am 21. Juni 1857 vom Stapel ge laufen, hatte 2100 t Deplacement, 1300 PS und führte 300 Mann Besatzung; sie war Flaggschiff des Kapitäns z. S. Jachmann und

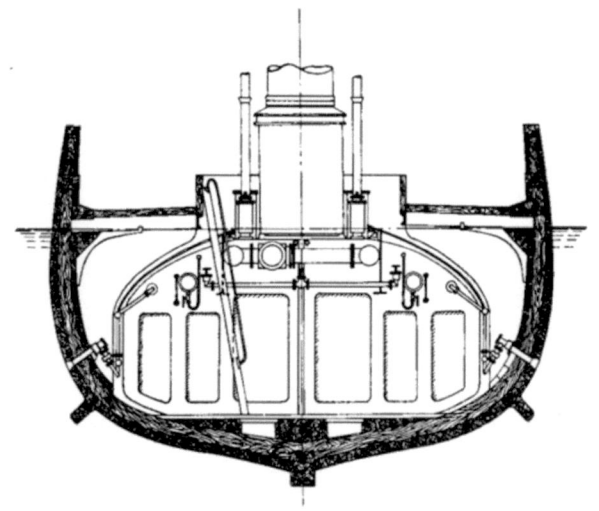

Ehemalige preußische Dampfkanonenboote »Blitz« und »Basilisk« (1862). Querschnitt durch den Kesselraum.

als solches an dem Gefecht bei Jasmund am 17. März 1864 beteiligt. Die »Gazelle«, von gleichen Abmessungen wie die »Arcona«, lief am 19. Dezember 1859 vom Stapel. Neben den schon genannten Dampfkanonenbooten I. Klasse mögen noch die zu der gleichen Klasse gehörigen Boote »Blitz« und »Basilisk« erwähnt werden, die 1862 bei Lüpke in Wolgast vom Stapel liefen, 370 t Deplacement hatten und denen eine Maschine von 80 PS eine Fahrtgeschwindigkeit von 9 Seemeilen verlieh. Als ein Veteran aus jenen Tagen der Einführung des Dampfes hat sich bis auf den heutigen Tag die 1857 vom Stapel gelaufene und zurzeit noch im Dienst befindliche ehemalige Königliche Jacht »Grille« erhalten, welche heute als

Admiralstabsschiff der Kaiserlichen Marine die Wogen durchfurcht und also mit dem Hundertjahrjubiläum des Dampfschiffes ihr 50 jähriges Jubiläum begehen kann. —

Gegen Ende der fünfziger Jahre des verflossenen Jahrhunderts setzt der Bau von Panzerschiffen ein, die gegenüber den bisherigen Segel- und Schrauben-Linienschiffen einen ganz gewaltigen Fortschritt bedeuten und bei denen die Anwendung der Dampfkraft unter Fortfall der Vollschiffstakelage mehr als bisher zur Bedeutung gelangt.

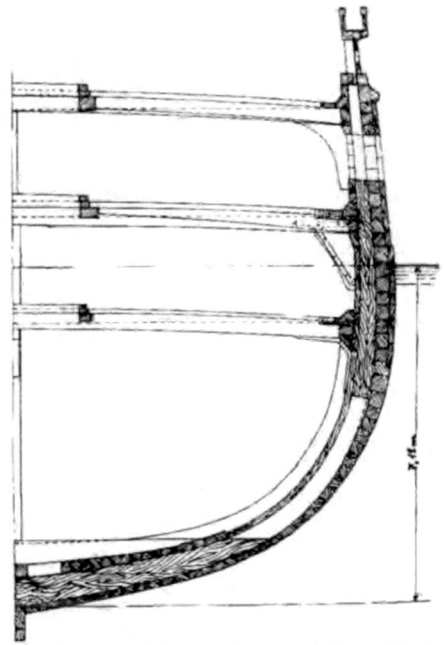

Hauptspant des französischen Panzerschiffes »Gloire« (1858).

Es war wieder Dupuy de Lôme, der die erste Panzerfregatte, die »Gloire«, auf Befehl Napoleons III. erbaute, sie wurde 1858 zu Toulon auf Stapel gesetzt und 1859 zu Wasser gelassen. Aus Holz gebaut, hatte sie bei einer Länge von 76,8 m und einer Breite von 17 m rund 5700 t Wasserverdrängung. Ihre Maschinenanlage indizierte 2500 IPS (nach T. Schwarz) und gab dem Schiff eine Geschwindigkeit von 12,5 Knoten. Nach dem Vorbilde der »Gloire« wurden in Frankreich drei weitere Schwesterschiffe erbaut, »Normandie«, »Invincible« und »Couronne«, denen bald zwei größere Panzerschiffe von 7000 t, »Magenta« und »Solferino« folgten. Diese sechs ältesten französischen Panzerschiffe machten im Herbst 1863 zusammen mit zwei Schrauben-Linienschiffen, darunter »Napoléon«, die ersten Geschwaderübungen, die stark zugunsten der Panzerschiffe ausfielen, so daß seitdem in allen Flotten nur noch gepanzerte Schlachtschiffe gebaut wurden.

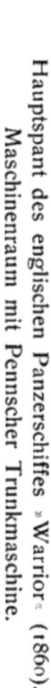

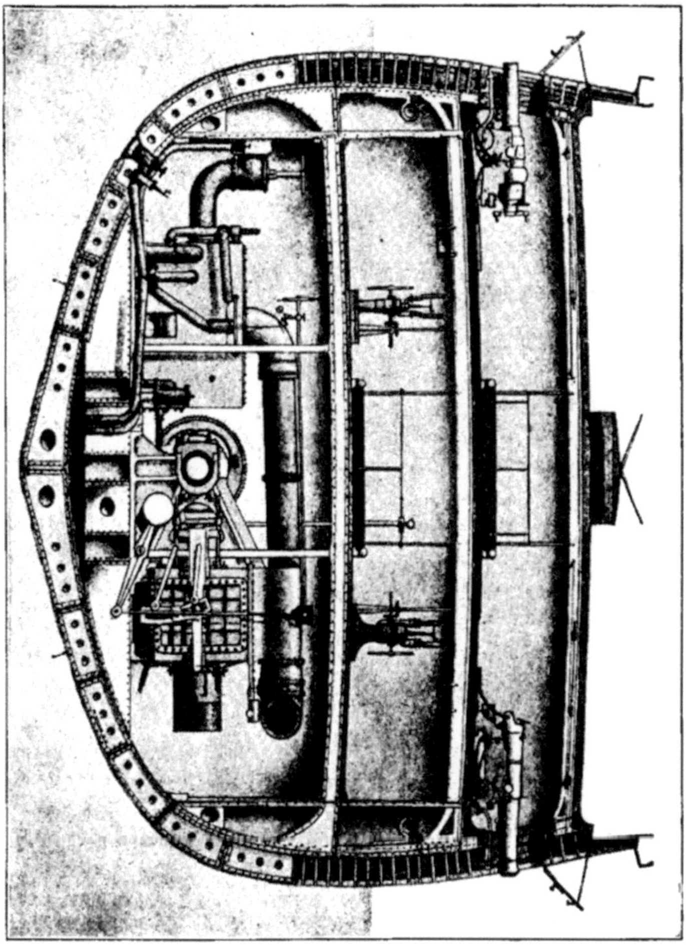

Hauptspant des englischen Panzerschiffes »Warrior« (1860). Maschinenraum mit Pennscher Trunkmaschine.

In England hatte man garnicht erst den Stapellauf der »Gloire« abgewartet, sondern schon im Mai 1859 den Bau zweier Panzerschiffe befohlen. »Warrior« und »Black Prince«, wie diese Schiffe hießen, hatten bei einem Deplacement von 9140 t, Maschinenanlagen von 5500 IPS und eine Fahrtgeschwindigkeit von 14,3 Knoten.

Beide Schiffe waren bereits aus Eisen gebaut, wie denn England überhaupt mit dem Beginn des Panzerschiffbaues in seiner Marine sofort zum Eisenschiffbau überging, während in Frankreich bis zur Mitte der siebziger Jahre alle Panzerschiffe, wenige Versuchsbauten ausgenommen, aus Holz gebaut wurden.

Der Dampf hatte sich jetzt in den Kriegsmarinen seinen Platz errungen und behauptete und befestigte denselben nicht nur im Betrieb der Hauptmaschinen, sondern errang sich einen solchen im Laufe der Zeit auch im Betrieb der mannigfaltigen, im Schiffsbetrieb nötigen Hilfsmaschinen und Apparate, so daß er heute an Bord eines Kriegsschiffes mit die wesentlichste Rolle spielt.

Panzerschiff »Warrior« (1860).

12. Ein Blick in die Maschinenanlagen früherer Dampfschiffe.

Maschine und Kessel. — Balancier-, Oszillations-, Grashopper- und Diagonalmaschinen. — Pennsche Trunkmaschinen und Maschinen mit rückwirkender Pleuelstange. — Verwendung von Hammermaschinen mit hochgespanntem Dampf und mehrfacher Expansion. — Koffer- und Zugrohrkessel. — Feuerrohrkessel in Zylinder- und Ovalform. — Lokomotivkessel. — Beschränkung des Raumes in den Maschinenanlagen.

Nachdem wir bislang mehr die äußere Entwicklung der Dampfschiffahrt in ihren Anfängen und ihre allmähliche Ausbreitung betrachtet haben, wollen wir einmal hinabsteigen in den »Bauch« eines der älteren Dampfschiffe, in die Maschinen- und Kesselräume, um jene Einrichtungen kennen zu lernen, welche eigentlich dem Dampfschiff seine Überlegenheit gegenüber dem Segelschiff verschafften. Ein wenig rußig und schmierig sieht es allerdings dort unten aus, zumal auf den älteren Schiffen, zu deren Zeit man den Maschinenanlagen noch nicht die Aufmerksamkeit schenkte, wie sie ihnen heute in voller Würdigung und Anerkennung ihres Wertes als Triebmittel zugewendet wird. Von den beiden Hauptabteilungen der Maschinenanlagen, Dampfmaschinen und Dampfkessel, ist es wiederum besonders der letztere, welcher lange Zeit hindurch recht stiefmütterlich behandelt wurde, Schwarz-Flemming*) schreibt noch anfangs der siebziger Jahre (1873):

»An Bord wird der Kessel nur zu häufig als das Aschenbrödel des Dampfers betrachtet. Metallisch glänzend und farbenprangend macht die Maschine einen günstigen Eindruck, — der nur durch den ihr über die Glieder rieselnden, unvermeidlichen Ölschweiß etwas abgeschwächt wird, — und wegen der rastlosen Tätigkeit ihrer zahlreichen Gliedmaßen hat es den Anschein, als ob sie allein es wäre, welche den Dampfer durch die Fluten treibt. Im Hintergrunde aber — häufig ist ihm sogar ein besonderes dunkles Ge-

---

*) »Die Kesselabteilung auf Dampfschiffen.« Berlin 1873.

mach angewiesen, — steht das arme Kesselaschenbrödel da, im Schweiße seines Angesichtes und im unsauberen Gewande, voll Kohlenstaub und Rostflecken, und müht sich ab, die übermütig auf und ab hüpfende und im Kreis herumwirbelnde Nachbarin bei Kräften zu erhalten.«

In der Tat sind die ausgezeichneten Maschinenanlagen unserer heutigen Dampfer durchweg ein Produkt der letzten Jahrzehnte. Noch um das Jahr 1860 war es in England stehende Redensart, daß eine Eisengrube dazu gehöre, um eine Schiffsmaschine herzustellen und eine Kohlengrube, um dieselbe zu betreiben. Die Schiffe damaliger Zeit schienen viel mehr dazu bestimmt zu sein, Maschine und Kessel zu tragen, als der Kessel und die Maschine, das Schiff zu bewegen. Da z. B. der Kohlenverbrauch eines Dampfers um die Mitte des Jahrhunderts etwa 2,5 kg pro Pferdestärke und Stunde betrug, so mußte (nach Busley) ein Dampfer, dessen Maschine im Durchschnitt vielleicht 1000 PS indizierte, für eine Reisedauer von nur 20 Tagen in seinen Bunkern einen Kohlenvorrat von ungefähr 1200 t mitnehmen, wozu als eiserner Bestand noch etwa 10 bis 20 % dieser Menge, also etwa 100 bis 200 t traten.

Die ersten Schiffsmaschinen waren ausnahmslos Niederdruckmaschinen, die mit einem Dampfdruck von 1 bis 2 Atm. arbeiteten. Mittels dieser Maschinen wurden die Schaufelräder bewegt, welche entweder im Heck des Schiffes oder an dessen Seiten angebracht waren. Dementsprechend waren die Betriebsmaschinen größtenteils modifizierte Balanciermaschinen und zwar solche in umgekehrter Stellung. Die Dampfzylinder standen vertikal mit nach oben durchgehender Kolbenstange; von dem Kreuzkopf hingen zu beiden Seiten Lenkerstangen herab, welche an den Enden zweier horizontal gelagerten, um eine in der Mitte ihrer Länge befindlichen Achse schwingenden, Balanciers angriffen. Die beiden anderen Enden dieser Balanciers waren durch ein Kreuzstück vereint, von welchem Kraft und Bewegung durch eine Schubstange auf die oberhalb liegende Kurbelwelle übertragen wurde. Die Schaufelräder waren an den beiden Enden dieser Welle befestigt. Zwischen Maschine und Kurbelwelle befand sich jedoch meistens noch ein Zahnrädervorgelege, um für die Kurbelwelle eine höhere Umdrehungsgeschwindigkeit zu erzielen, als sie mit den ersten Schiffsmaschinen zu erzielen möglich war. Daß derartige Maschinen einen sehr unkonstruktiven und unökonomischen Typ darstellten, liegt auf der Hand. Der Fortschritt der nächsten Jahre bestand deshalb im wesentlichen darin, daß man dazu überging, diese Maschinen allmählich in direkt wirkende umzugestalten.

Diese und ähnliche Aufstellungsarten, welche seinerzeit sehr beliebt waren, sind heute veraltet; auf amerikanischen Fluß- und Küstendampfern findet man jedoch heute noch Balanciermaschinen mit einem über Deck auf einem A-Ständer gelagerten Balancier.

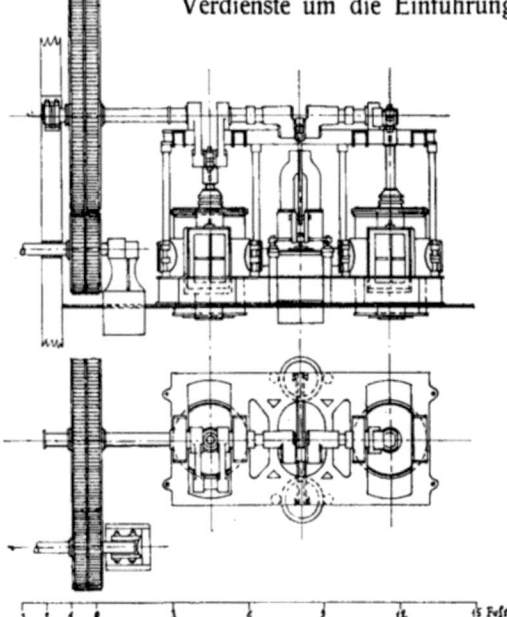

Verdienste um die Einführung einer direkt wirkenden Schiffsmaschine erwarb sich die Firma Maudslay & Field in London, welche die sog. T-Platten- oder Doppelzylindermaschine baute. Von den beiden, unter der Kurbel angebrachten Zylindern arbeiteten zwei Kolbenstangen an ihren oberen Enden auf die beiden Enden eines wagerecht liegenden T-Balken und bewegten bei gleichzeitigem Auf- und Niedergang diesen plattenförmigen Balken auf und ab. Von dem unteren Ende, dem Vertikalschenkel dieser T-Platte, ging die Pleuelstange aus und

Schiffsmaschine mit zwei oszillierenden
Zylindern und 60 PS nom.
Konstruiert von James Watt & Co.

griff an dem Kurbelzapfen an, diesen in Umdrehung versetzend. Derartige Maschinen wurden in den dreißiger und vierziger Jahren des vorigen Jahrhunderts ausgeführt.

In den dreißiger Jahren kamen durch die Firma John Penn die Oszillationsmaschinen in Gebrauch und verdrängten die alten hochgebauten Konstruktionen. Auch hier befinden sich die Zylinder unter der Kurbelwelle. Die Zylinder sind in Drehzapfen gelagert und durch die Kolbenstange direkt mit den Kurbeln verbunden, deren Bewegung sie, sich um ihre Achse schwingend, folgen. Der

Erfinder der oszillierenden Maschine ist nicht mehr feststellbar; höchstwahrscheinlich war es der geniale Engländer Trevithick, wenngleich auch seine Landsleute Mamby und Murdock als erste Erbauer solcher Maschinen genannt werden, welche 1817 in England bekannt geworden sein sollen. Mit Sicherheit nachweisbar ist nur, daß bereits 1823 geneigte oszillierende Maschinen von Cavé in Paris für Flußdampfer hergestellt sind, daß ferner Maudsley 1828 eine größere aufrechte oszillierende Maschine für einen Raddampfer »Endeavour« ausführte, daß trotzdem aber diese Maschinengattung erst seit Anfang der dreißiger Jahre lebensfähig wurde, nachdem es dem berühmten Konstrukteur John Penn gelungen war, durch Einführung der nach ihm benannten Kulisse ihre Steuerung praktisch brauchbar zu gestalten (Busley).

Etwa in den sechziger Jahren kamen die sog. Grashoppermaschinen (von der Firma J. und G. Renie-London) zur Verwendung. Bei diesen wurde mittels einer rückwirkenden Pleuelstange ein einarmiger Hebelbalancier auf- und niederbewegt. Von dem Balancier aus fand mittels einer Pleuelstange die eigentliche Drehung des Kurbelzapfens und der Kurbelwelle statt.

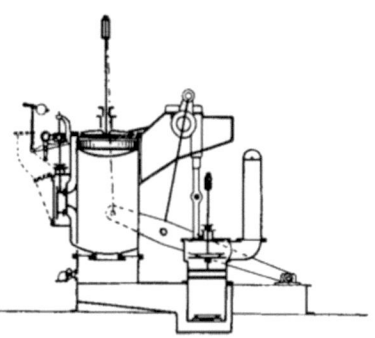

»Grashopper«-Maschine, erbaut von J. & G. Renie-London.

Ungefähr zu gleicher Zeit wurden auch die sog. Diagonalmaschinen verwendet, d. h. direkt wirkende Kolbenmaschinen mit festliegenden Zylindern, Geradführung und Schubstange. Die Zylinder waren dabei, der Hochlage der Radwelle entsprechend, geneigt gelegt und zwar so, daß die Mittelachse des Zylinders oder die Verlängerung der Kolbenstange genau durch die Mittelwelle führte.

Als man anfing, Schraubenpropeller anstatt der Schaufelräder zu verwenden, trachtete man, unter Beibehaltung der für Radmaschinen gebräuchlichen Typen, die erforderliche, verhältnismäßig hohe Umlaufgeschwindigkeit dadurch zu erzielen, daß man die Schraubenwelle nicht direkt, sondern wieder unter Einschaltung von Ketten- oder Zahnrädervorgelege antrieb. Die tiefe Lage der Propellerwelle gab aber auch die Veranlassung, an Stelle der stehenden Maschinen nunmehr horizontal liegende Maschinen zu bauen.

Die auf der einen Schiffsseite liegenden Zylinder arbeiteten durch die Kolben- und Pleuelstangen auf die auf der entgegengesetzten Schiffsseite liegende Kurbelwelle, welche ein großes Stirnrad trug, von welchem die Bewegung dann wieder auf ein in der Schiffsmitte liegendes kleineres Stirnrad und dessen Welle, die Schraubenwelle, übertragen wurde. Die Nachteile dieser Vorgelege, sowie überhaupt der in der Schiffsbreite beschränkte Platz führten bald zu der Konstruktion direkt wirkender Schiffsmaschinen.

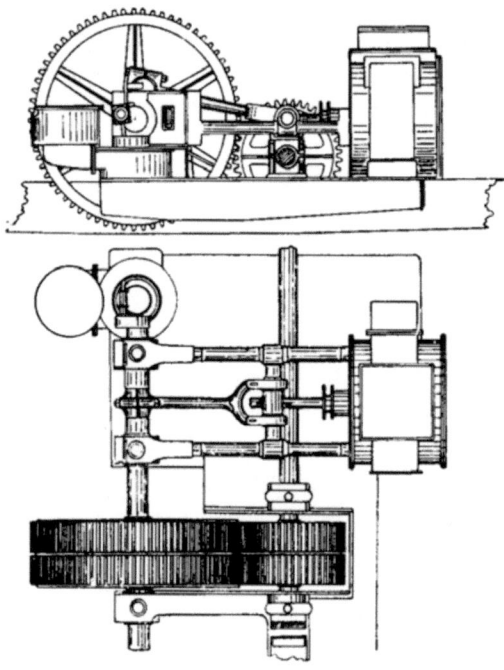

Liegende Schraubenschiffsmaschine des englischen
Kriegsschiffes »Highflyer« (1852).

Als eine hierfür besonders geeignete Konstruktion erwies sich die Pennsche Trunkmaschine, daneben auch die Maschine mit rückwirkender Pleuelstange. Bei ersterer wurde eine kurze Baulänge dadurch erreicht, daß die Schubstange direkt am Kolben der Maschine angriff; die zu einem Hohlzylinder erweiterte Kolbenstange (»Trunk« genannt) war so bemessen, daß sie der oszillierenden Schubstange genügenden Raum gab, der Kurbel zu folgen. Die hohle Kolbenstange ging durch beide Zylinderdeckel hindurch und bildete in dieser Weise zugleich die Führung des Kolbens. Die hierdurch bedingten großen Stopfbuchsen, die große Abkühlungsfläche der erweiterten Kolbenstangen, sowie der Verlust an Kolbenfläche bezw. die notwendige Vergrößerung des Zylinderdurchmessers waren jedoch Schattenseiten dieser Bauart, welche derselben mit Recht zum Vorwurf gemacht werden konnten. Bei den Maschinen mit rückwirkender Pleuelstange wurden mehrere, meistens zwei Kolbenstangen neben der Kurbelwelle vorübergeführt, hinter derselben (auf der anderen Schiffsseite) durch einen geführten Kreuzkopf vereinigt und von diesem aus durch eine zurückgreifende Schubstange die Bewegung auf die vor den Zylindern gelagerte Kurbelwelle übertragen.

Erst in den sechziger Jahren führte man an Stelle der liegenden Maschinen stehende Maschinen, sog. Hammermaschinen, auch für Schraubendampfer ein, bei denen man auch mittlerweile zur Anwendung hochgespannten Dampfes und mehrfacher Expansion gelangte. Da von dieser Zeit an überhaupt ein rapider Fortschritt im Schiffsmaschinenbau einsetzt, der zu unseren heutigen hochentwickelten, die Landmaschinen vielfach übertreffenden Schiffsmaschinen führte, so wollen wir diese neue Phase des Dampfschiffbaues in einem späteren Kapitel über »Fortschritte im Bau und Betrieb der Schiffsmaschinen-Anlagen« besonders behandeln und jetzt noch einen Blick auf die älteren Schiffskesselkonstruktionen werfen.

Entsprechend den mit niedrig gespanntem Dampf arbeitenden Schiffsmaschinen waren auch die ersten Schiffskessel Niederdruckkessel. Sie hatten meistens flache Wände und Kofferform, weshalb sie auch als Kofferkessel bezeichnet werden. Im Beginn der Dampfschiffahrt war das Kupfer ausschließlich als Kesselmaterial im Gebrauch; »Clermont« (1807), »Demologus« (1815) und »Savannah« (1819) hatten Kupferkessel. Bis in die dreißiger und vierziger Jahre hinein herrschten Kupferkessel vor. John Ericsson konstruierte 1843 die drei Kofferkessel seines »Princeton«, des ersten Schraubendampfers der Unionsflotte, aus Eisenblech und fand hierin bald Nachfolger. Was die Konstruktion der Kessel betraf, so strebte man im Anfang, genau wie im Landkesselbau dahin, die den Heizgasen innewohnende Wärme nach Möglichkeit an das zu verdampfende Wasser abzugeben. Man baute in die Kessel Kanäle und Wandungen ein, mittels denen man die Gase zwang, an den Wänden entlang gewisse Wege zu durchstreichen, ehe sie in den

Schornstein gelangen konnten. Trotzdem waren diese sog. Zug-rohrkessel wegen ihrer immerhin noch recht geringen Heizfläche recht unökonomisch.

Eine wesentliche Verbesserung bedeutete daher die Verwendung eines Feuerrohrsystems in diesen Kesseln. Die Gase mußten jetzt ihren Weg durch eine große Anzahl Rohre von mehreren Zentimetern Durchmesser nehmen und hatten so Gelegenheit, ihre Wärme durch die vielen, dabei dünnen Rohrwandungen an das die Röhre umspülende Wasser abzugeben. Zuerst legte man das Rohr-system neben die Feuerung. Die Heizgase strömten von den Rosten zunächst über die aus Chamottemauerwerk aufgeführte Feuer-brücke in eine Rauchkammer und von hier aus durch das Rohr-

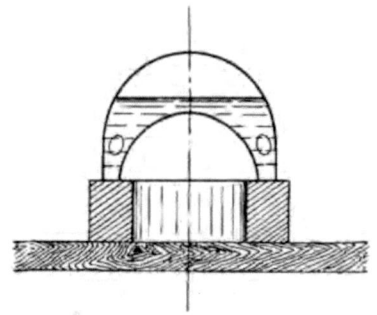

Kofferkessel des »Demologus«,
des ersten Kriegsdampfers (1815).

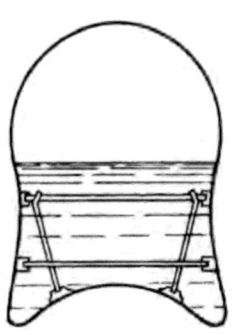

Wattscher
Kofferkessel.

system zur Frontwand zurückkehrend in den Rauchfang, um durch den Schornstein in die freie Luft zu entweichen. Schließlich ge-langte man auch dahin, die Feuerrohre über die Feuerungen zu legen, eine Bauweise, wie sie dann mit Vorliebe fast ausschließlich angewendet wurde.

Die besten Kofferkessel erzeugten bei forcierten Probefahrten durchschnittlich 100 IPS pro 1 qm Rostfläche, — 1 qm Rostfläche ent-sprach ungefähr durchschnittlich 30 qm Heizfläche, — und ver-brannten hierbei etwa 150 kg guter Steinkohle pro Stunde und 1 qm Rostfläche.

Der Bau von Kofferkesseln für Dampfschiffe erstreckt sich bis in die siebziger und achtziger Jahre des vorigen Jahrhunderts. Ja, in den siebziger Jahren waren sie noch am zahlreichsten von allen Kesselarten an Bord der Handels- und Kriegsschiffe aller Nationen

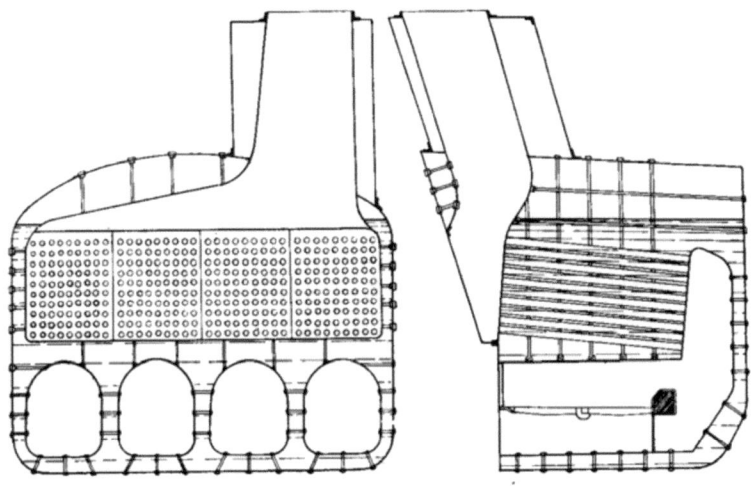

Kofferkessel mit Feuerrohren (1869).

vertreten. Als Grund für ihre Beibehaltung so viele Jahre hindurch sprach trotz ihrer vielen Mängel der Umstand, daß man deren Formen bequem den Schiffswandungen anpassen und dementsprechend mit dem Raum sparsam umgehen konnte.

Das Verlangen nach höheren Dampfspannungen für den Maschinenbetrieb führte zum Bau der sog. schottischen Kessel, oder wie sie meistens ihrer zylindrischen Form wegen genannt werden, der Zylinderkessel. Ihrer Einführung in der Handelsmarine folgte alsbald diejenige auf Kriegsschiffen. Auf beiden

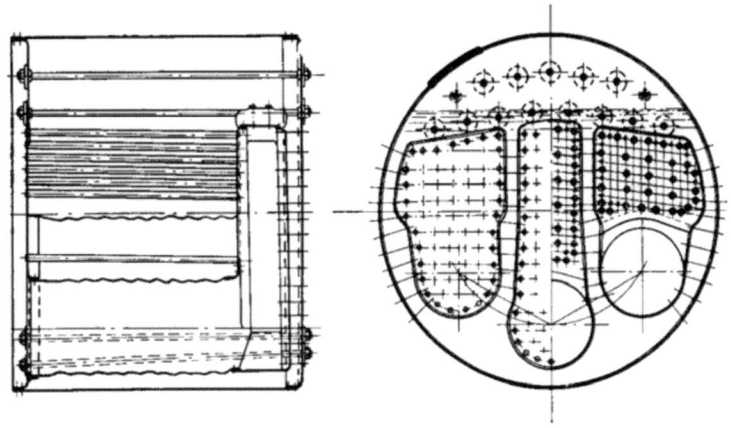

Schottischer oder Zylinderkessel.

127

Schiffsgattungen sind sie noch heute gebräuchlich, insofern man nicht schon zu Wasserrohrkesseln übergegangen ist. Die Zylinderkessel sind zwar weniger ökonomisch hinsichtlich des zu ihrer Aufstellung beanspruchten Schiffsraumes, leisten jedoch einem von innen wirkenden Druck, im Vergleich zu den anderen Kesselformen, den größten Widerstand und fallen daher leichter aus als jene. Sie konnten sowohl stehend als liegend aufgestellt werden und kamen zunächst dort häufig in Anwendung, wo es auf Raumersparnis weniger ankam, z. B. auf Schleppschiffen, Fährbooten und dergl.; dann wurden sie aber auch auf Ozeandampfern eingebaut.

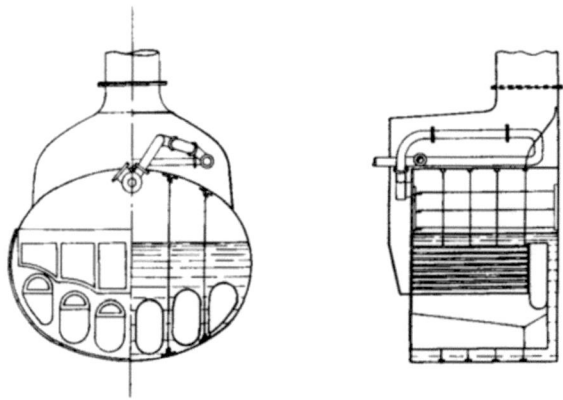

Ovaler Feuerrohrkessel für Donau-Dampfboote (ca. 1860). 18—53 $\mathcal{U}$ pro □″ Überdruck. (Frontansicht, Querschnitt, Längsschnitt.)

Endlich gelangte man auch noch zum Bau von Kesseln mit annähernd elliptischem Querschnitt, den Ovalkesseln. Derartige Kessel teilen die Vorzüge wie die Nachteile ihrer vorher erwähnten Konkurrenten. Sie sind nämlich widerstandsfähiger gegen Druck als die Kofferkessel, bleiben in dieser Eigenschaft aber hinter den Zylinderkesseln zurück, während sie diesen wiederum in der Ausnutzung des Schiffsraumes überlegen sind, ohne die Kofferkessel darin zu erreichen. Oft ist indessen diese Form der Kessel nicht gewählt worden, da die flachen Teile der Wandungen eine Schwäche der Kessel bildeten.

Schließlich sei hier noch ein Schiffskessel besonderer Form erwähnt, welcher sich namentlich für Zugforcierung zu eignen schien, bei welchem man ferner mit möglichst geringem Gewicht und möglichst geringen Dimensionen ein Maximum von Dampferzeugung zu schaffen suchte, — der Lokomotivkessel. Diese Kessel, welche das bei den Lokomotiven gebräuchliche System nachahmten, waren in den achtziger Jahren und anfangs der neunziger Jahre aus den eben erwähnten Gründen namentlich auf Torpedobooten und kleineren Kriegsschiffen gebräuchlich, werden jetzt aber für Schiffe nicht mehr gebaut.

Wir sind mit der Anführung der verschiedenen Kesselsysteme etwas vorausgeeilt, da die zuletzt erwähnten Systeme eigentlich zusammen mit den neueren Schiffsmaschinen bei dem Kapitel »Fortschritte im Bau und Betrieb der Schiffsmaschinen-Anlagen« hätten besprochen werden sollen. Wir werden dort jedoch unser Augenmerk ausschließlich auf die Wasserrohrkessel richten, welche, namentlich im Kriegsschiffswesen, einen ganz wesentlichen Fortschritt auf diesem Felde bedeuten. —

Ein Nachteil, der nach und nach, dank der Einsicht der Reedereien, verschwunden ist, haftete den meisten Maschinen- und Kesselanlagen der älteren Dampfschiffe an, das war die Beschränkung des Raumes für diese Anlagen. Solange die Segelschiffe allein den Frachtverkehr besorgt hatten, hatte man zum Verstauen der Frachten fast den ganzen Schiffsraum zur Verfügung gehabt. Jetzt, bei den Dampfschiffen, ging ein nicht unbedeutender Teil des Schiffsraumes für die Unterbringung der Kessel, Maschinen, Kohlen, des Speisewassers und dergleichen natürlich vom Laderaum ab und war somit für die Unterbringung der Fracht verloren. Dieser gewissermaßen »tote« Raum bedeutete für den Reeder, der ein Dampfschiff in Auftrag gab, einen unangenehmen Verlust an Laderaum, bei welchem ihm möglichste Beschränkung geboten erschien. Die Konkurrenz mit den Segelschiffen forderte einen möglichst großen Laderaum. Um das Verhältnis des letzteren zu dem für die Maschinenanlage bestimmten Raum recht günstig zu gestalten, wurde an letzterem so viel als möglich gespart, zum Schaden der Anlage selbst und des Bedienungspersonals. Daß es eine Pein für die Maschinisten war, in derartigen beengten Räumen die Maschine gangbar zu erhalten, daß es eine Folter für die Heizer, die Feuerleute, war, in dieser Enge und dem Mangel an Ventilation und Licht das Heizgeschäft zu besorgen, wer fragte danach? Schließlich aber mußte man doch einsehen, daß man sich in dieser Weise ins eigene Fleisch schnitt, da eine derartige Raumbeschränkung sich bald in der verminderten

Ökonomie der Maschinen- und Kesselanlage — hervorgerufen durch mangelhafte Bedienung der letzteren, Kohlenverschwendung, Reparaturbedürftigkeit u. a. — bemerkbar machte. Die auftraggebenden Reedereien kamen denn auch zu der Einsicht, daß jede Beschränkung des für Maschine und Kessel bestimmten Raumes sich fühlbar rächte; die Dampfschiffskonstrukteure hatten kein Interesse an einer derartigen Raumbeschränkung und so kam man dazu, der Seele des Dampfers »tief unten im Schiff« Raum, Licht und Luft zu geben, deren sie so sehr bedurfte. Heute sind die in Frage stehenden Verhältnisse im allgemeinen als normale zu bezeichnen.

13. Dampfschiff und Segelschiff in der Konkurrenz.

Das Segelschiff zu Beginn des 19. Jahrhunderts. — Die »Klipper«. — Das Segelschiff tritt in der Passagierbeförderung ganz zurück, behauptet sich aber in der Frachtbeförderung. — Stärkeverhältnis der Dampfschiffsflotte gegenüber der Seglerflotte. — Moderne Riesensegler. — Was das Segelschiff hält und was sein Ende sein wird.

Bevor wir in unseren Ausführungen in die eigentliche Geschichte des Dampfschiffes eintraten, haben wir einige Darstellungen gebracht über die Schiffahrt im allgemeinen und die Segelschiffahrt im besonderen. Wir waren damit bis zu dem Zeitpunkt gelangt, wo der Dampf als Mitbewerber in der Schiffahrt auf den Plan tritt, d. h. bis zum Anfang des 19. Jahrhunderts. Wir wollen hier den Faden wieder aufnehmen und feststellen, welche Rolle das Segelschiff neben dem Dampfschiff bis auf den heutigen Tag gespielt hat und namentlich auch die Punkte beleuchten, welche diesen verschiedenen Vertretern der Schiffahrt in der Konkurrenz miteinander von Fall zu Fall ein wechselseitiges Übergewicht verleihen.

Die Segelschiffe für Frachtbeförderung waren im Anfange des vorigen Jahrhunderts sehr voll und plump gebaute Fahrzeuge, deren Fahrtgeschwindigkeit daher auch nur gering war. Auf großen Reisen betrug die mittlere Geschwindigkeit dieser Segler etwa 2 bis 4 Knoten in der Stunde. So ist es erklärlich, daß z. B. die alten Ostindienfahrer von Holland aus etwa ein Jahr für die Hin- und Rückreise brauchten. Als nun durch die Einführung der Dampfschiffahrt den Seglern eine Konkurrenz geschaffen worden war, mußten dieselben, wollten sie nicht in dem Kampfe unterliegen, hauptsächlich auf die Erreichung größerer Fahrtgeschwindigkeiten bestrebt sein. Die Formen der Segler mußten schlanker gemacht werden, um der Kraft des Windes gegenüber den Widerstand des Wassers möglichst gering zu gestalten. Aus diesem Gesichtspunkt entstanden um die Mitte des vorigen Jahrhunderts in Amerika die sog. Klipper, Segelschiffe, die durch ihre verhältnismäßig schnellen

Fahrten und kühnen Unternehmungen eine gewisse Berühmtheit erlangten und im übrigen einen letzten Aufschwung des Segelschiffbaues vor der allgemeinen Einführung des Dampfschiffes bedeuten. Die Bezeichnung »Klipper« kommt augenscheinlich von dem englischen Verbum to clip = wegschneiden, da diese Schiffe tatsächlich nach beiden Enden recht schlank geschnitten waren. Die ersten Klipper waren kleinere Fahrzeuge, die zum Schmuggeln von Opium zwischen Amerika und China bestimmt waren. Später wurden derartige Segler auch in größeren Dimensionen gebaut; zunächst für den Verkehr zwischen den Vereinigten Staaten und dem als Goldland entdeckten Kalifornien bestimmt und verwendet, dienten sie später dem Teetransport zwischen China und England. Diese größeren Klipper, von denen die berühmtesten »Sovereign of the Sea«, »Swordfish«, »Flying Cloud«, »Hornet« u. a. waren, sollen es streckenweise bis zu einer Höchstgeschwindigkeit von 15 Knoten gebracht haben. Damit waren sie aber den Dampfschiffen ihrer Zeit unter Umständen überlegen, zumal sie keine Kohlen und keinen Maschinenunterhalt brauchten und sich auch im Bau billiger stellten, während die Dampfer mit ihren unvollkommenen maschinellen Einrichtungen noch recht unökonomisch arbeiteten.

Im europäischen Verkehr, bei den hier vorherrschenden unregelmäßigen Winden, den kurzen Entfernungen der Häfen voneinander und der schwierigen Formation der Küste zeigte sich jedoch bald das Dampfschiff dem Segler gegenüber überlegen. Im überseeischen Verkehr hatten die Segelschiffe noch das Übergewicht, bis in den sechziger Jahren die bisherigen Niederdruckmaschinen auf den Dampfschiffen durch die Compoundmaschinen, deren Betriebskosten erheblich geringer waren, ersetzt wurden. Noch bis in die ersten siebziger Jahre allerdings zogen zahlreiche Auswanderer der Billigkeit wegen es vor, auf Segelschiffen zu fahren. Auch die in den sechziger Jahren beginnende Ausfuhr von Petroleum in Fässern aus Amerika, deren Beförderung durch die Dampfer gewöhnlicher Bauart zu feuergefährlich war, sowie der Rücktransport der leeren Fässer, gaben der Segelschiffahrt noch für lange Jahre, bis zur Einführung von Tankdampfern, einen gewissen Rückhalt. Doch gelang es nicht, den Dampfschiffen in der Passagierbeförderung, die mit der allgemeinen Vervollkommnung der Verkehrsmittel mehr und mehr in die Erscheinung trat, in der Konkurrenz stand zu halten. So betrieb anfänglich zwar die 1847 gegründete Hamburg-Amerika Linie die

Passagierbeförderung mit Segelschiffen, stellte aber 1856 den ersten Dampfer »Borussia« und bald darauf den Dampfer »Hammonia« ein. Der Norddeutsche Loyd eröffnete seine Fahrten 1858 dagegen sofort mit Dampfschiffen.

Wie beträchtlich die Zunahme der Dampfschiffe z. B. in Europa in den sechziger Jahren gegenüber den Segelschiffen war, ist aus folgender Zusammenstellung ersichtlich, die Professor Neumann im Behmschen »Geographischen Jahrbuch« brachte. Es zählte hiernach die Handelsmarine Europas:

	Dampfschiffe	Segelschiffe
Ende 1860	2974	92272
Ende 1865	4021	95993
1868/1869	4289	96000

Im letzteren Jahre (1869) gab die Eröffnung des Suezkanals durch die Abkürzung des Seeweges nach Australien, Asien und Ostafrika der Segelschiffahrt einen wuchtigen Stoß, da für letztere die Kanalgebühren im Verhältnis zum Verdienst zu hoch waren, auch die Segelfahrt durch das rote Meer wegen der dort häufigen Windstillen nicht vorteilhaft erschien. Den Vorteil vom Kanal zogen die Dampfschiffe, die nun speziell nach Indien einen bedeutend kürzeren Weg hatten und nicht mehr genötigt waren, den Umweg um das Kap der guten Hoffnung zu machen. Für das Jahr 1877 betrug der Bestand der Handelsmarine Europas nach Professor Neumann:

Dampfschiffe	Segelschiffe
10567	114641

Für die Passagierbeförderung sind die Segelschiffe, von gelegentlichen unbedeutenden Personenbeförderungen abgesehen, schließlich ganz außer Frage gekommen. Anders verhält es sich dagegen mit der Beförderung von Frachtgütern. Hier kämpfen die Dampfer noch bis auf den heutigen Tag mit den Segelschiffen, ohne daß es ihnen gelungen wäre, die letzteren ganz aus dem Felde zu schlagen.

Zwar nahm in den letzten Jahrzehnten, um ein Beispiel anzuführen, die Zahl der in Hamburg[*]) angekommenen Segelschiffe ab, wie folgende, den »Tabellarischen Übersichten des Hamburgischen

---

[*]) Hamburg als einer der größten Häfen der Welt kann hier als maßgebend angezogen werden.

Handels im Jahre 1894« (Hamburg, Herold, 1895) entnommene Daten zeigen:

1841—60	1861—70	1871—80	1881—90	1892	1893
3720	3379	2648	2414	2441	2393,

doch wird für 1894 schon wieder ein Anwachsen der Zahl der angekommenen Segelschiffe auf 2662 gemeldet, während der Gesamt-Raumgehalt der in Hamburg angekommenen Segelschiffe in dem genannten Zeitraum überhaupt nicht abgenommen hat, sondern gestiegen ist und zwar von 336575 auf 597953 Register-Tonnen.*) Freilich bleibt diese Zunahme gegen diejenige des Gesamt-Raumgehaltes der Dampfschiffe um das Vierzigfache zurück; doch beweisen genannte Zahlen, daß den Segelschiffen noch keineswegs die Todesstunde geschlagen hat. So stieg u. a. die Zahl der zu Hamburgs Handelsflotte gehörigen Segelschiffe vom 1. Januar 1900 bis dahin 1901 von 286 auf 307, ihre Tonnage von 218832 auf 240419 Tonnen.

Diese Zahlen zeigen uns aber, daß den Segelschiffen hauptsächlich große Fahrten, die für Deutschland zu einem großen Teil von Hamburg ihren Ausgang nehmen, geblieben sind, da nach der Reichsstatistik die deutsche Segelschiffstonnage bereits im Jahre 1881 mit 966000 Netto-Reg.-Tonnen und 4246 Schiffen ihren Höhepunkt aufwies. Von da ab, namentlich in dem Jahrzehnt von 1886 bis 1896, folgt ein rascher Sturz auf 591000 Reg.-Tonnen. Besonders stark ist in dieser Zeit die Segelflotte der Ostsee reduziert worden, da hier die Dampfer vollständig die Oberhand gewannen. Von 1283 Segelschiffen der Ostsee im Jahre 1886 mit 199000 Reg.-Tonnen netto waren 1896 nur noch 548 mit 95000 Reg.-Tonnen vorhanden. Die deutsche Dampferflotte hat sich dagegen von 147 Dampfern mit 82000 Reg.-Tonnen im Jahre 1871 auf 664 mit 421000 Reg.-Tonnen im Jahre 1886 und 1068 mit 880000 Reg.-Tonnen im Jahre 1896 vermehrt.

Im Jahre 1892 wurde der Netto-Raumgehalt der Weltseglerflotte von dem der gesamten Dampferflotte erreicht; schon im Jahre 1900 bereits war die Dampfertonnage auf das Doppelte der Seglertonnage angewachsen.**) Heute kommen im allgemeinen auf

---

*) 1 Reg.-Tonne = 2,83 cbm.

**) »Die Segelschiffahrt und ihre Zukunft« von Syndikus Johannes Rösing, Bremen.

rund 70 Dampfer etwa 30 Segler. Legt man nicht die Schiffszahl, sondern den Raumgehalt zugrunde, wodurch man ein besseres Bild von der Leistungsfähigkeit beider Schiffsarten gewinnt, so kann man auf 20 bis 15 Segler-Reg.-Tonnen 80 bis 85 Dampfer-Reg.-Tonnen rechnen.

Früher baute man sämtliche Segelschiffe aus Holz. Infolge schwieriger Beschaffung von passendem und billigem Baumaterial und der bereits angeführten mannigfachen Vorteile, die der Eisenschiffbau bot, ging man, hauptsächlich in England, wie bei den Dampfschiffen, dazu über, auch eiserne Segelschiffe zu bauen. Die ersten Schiffe dieser Art waren die gleichfalls bereits erwähnten Kompositschiffe, deren innere Verbände aus Eisen hergestellt waren, während die äußere Beplankung aus Holz bestand. Keines dieser Schiffe war über 60 m lang und über 900 Reg.-Tonnen groß. Diesen im Kompositsystem hergestellten Segelschiffen folgten schließlich die ganz aus Eisen oder Stahl hergestellten, die man in jeder Größe baute und denen man recht schlanke Formen verleihen konnte. So existieren jetzt Segelschiffe, die unseren Panzerschiffen an Deplacement teilweise gleichkommen und eine respektable Geschwindigkeit erreichen.

In den letzten Jahren namentlich sind einige Segelschiffe gebaut worden, die Beachtung verdienen. Die hohen Kohlenpreise und die niedrigen Frachtsätze in der jüngsten Zeit haben hauptsächlich zum Bau derselben Anstoß gegeben. Zudem ermöglichen die Fortschritte der Wetterkunde und der hoch entwickelte Nachrichtendienst der Seewarten den Segelschiffen, ihre Reisen so auszuwählen, daß sie auf günstige Winde zu rechnen haben und von den elementaren Ereignissen unabhängiger werden, so daß ihre Leistungsfähigkeit im allgemeinen erhöht wird. So wurde 1892 für die Firma Rickmers in Bremen auf englischer Werft ein imposanter Segler erbaut, der den Namen »Maria Rickmers« erhielt und eine Ladefähigkeit von 6000 t hatte. Seine Dimensionen betrugen: Länge zwischen den Perpendikeln 115 m, größte Breite auf den Spanten 14,6 m, Tiefgang (beladen) 7 m. Eine Hilfsmaschine von 750 IPS gestattete diesem Schiffe, auch bei Windstille seine Fahrt mit etwa 7 bis 8 Knoten Geschwindigkeit fortzusetzen. Für die Reisfahrt nach Ostindien über das Kap der guten Hoffnung bestimmt, ist dieser stolze Segler leider seit seiner ersten Heimreise im Frühjahr 1893 verschollen.

Zwei weitere bemerkenswerte Vertreter des modernen Segelschiffes, die das soeben erwähnte Schiff noch übertreffen, sind die der Reederei F. Laeisz in Hamburg gehörigen größten Segelschiffe der Welt, »Potosi« und »Preußen«, über die hier, da sie in der Dampf und Rauch speienden Umgebung als zwei Riesen der alten Seeschiffahrt erscheinen, einiges angeführt werden mag. Die Bauverhältnisse der beiden Segler sind folgende:

	»Potosi«	»Preußen«
Länge über Heck und Gallion	120,1 m	133,5 m
Breite	15,6 m	16,4 m
Deplacement	8580 t	11150 t
Ladefähigkeit	6150 t	8000 t

Beide Schiffe sind aus Stahl erbaut; ersteres ist als Fünfmastbark, letzteres als Fünfmast-Vollschiff getakelt. Im Gegensatz zu der »Maria Rickmers« sind sie nicht mit einer Antriebs-Hilfsmaschine ausgerüstet, besitzen aber einen Hilfskessel zur Erzeugung von Dampf für die verschiedenen an Bord befindlichen Hilfsmaschinen, wie Ankerwinde, Ladewinde usw. Beide Schiffe dienen demselben Zweck, nämlich der Salpeterfahrt zwischen Hamburg und Iquique, dem bedeutendsten Salpeterhafen Chiles. Der Salpeter ist eins der wenigen Güter, welche eine lohnende Verfrachtung durch Segelschiffe zulassen und eine geradezu für das moderne große Segelschiff geschaffene Ladung.

»Potosi« machte seine erste Reise von der Weser bis nach Iquique in 62 Tagen; »Preußen« segelte von Hamburg aus in 57 Tagen nach Iquique. Der letztere Segler legte dabei eine Strecke von 9940 Seemeilen zurück, was einer durchschnittlichen Geschwindigkeit von 7,25 Knoten gleichkommt und der Leistung eines gewöhnlichen Ozeanfrachtdampfers nichts nachgibt. Einzelne Strecken wurden sogar mit 14 bis 18 Knoten in der Stunde genommen.

An Größe übertroffen worden ist die »Preußen« neuerdings von dem Fünfmaster »R. C. Rickmers« der Firma Rickmers in Bremen, der Anfangs Februar 1906 auf der eigenen Werft der Reederei vom Stapel lief und im April desselben Jahres seine erste Reise antrat. Dieses nunmehr größte Segelschiff weist ein Deplacement von 11350 t und eine Ladefähigkeit von 8000 t auf. Während es also die »Preußen« an Deplacement um 200 t übertrifft, steht es in der Ladefähigkeit derselben gleich. Das größere

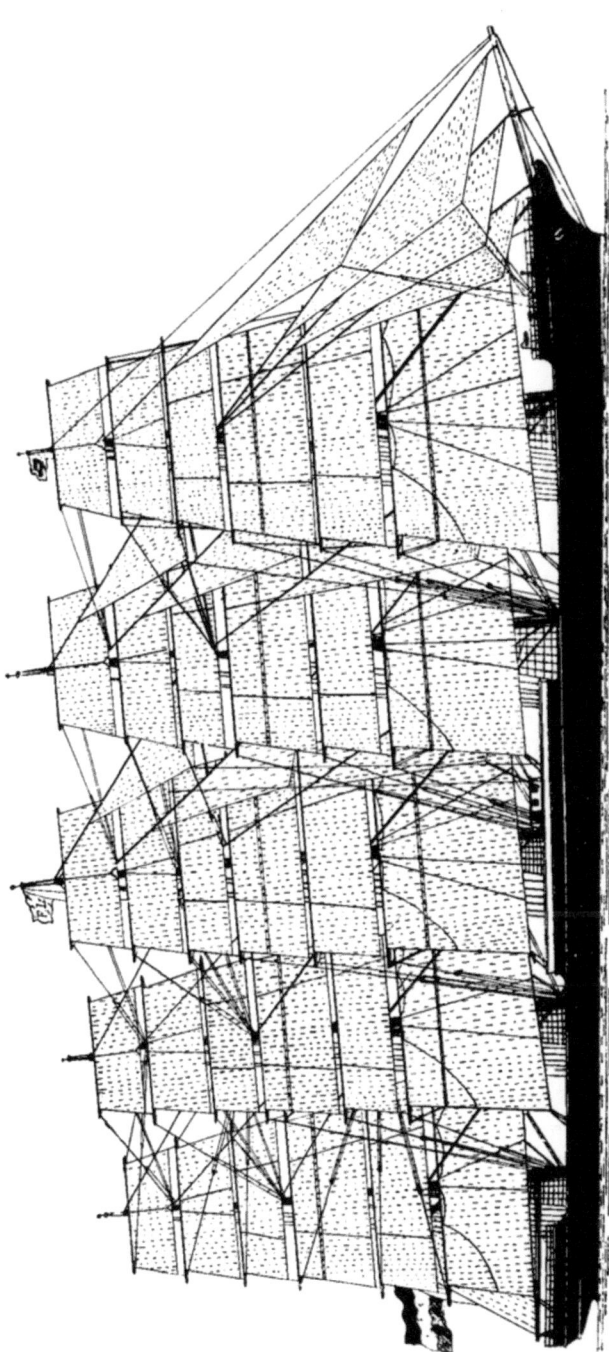

Fünfmast-Vollschiff »Preußen« der Reederei F. Laeisz in Hamburg.

Deplacement ist dadurch veranlaßt, daß der »R. C. Rickmers« eine Hilfsmaschine von 1000 IPS besitzt, die ihm bei Windstille 6 bis 7 Knoten Geschwindigkeit verleiht.

Nach Rösing (s. oben) besteht eine Überlegenheit der Segelschiffe über die Dampfschiffe in dreifacher Beziehung, welche die wirtschaftliche Existenzberechtigung der Segelschiffahrt begründet:

1. die Billigkeit des Transportes, die für gewisse Artikel notwendig ist;
2. die Möglichkeit, erheblich länger zu laden und zu löschen, als dies bei Dampfern zulässig ist;
3. die längere Ausdehnung des Transportes, wodurch der Segler die Stelle des Lagerhauses vertritt.

Wir haben schon erwähnt, daß der Chilisalpeter einer der Artikel ist, der hohe Seefrachten nicht tragen kann und deshalb eine Hauptfracht für Segler bildet. Ein Dampfer von 12 Knoten Geschwindigkeit würde für eine direkte Fahrt von Bremerhaven nach Iquique und zurück zusammen 70 Reisetage unterwegs sein und bei den heutigen Kohlenpreisen schon allein 47900 Mark für Kohlen verschlingen. Andere Frachtartikel heutiger großer Segelschiffe auf weiten Reisen sind Reis von Hinterindien, Weizen von San Francisco, Petroleum in Blechkisten von New York nach Ostasien, Kohlen von England nach vielen entlegenen Häfen u. a. m.

Der zweite Punkt, die längere Ladefrist bei Seglern, kommt hauptsächlich bei der Ausfuhr von Oregon-pine-Holz aus Nordwest-Nordamerika in Frage, da die hochwertigeren und daher intensiver auszunutzenden Dampfer sich nicht darauf einlassen können, die Bretter direkt nach und nach von den Holzsägemühlen überzunehmen, wie es hier zur Ersparung von Lagerkosten am Lande sich empfiehlt. Der gleiche Gedanke ist auch bei dem zu 3. erwähnten Punkt maßgebend, indem die Segler, ohne die Frachtkosten usw. erheblich zu steigern, bei den langen Transportfristen die Ankunft so einrichten können, daß größere Lagerkosten am Lande ganz vermieden werden.

So ist denn die Segelschiffahrt heute noch ein wohlberechtigter Faktor geblieben, indem sie Zwecken dient, deren Erfüllung von der Dampfschiffahrt nicht oder nicht in gleich vorteilhafter Weise zu erwarten ist. Gegen die junge Schwester Dampfschiffahrt mußte die mehrtausendjährige Segelschiffahrt im Laufe des Jahrhunderts allerdings immer mehr zurücktreten. Ganz verdrängen konnte die erstere sie aber nicht; wir sehen vielmehr, wie letztere heute in großen, auf das praktischste eingerichteten Vertretern zu neuem Kampf auf den Plan tritt. Und so lange es nicht gelingt, die Kraft, die der Kohle innewohnt, in vollkommenerer Weise zu gewinnen und nutzbar zu machen, d. h. hier die Wirtschaftlichkeit des Dampfschiffsbetriebes wesentlich zu erhöhen, so lange wird auch noch das Segelschiff die Meere befahren und der Seefahrt den der Segelschiffahrt nun einmal eigenen Reiz erhalten. Eine technische Umwälzung des Dampfschiffsbetriebes mit dem Erfolg wesentlicher Erhöhung der Wirtschaftlichkeit desselben wird aber auch der Todesstoß für die eigentliche Segelschiffahrt, d. h. derjenigen im Völkerverkehr sein!

Sehen wir, wie weit die bisherigen Fortschritte in dieser Richtung zu etwaigen derartigen Aussichten berechtigen.

14. Fortschritte im Bau und Betrieb der Schiffs-maschinen-Anlagen.

Verbesserung der Ökonomie der Maschinenanlagen. — Einspritzkondensatoren. — Einführung des Oberflächenkondensators. — Bedeutung desselben für Dampfspannung und Kohlenverbrauch. — Verwendung von hochgespanntem Dampf. — Stehende (Hammer-) Maschinen. — Einfach-Expansionsmaschinen. — Das Compoundsystem. — Gerhard Moritz Roentgen. — Drei- und Vierfach-Expansionsmaschinen. — Kohlenverbrauch eines modernen Dampfers. — Die Dampfturbine als Rivale der Kolbenmaschine. — Wasserrohrkessel. — Verbesserung der Betriebsbedingungen. — Flüssige Brennstoffe. — Das Maschinenpersonal.

Das Dampfschiff in der ersten Hälfte des verflossenen Jahrhunderts mit seinen unbeholfenen Niederdruckmaschinen und seinen ebenfalls konstruktiv noch nicht genügend ausgebildeten Kesseln war ein »Kohlenfresser«, dessen Betriebskosten so hohe waren, daß es erst einer durchgreifenden Verbesserung seiner Maschinenanlage bedurfte, um ihm in der Schiffahrt das Übergewicht zu verleihen, welches es in den letzten Jahrzehnten erlangt hat. Das Bestreben der Schiffsmaschinen-Konstrukteure war daher auch ausschließlich darauf gerichtet, die Ökonomie der Maschinenlagen nach Möglichkeit zu verbessern; wie ihnen dies gelang, wollen wir im nachstehenden in knappen Zügen zu schildern versuchen.

Einen wesentlichen, den ersten größeren Umschwung im Schiffsmaschinenbau brachte die Einführung des Oberflächenkondensators auf Dampfschiffen mit sich. Der Kondensator, von keinem Geringeren als James Watt erfunden, bildet die Ergänzung jeder rationellen Maschinenanlage. Er besteht aus einem Apparat, in welchem der in der Maschine verbrauchte Dampf niedergeschlagen, d. h. wieder zu Wasser verdichtet wird. Durch den Druckabfall, welchen der Dampf hierbei erleidet, wird der Gegendruck hinter dem Kolben auf ein möglichstes reduziert, nahezu aufgehoben, und der Druck des vor dem Kolben arbeitenden frischen Dampfes mehr zur Geltung gebracht. Bei einer ohne Kondensator arbeitenden sog. Auspuffmaschine wird z. B. der Gegendruck gleich dem der atmosphärischen Luft, d. h. gleich ~ 1 kg pro qcm (1 Atm.) sein. Dies bedeutete aber bei den ersten Niederdruckmaschinen von 1 bis 2 kg Überdruck etwa $^1/_2$ bis $^1/_3$ des vor dem Kolben arbeitenden Dampfdruckes. Der Wert des Kondensators ist demnach in die Augen fallend und hat letzterer deshalb auch bis auf den heutigen Tag, wo es ohne größere Schwierigkeiten möglich war, Verwendung gefunden.

So hat denn der Kondensator sich auch im Schiffsmaschinen-betrieb seine Stellung gesichert, zumal es hier an dem gebräuch-lichen Kühlmittel zum Niederschlagen des Dampfes, dem Wasser, nicht mangelt. Man entnahm letzteres einfach dem Meere, dem Flusse, dem Gewässer, in welchem der Dampfer fuhr, spritzte es in den Kondensator, so daß es mit dem aus der Maschine tretenden Dampf in direkte Berührung kam und schlug letzteren in dieser Weise nieder. Das so entstandene Gemisch von Kühl- und des-tilliertem Wasser wurde durch eine Pumpe fortgeschafft, worauf sich das Spiel wiederholte. Derartige Kondensatoren heißen nach ihrer Arbeitsweise Einspritzkondensatoren.

Ihnen gegenüber bedeuteten nun, wie schon betont, die Ober-flächenkondensatoren eine wesentliche Verbesserung. Das Ver-dienst, eine praktische, von ihm im Jahre 1831 erfundene Kon-struktion im Dampfschiffsbetrieb eingeführt zu haben, gebührt Samuel Hall. Wohl hatte schon am 26. Dezember 1822 Isambard Brunel ein Patent auf einen Oberflächenkondensator genommen, der jedoch in Vergessenheit geriet; 1829 entwarf auch Ericsson eine Schiffsmaschinenanlage mit Oberflächenkondensator, aber auch ihm ging es nicht besser. Auf dem 1837 fertiggestellten Raddampfer »Wilberforce«, der zwischen Hull und London fuhr, wurde der erste Hallsche Kondensator eingebaut. Wie Busley mitteilt*), verschlammten die Rohre dieses Kondensators jedoch sehr bald und so wurde der-selbe im Jahre 1841 als unpraktisch wieder aus dem Schiff heraus-genommen, was gerade nicht zu seiner Empfehlung beitrug. Erst 1859 gelang es dann den Bemühungen Humphrys, den Oberflächen-kondensator dauernd in die Praxis einzuführen und von hier an datieren auch die durch denselben im Schiffsmaschinenbetrieb hervor-gerufenen Umwälzungen.

---

*) Die Entwicklung der Schiffsmaschine in den letzten Jahrzehnten. Berlin 1892.

Gegenüber dem Verfahren bei den Einspritzkondensatoren gelangt in den Oberflächenkondensatoren das zum Niederschlagen des Dampfes benutzte (See- oder Fluß-) Wasser mit diesem gar nicht in Berührung. Der Oberflächenkondensator besteht aus einem Behälter mit einem Rohrsystem. Die messingenen Rohre des letzteren haben meistens 17 bis 22 mm äußeren Durchmesser und 0,75 bis 1,5 mm Wandstärke; sie sind mit ihren beiden Enden in Rohrwänden eingedichtet. Wie es jetzt meistens geschieht, wird das Kühlwasser mittels einer Zentrifugalpumpe durch die Rohre gedrückt, während der Abdampf der Maschine die Rohre umgibt. Das durch den Niederschlag des Dampfes gewonnene Wasser wird somit durch das Kühlwasser in keiner Weise verunreinigt. Man nutzt es gleich aus, indem man es zum Speisen des Kessels verwendet. Die älteren Schiffskessel wurden zumeist mit See- bezw. Flußwasser, welches in die Einspritzkondensatoren gespritzt worden war, gespeist. Ersteres, als Salzwasser, enthält nun eine gewisse Menge Salze (in den Ozeanen etwa 3,3 bis 3,5 $^0/_0$), welche sich beim Verdampfen im Kessel niederschlagen und die inneren Wandungen desselben mit dem bekannten Kesselstein überziehen. Da dieser aber ein sehr schlechter Wärmeleiter ist, so genügt schon ein gleichmäßiger Überzug von einigen Millimetern, um den Kohlenverbrauch des Kessels ganz bedeutend zu steigern. Andererseits liegt auch die Gefahr der Kesselexplosion recht nahe, da die Kesselsteinschicht sich an einzelnen Stellen so verstärkt, daß sie die Kesselbleche dem kühlenden Einfluß des Kesselwassers ganz entzieht, sie zum Erglühen bringt und so Einbeulungen und Risse bewirkt oder gar Kesselexplosionen hervorruft.

Da von den im Meerwasser gelösten Stoffen die kohlen- und schwefelsauren Kalksalze, die etwa 0,2 $^0/_0$ des ersteren ausmachen, die gefährlicheren sind, insofern, als sie bereits bei einer Temperatur von 144° C. im Wasser unlöslich sind, so war man gezwungen, um das Ausscheiden dieser Salze zu verhüten, unter dieser Temperatur zu bleiben. Deshalb durfte man aber auch nicht über den, dieser Temperatur entsprechenden Dampfdruck, etwa 2 Atm. Überdruck (= 135° C. Temperatur), hinausgehen, d. h. man war genötigt, Niederdruck-Kessel und -Maschinen zu halten. Damit nicht genug, durfte man aber auch den Prozentsatz der im Kesselwasser gelösten Bestandteile nicht über eine bestimmte Höhe steigen lassen, weil sich das im Seewasser enthaltene Kochsalz bei einer Temperatur von 135° C. schon in größeren Mengen ausscheidet, wenn 100 kg Kesselwasser 12 kg solcher gelösten Stoffe enthalten (Busley). Man war deshalb gezwungen, von dem zugespeisten Wasser etwa $^1/_3$ wieder auszublasen und entzog so, da das zugespeiste Wasser sofort die Temperatur des Kesselwassers annimmt, dem Kessel nutzlos eine gewisse Wärmemenge, was auf den Kohlenverbrauch ungünstig einwirkte.

Diese Übelstände wurden bei Einführung der Oberflächenkondensatoren behoben, da man jetzt reines Speisewasser zur Verfügung hatte. Der Kohlenverbrauch verminderte sich gegenüber den mit Einspritzkondensatoren ausgerüsteten Dampfschiffen um etwa 15 bis 20 $^0/_0$. Man war jetzt aber auch in der Lage, Dampf von Temperaturen über 144 ^{0} C. verwenden zu dürfen, man konnte zu Hochdruck-Kesseln und -Maschinen übergehen.

Bevor wir die Einführung der Hochdruckmaschine im Dampfschiffsbetrieb in den Kreis unserer Betrachtungen ziehen, wollen wir noch einen anderen Vorteil erwähnen, den der Oberflächenkondensator gegenüber dem Einspritzkondensator bot: das war die Erzeugung einer besseren Luftleere. Das ungünstigere Verhältnis bei den Einspritzkondensatoren hatte seinen Grund darin, daß mit dem Einspritzwasser auch eine ziemliche Menge Luft in den Kondensator eingeführt wurde, was bei dem Oberflächenkondensator der gänzlich anderen Konstruktion wegen nicht in Frage kommt. Mit der besseren Luftleere (richtiger: Luftverdünnung) ist aber zugleich der Gegendruck in der Maschine geringer; die Folge ist eine bessere Leistung der letzteren in bezug auf den Kohlenverbrauch.

Die alte Niederdruckmaschine, die über eine Dampfspannung von 2 kg/qcm Überdruck nicht hinausging, hat sich etwa bis Ende der sechziger Jahre als Schiffsmaschine behauptet, in all den verschiedenen Formen, die wir in einem früheren Kapitel bereits kennen gelernt haben. Nachdem man seit der Einführung des Oberflächenkondensators den hochgespannten Dampf verwenden gelernt hatte, versuchte man sich anfangs der sechziger Jahre auch mit Hochdruckmaschinen. Mit der Spannung ging man zunächst auf 4, dann auf 5, endlich auf 6 kg/qcm Überdruck. Gleichzeitig ging man zur selben Zeit dazu über, an Stelle der bisherigen liegenden, oft recht komplizierten Maschinen stehende Schiffsmaschinen zu bauen. Zuerst bei Handelsschiffen eingeführt, dann im Kriegsschiffbau hauptsächlich erst auf Torpedobooten eingebaut, haben diese Hammermaschinen sich seitdem fast ausschließlich im Schiffsmaschinenwesen behauptet. Nur wo in besonderen Fällen, z. B. bei einzelnen Kriegsschiffen, die örtlichen Verhältnisse eine Verwendung von Hammermaschinen nicht gestatten, wendet man heute noch liegende Maschinen an.

Bei den Hammermaschinen liegt die Kurbelwelle unten; über ihr baut sich die Maschine mit einem oder mehreren Ständern auf, welche die Zylinder tragen. Der vertikal auf und ab bewegte Kolben betätigt einen durch die Kolbenstange zwischen den Ständern geführten Kreuzkopf. Von diesem Kreuzkopf geht die Pleuelstange direkt auf die unten zwischen den Ständern liegende Kurbel und treibt dieselbe an. Bei einzelnen Ausführungen (bei Torpedobooten usw.) wendet man statt der Ständer Säulen oder auch beide Arten zusammen zum Tragen der Zylinder an. Auf Handelsschiffen findet man vielfach die Oberflächenkondensatoren an den Ständern, bezw. als Teil derselben angebracht.

Die Hochdruck-Schiffsmaschine wurde zuerst, genau wie ihre Schwester im stationären Betrieb, als Einfach-Expansionsmaschine und zwar meistens als Zwillingsmaschine ausgeführt. Die Erwartungen, die man an sie knüpfte und die sich namentlich auf die Verminderung des Kohlenverbrauchs bezogen, wurden jedoch nicht in dem Maße erfüllt, wie man es wohl erwartet hatte. Die Kohlenersparnis, die man theoretisch zu $40\,^0/_0$ ermittelt hatte, betrug in der Praxis nur etwa $12\,^0/_0$.

Deshalb bedeutete die Einführung des hochgespannten Dampfes im Schiffsmaschinenbetrieb erst dann einen Fortschritt, als man gelernt hatte, ihn in den Mehrfach-Expansionsmaschinen rationeller auszunutzen. Diese Maschine begann damit ihre Laufbahn, daß man dazu überging, den Dampf, der bis dahin nur in je einem Zylinder der Maschine Arbeit verrichtet hatte, nach vollendeter Arbeit in dem ersten Zylinder in einen zweiten größeren Zylinder zu leiten, woselbst er nochmals expandierte, also Arbeit leistete.

Die erste derartige Zweifach-Expansionsmaschine stammt von Arthur Woolf*) und wurde im Jahre 1804 gebaut. Sie hatte den Mangel, daß, da der Dampf aus dem Hochdruckzylinder unmittelbar in den Niederdruckzylinder überströmte, die beiden Kurbeln stets gleichzeitig auf dem toten Punkt standen. Da hierdurch die Manövrierfähigkeit der Maschine sehr beschränkt, auch die Gleich-

---

*) Hornblowers im Jahre 1781 gebaute Zweifach-Expansionsmaschine war nur einfach wirkend.

förmigkeit des Ganges derselben eine ungünstige war, so waren diese Woolfschen Maschinen als Schiffsmaschinen nicht recht brauchbar. Ein weiteres Patent, welches den Grundgedanken der heutigen Verbundmaschine zu enthalten scheint, ist dasjenige von Richard Wright vom Jahre 1816. Wie wenig Verständnis derselbe jedoch für die Vorzüge der Verbundmaschine hatte, zeigt sich daraus, daß er sich ganz besonders gegen die Anwendung hohen Dampfdruckes in Zylindern von ungleichem Rauminhalt ausspricht, während doch gerade dieses dem Wesen einer Verbundmaschine im heutigen Sinne entspricht. Von auch nur einer Ausführung des Wrightschen Patentes ist in England nichts bekannt. Dagegen wird die allgemeine Idee der Mehrfach-Expansionsmaschine bereits 1823 wieder in einem bei Bachelier in Paris erschienenen Buche beschrieben.

Erst als es gelang, durch den Einbau einer besonderen Kammer zwischen Hoch- und Niederdruckzylinder, des sog. Receivers, den erwähnten Mangel abzustellen, führte die Zweifach-Expansionsmaschine sich als Compoundmaschine immer mehr ein.

Der Gedanke derselben wurde zuerst im Jahre 1828/29 von Moritz Roentgen, einem Deutschen von Geburt, in die Praxis übertragen, indem letzterer in Fijenoord in Holland die aus England bezogenen Hochdruckmaschinen der Dampfer »James Watt« und »Hercules« nach dem Verbund- oder Compoundsystem umbaute. 1834 nahm Roentgen auf seine »Hoch- und Niederdruckmaschine«, wie er sie nannte, ein Patent. In der Patentschrift ist auf eine mehrfache Expansionsmaschine hingewiesen und die Anwendung eines hohen Kesseldruckes und von Dampfmänteln empfohlen. Da dieses Patent in England und Frankreich auf den Namen des Vertreters von Roentgen, Ernest Wolff, eingetragen wurde[*]), so galt allgemein Wolff als Erfinder dieser Art Maschinen. Wie jedoch in neuerer Zeit festgestellt wurde[**]), gebührt diese Ehre unzweifelhaft Roentgen. Da dieser sich überhaupt im Dampfschiffbau hervorragende Verdienste erworben hat, seien nachstehend einige uns hier interessierende Daten aus seinem Leben und Wirken gegeben[***]).

---

[*]) Für Frankreich übertrug Roentgen die Patentnahme der bekannten Fabrik André Koechlin & Co. in Mülhausen i. E.

[**]) Vergl. »Gerhard Moritz Roentgen, der Erfinder der Mehrfach-Expansions-Dampfmaschine« von Eugen Brückmann. Zeitsch. d. Vereins deutscher Ing. Band 36, Seite 941 ff.

[***]) Brückmann a. a. O.

Gerhard Moritz Roentgen wurde geboren am 7. Mai 1795 in Esens in Ostfriesland als Sohn eines Oberpredigers. Da der junge Roentgen durchaus Seeoffizier werden wollte, trat er mit 13 Jahren in die holländische Kriegschule zu Enkhuizen ein, woselbst er, infolge seiner ungewöhnlichen Begabung, auf Regierungskosten unterhalten und erzogen wurde. Nach der Vereinigung Hollands mit Frankreich (1810) trat Roentgen als Seeaspirant in die französische Marine ein. 1814 fand er jedoch wieder Aufnahme in der niederländischen Marine und wurde in demselben Jahre noch zum Leutnant zur See befördert. 1818 finden wir Roentgen auf zwei Jahre nach England kommandiert, zu dem Zweck, die englischen Schiffskonstruktionen eingehend zu studieren und einen Bericht darüber zu liefern. Im Jahre 1823 wurde Roentgen seitens der Provinzial-Gesellschaft für Künste und Wissenschaften zu Utrecht die goldene Medaille zuerkannt, für eine von ihm verfaßte Schrift zur Beantwortung der von der Gesellschaft gestellten Frage:

»Auf welche Weise könnte man mit Vorteil auf unseren Binnenwässern, dem Zuidersee und unseren Flüssen Dampfschiffe verwenden? Wie hätte man sie einzurichten, um jede Gefahr auszuschließen, dabei aber auch ihre Vorteile voll auszunutzen?«

Roentgen weist in dieser Preisschrift auf die großen Vorteile hin, die das Bewegen der Schiffe mit Dampfkraft den Schiffseignern als auch der ganzen Nation biete, auf das Annehmliche des Reisens mit derartigen Schiffen usw. und kommt zu dem Schluß, daß für Holland mit seinen vielen Wasserwegen die Einführung der Dampfschiffahrt unbedingt von großem Nutzen sein müsse. Aus der Schrift erfahren wir, daß das größte Dampfschiff der Engländer zu jener Zeit ein Schiff von 450 Tonnen war, daß die Amerikaner seit geraumer Zeit aber schon Dampfschiffe von 700 Tonnen hätten, ferner, daß die Amerikaner sich nicht mit der Anwendung von Dampf niedrigen Druckes begnügten, sondern vielfach Dampf von 8 bis 10 Atm. benutzten. Roentgen preist die Vorteile dieser Anwendung und gibt dann selbst Angaben über verschiedene Schiffsarten, so für ein Dampfboot für den Zuidersee (Maschine von 32 PS, Geschwindigkeit 7 Knoten), ein Dampfschleppboot, ein Segelschiff mit Hilfsdampfmaschine für Fahrten nach Indien und ein Dampffährboot.

Am selben Tage der Preisverteilung (27. Juni 1823) wurde Roentgen mit Erlaß des Königs wiederum nach England entsandt, um die neuesten Anwendungen der Dampfkraft zu studieren und darauf seine Ansichten über die mögliche Verwendung der Dampfkraft auf Kriegsschiffen in einer Denkschrift niederzulegen. Im April 1824 sandte Roentgen letztere unter dem Titel: »Über den Nutzen, den die Anwendung von Dampfkraftmaschinen auf Kriegsschiffen gewähren könnte«, dem Marineminister ein. Die zur Beurteilung der Arbeit eingesetzte Kommission brachte den Vorschlägen Roentgens wenig Vertrauen entgegen und gab schließlich ihr Urteil dahin ab, daß die Vorschläge höchst visionenhaft seien, so daß es nicht einmal als wünschenswert erscheine, hierauf bezügliche Versuche anzustellen. Dieses abfällige Urteil bezog sich u. a. vor allem auf den »unerhörten« Gedanken, »Schiffe ganz aus Eisen zu bauen.« Die einzelnen Vorschläge, die Roentgen anführte, können hier nicht alle aufgeführt werden; sie sind heute im Dampfschiffbau und Kriegsschiffswesen alle durchgeführt und es ist ein charakteristisches Zeichen, wie sehr die Dampfschiffahrt damals noch in den Kinderschuhen steckte und in England noch als Geheimnis behandelt wurde, wenn die Kommission zu solchem abfälligen Urteil gelangte. Trotz des letzteren befahl der König den Umbau einer Fregatte nach Roentgens Ideen. Es kam jedoch nicht dazu, da Roentgen 1824, durch private Verhältnisse veranlaßt, aus dem Marinedienst ausschied und zur Privatindustrie übertrat. Er wurde technischer Direktor der 1824 gegründeten Dampfschiffahrtsgesellschaft »Nederlandsche Stoomboot-Maatschappij«, deren Geschicke eins sind mit dem Ursprung und dem Wachstum der Dampfschiffahrt in den Niederlanden. Dem anfangs nur als Reederei betriebenen Unternehmen wurde bald (1826) auf der Insel Fijenoord, gegenüber Rotterdam, eine Schiffswerft mit großer Reparaturwerkstatt angegliedert. Hier war es, wo durch Roentgen der Umbau der Maschinen der beiden der Gesellschaft gehörigen Dampfer »James Watt« und »Hercules« in Compoundmaschinen erfolgte, d. h. also, die erste praktische Verwendung der letzteren stattfand. Beide Schiffe wurden Ende 1829 fertig abgeliefert und in Betrieb gesetzt. »Hercules« wurde später nach Dordrecht verkauft und dort gegen 1870 abgebrochen, nachdem er 40 Jahre im Dienst gewesen war.

Roentgens Bedeutung als Dampfschiffskonstrukteur reicht weit über die Grenzen seines Wirkungskreises hinaus. So gab z. B. die Kölnische Dampfschiffahrts-Gesellschaft kein Dampfschiff in Auftrag, ohne vorher Roentgens Zustimmung zu dem Entwurfe eingeholt zu haben. Unterstützt wurde Roentgen von seinem Schwager Samuel Bennett und seinem Neffen Karl Jeremias Roentgen. Letzterer richtete 1836 auf der Donau die Dampfschiffahrt zwischen Regensburg und Linz ein und ging 1841 nach Rußland, um hier auf der Wolga die Dampfschiffahrt einzuführen. Roentgen selbst wagte sich auch an den Bau von Kriegsschiffen heran; so lieferte er für die französische Marine zwei schwere Räderfregatten, »Vauban« und »Descartes«, für Rußland die Kreuzer »Chrabroy« und »Otwachnoy«. Er starb 1852, nachdem er die letzten Jahre in geistiger Umnachtung zugebracht hatte. —

Trotz der günstigen Erfolge der von Roentgen gebauten Compoundmaschine kam dieselbe für die Dampfschiffahrt zunächst nicht recht in Aufnahme, bis auch hier das Gute sich endlich doch Bahn brach. Besonderes Verdienst um die Einführung dieser Maschinen im Dampfschiffsbetrieb, namentlich der englischen Handelsmarine, erwarb sich John Elder (vom Jahre 1860 ab).

Durch die Anwendung des Receivers wurde es also ermöglicht, den Kurbeln der Maschine solche Stellungen zu geben, daß diese Maschinen in jeder Lage anspringen. Bei Zweizylinder-Compoundmaschinen stehen die Kurbeln meistens unter einem Winkel von 90° gegeneinander versetzt. Als mit dem Bau größerer Maschinen die Niederdruckzylinder einen zu großen Durchmesser erhielten, ging man dazu über, dieselben zu teilen, so daß die Maschinen jetzt einen Hoch- und zwei Niederdruckzylinder besaßen. Wirken diese Zylinder, wie es vielfach der Fall ist, auch an drei Kurbeln, so werden letztere meistens unter Winkeln von 120° gegeneinander versetzt.

Der Vorteil der Compoundmaschine gegenüber der Einfach-Hochdruck-Expansionsmaschine bestand in der ganz erheblichen Verminderung der Dampfverluste in den Zylindern. Bei der Hochdruckmaschine mit einfacher Expansion trat der schon erwähnte Mißerfolg dadurch ein, daß der Dampf in dem Zylinder einen zu großen Temperaturabfall erlitt. Beim Eintritt des Dampfes in den Zylinder wird der letztere entsprechend der Temperatur des Dampfes erwärmt, beim Dampfaustritt tritt eine Abkühlung entsprechend der niedrigeren Austrittstemperatur ein. Beim Betrieb nimmt der Zylinder etwa die mittlere Temperatur zwischen der Ein- und Austrittstemperatur an. Da nun aber diese beträchtlich unter der Eintrittstemperatur lag, so wurde der Dampf beim Eintritt zu einem großen Teil kondensiert, d. h. seine zur Arbeitsabgabe bestimmte Temperatur wurde hier zu einem großen Teil aufgezehrt. Da bei

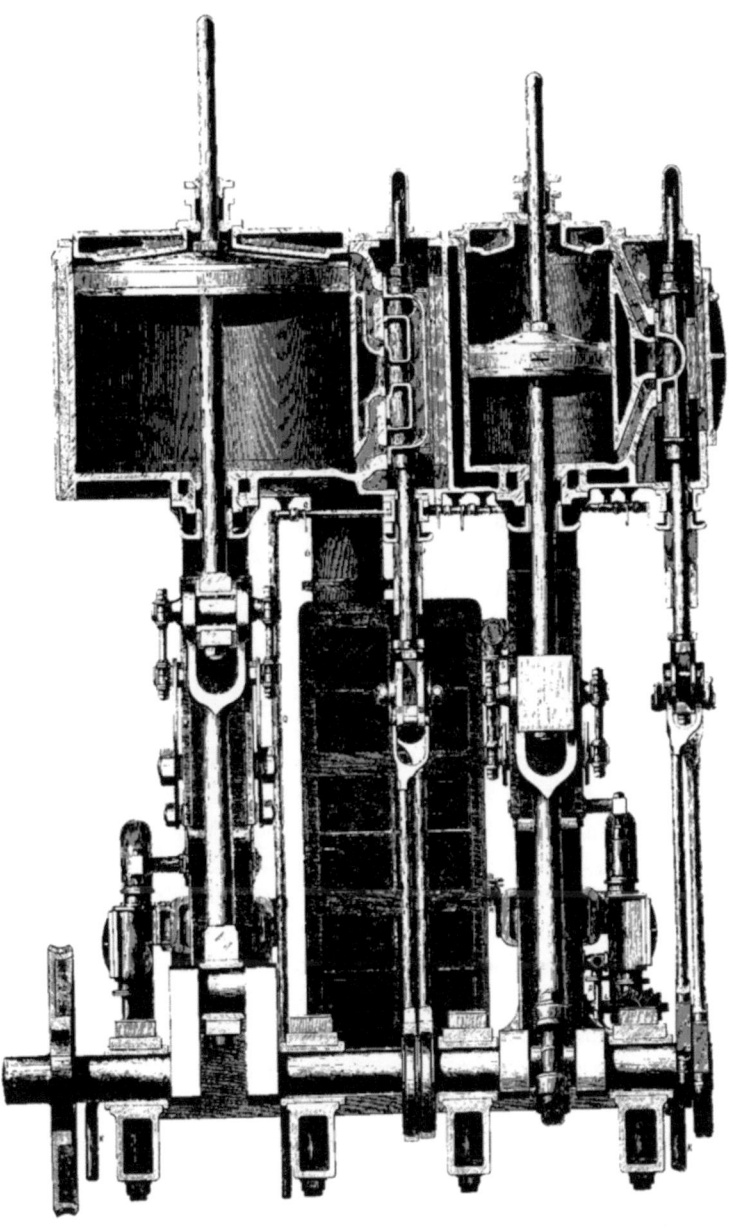

Compoundmaschine des Dampfers »Ly-ee-Moon« (1874). 160 PS nom.
Längsschnitt durch die Maschine.
(Bauart für kleinere Dampfer noch heute üblich.)

der Compoundmaschine der Temperaturabfall auf zwei Zylinder verteilt wird, so wurde auch der Unterschied zwischen der mittleren Temperatur der Zylinderwandungen und der Eintrittstemperatur des Dampfes und damit auch der Wärmeverlust des letzteren geringer. Dies bedeutete nun aber eine Kohlenersparnis gegenüber der Einfach-Expansionsmaschine mit gleicher Dampfspannung, von etwa 20%, während dieselbe sich gegenüber den besten Niederdruckmaschinen sogar auf etwa $33^{1}/_{3}$ % belief.

Das war ein so in die Augen springender pekuniärer Vorteil, daß die Einführung der Compoundmaschine eine ziemliche Umwälzung im Dampfschiffsbetrieb hervorrief. Busley schreibt hierüber[*]): »Infolge dieser erheblichen Abnahme der Betriebskosten konnten Dampfer auf solchen Reisen beschäftigt und mit solchen Gütern befrachtet werden, welche vorher nur für Segelschiffe einen sicheren Verdienst in Aussicht stellten. Die großen Dampferlinien waren in der Lage, ihre langsameren und kleineren Dampfer durch größere und schnellere Schiffe zu ersetzen, deren stärkere Maschinen keine höheren Unterhaltungskosten verursachten als die früheren schwächeren. Die allgemeine Einführung der Compoundmaschine im Anfange der siebziger Jahre hat für den Aufschwung der Dampfschiffahrt daher ·dieselbe Bedeutung, wie die etwa 10 Jahre früher erfolgte Benutzung des Oberflächenkondensators. In den Jahren 1872 bis 1877 mußten die in Handelsdampfern vorhandenen älteren Niederdruckmaschinen, sobald ihre Kessel schadhaft waren und der Zustand des Schiffskörpers ein solches Vorgehen noch rätlich erscheinen ließ, zum überwiegenden Teile durch Kompoundmaschinen ersetzt werden, wenn diese Dampfer wettbewerbfähig bleiben sollten«.

Dadurch, daß der Umbau der Maschinen bei ihm nicht mehr angebracht war, mußte, wie wir schon früher ausgeführt haben, auch der berühmte »Great Eastern« vom Schauplatz als Dampfschiff abtreten. Auch seine alten Niederdruckmaschinen konnten die Konkurrenz mit den modernen Compoundmaschinen nicht bestehen und ruhmlos mußte der Riese seine letzten Jahre zubringen!

In den Kriegsmarinen ging die Einführung der Compoundmaschinen langsamer vor sich. Die englische Kriegsmarine verhielt sich anfangs derselben gegenüber sehr ablehnend, trotz der in den Jahren 1872 und 1873 ausgeführten Vergleichsfahrten zwischen den

---

[*]) Die Entwicklung der Schiffsmaschine in den letzten Jahrzehnten. Berlin, Verlag von Julius Springer, 1892.

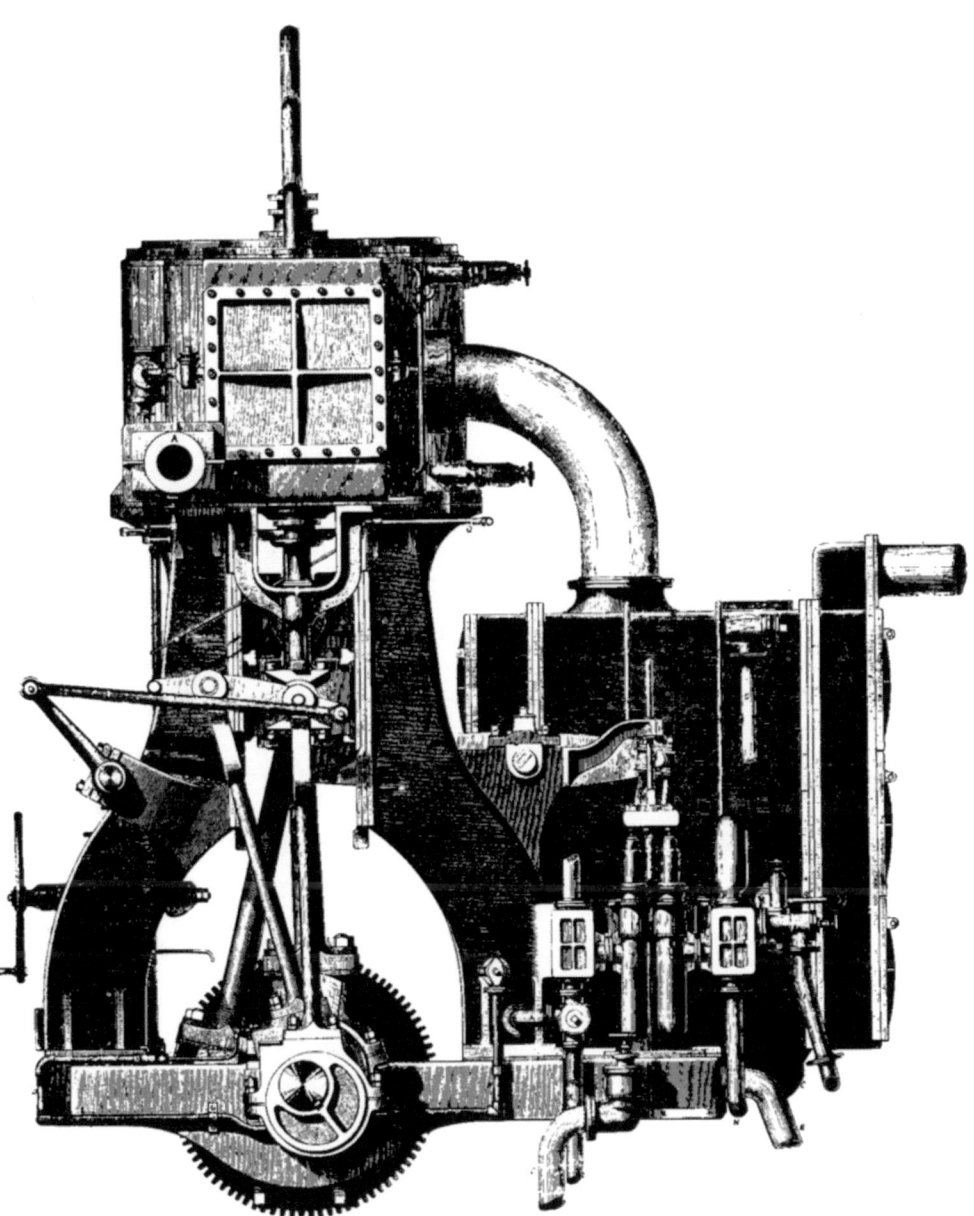

Compoundmaschine des Dampfers »Ly-ee-Moon« (1874).
Endansicht gegen die Maschine.
(Nach »The Engineer« vom 25. September 1874.)

Kanonenbooten »Goshawk« und »Swinger«, von welchen Schiffen
das erstere mit einer zweizylindrigen Compoundmaschine, das letztere
mit einer etwa gleich starken Zwillings-Hochdruckmaschine versehen war und von denen die Compoundmaschine sich der Hochdruckmaschine gegenüber durch ihren geringeren Kohlenverbrauch
überlegen zeigte. Das hauptsächlich durch Bedenken vom militärischen Standpunkt hervorgerufene Vorurteil gegen die Compoundmaschine war so groß, daß noch im Jahre 1875 auf Grund eines
Preisausschreibens der englischen Admiralität eine Schrift die goldene
Preismedaille erhielt, welche zu dem Schluß kam, daß die Zwillings-
Hochdruckmaschine der zweizylindrigen Compoundmaschine für
Kriegsschiffszwecke unbedingt überlegen sei. Schließlich wurden
auf Drängen der Techniker nochmals Vergleichsfahrten angestellt,
die einen Vorteil der Compoundmaschine von rund 17,5⁰/₀ gegenüber der Zwillingsmaschine im Kohlenverbrauch aufwiesen. Erst
nach dem Bekanntwerden der Ergebnisse der Versuche, die der
amerikanische Marineingenieur Emery 1874 in dieser Richtung anstellte und auf wiederholtes Drängen der großen englischen, mit
dem Bau von Kriegsschiffmaschinen beauftragten Firmen, wurde
etwa von 1876 ab die Compoundmaschine auch in der englischen
Kriegsmarine und darauf in den meisten anderen Marinen allgemeiner eingeführt (Busley).

Mit der Einführung der Compoundmaschine war aber die
höchste Stufe der Leistungen der Kolbenmaschine noch nicht erreicht.
Man ging vielmehr allmählich dazu über, an Stelle der Zweifach-
Expansionsmaschinen solche mit dreifacher Expansion anzuwenden. Bis zum Anfang der siebziger Jahre lassen sich diese
Bestrebungen zurückverfolgen. Die Dampfspannung in den Kesseln
der Compoundmaschine hatte bislang etwa 5 kg/qcm, in einzelnen
Fällen auch bis 8 kg/qcm, betragen. Jetzt ging man zu Spannungen
von 9 und 10, ja bis 12 kg/qcm und mehr über, nachdem man
durch die Herstellung besseren Kesselmaterials hierzu imstande
war. Aus denselben Gründen, wie sie den Übergang von der einfachen Hochdruckmaschine zur Compoundmaschine gezeitigt hatten,
sah man sich jetzt genötigt, den Dampf in drei Stufen expandieren
zu lassen. Der Dampf expandierte jetzt nacheinander im Hoch-,
Mittel- und Niederdruckzylinder, um schließlich im Kondensator
niedergeschlagen zu werden. Nach verschiedenen Versuchen in den
siebziger Jahren gelang im Jahre 1882 dem Chefingenieur Kirk in

Glasgow die Konstruktion einer derartigen Dreifach-Expansions-maschine, die in Verbindung mit einem Zylinderkessel aus Stahl mit 9,5 Atm. Dampfspannung Bestand hatte, nachdem die Anlage auf dem Dampfer »Aberdeen« auf langen Seereisen erprobt worden war. Ihre allgemeine Einführung ließ dann nicht lange auf sich warten, so daß z. B. bis Ende 1885 in England allein 150 Dreifach-Expansionsmaschinen für Handelsdampfer neu gebaut wurden, während 20 ältere Compoundmaschinen in Dreifach-Expansions-maschinen umgewandelt wurden. Heute findet man die Dreifach-Expansionsmaschine als die wirtschaftlichste Schiffmaschine für hohe Dampfspannungen allgemein verbreitet.

Gegenüber der Compoundmaschine bedeutet ihre Anwendung eine Kohlenersparnis von durchschnittlich 25 bis 30%. Auf eine indizierte Pferdestärke bezogen, gebraucht die Dreifach-Expansions-maschine heute etwa 0,7 kg Kohlen in der Stunde, welcher Wert bei der Compoundmaschine noch etwa 1 kg betragen hatte. So gering der Laie diese auf die Einheit bezogene Ersparnis einschätzen mag, so bedeutet sie doch für den Schiffseigner, den Reeder, ganz erhebliche Summen in bezug auf die Gesamtleistung der Maschinen in vielen Dampfstunden. Ein Beispiel mag den riesigen Kohlen-verbrauch eines modernen Dampfers veranschaulichen.

Betrachten wir den Doppelschrauben-Schnellpostdampfer »Kaiser Wilhelm der Große« des Norddeutschen Lloyds, so beträgt der Kohlenverbrauch dieses Schiffes für seine Hauptmaschinen 0,75 kg für eine indizierte Pferdekraft in der Stunde. Gewiß eine kleine Menge Kohlen an und für sich. Für die Gesamtleistung der beiden Maschinen von 27000 Pferdekräften ergibt das aber 20250 kg in der Stunde, woraus ein täglicher Verbrauch von 486000 kg oder 486 Tonnen folgt. Für Heizung, Küche, Beleuchtung usw. braucht das Schiff außerdem für den Tag etwa 25 Tonnen Kohlen im Durchschnitt. Das gibt eine Kohlenmenge von 511 Tonnen im Tag oder bei einer Reisedauer von sieben Tagen einen Gesamt-verbrauch von rund 3577 Tonnen oder 3577000 kg. Die Kohlen-laderäume an Bord müssen dieses Quantum und ein Reservequantum fassen können. Der Raum der Kohlenbunker auf »Kaiser Wilhelm der Große« ist so bemessen, daß er 4596 Tonnen faßt. Um die Kohlenmenge von 3577 Tonnen, die der Dampfer für eine Hin-reise nach New York braucht, nach dem Kaiserhafen in Bremer-haven zu schaffen, sind 358 Kohlenwagen zu 10 Tonnen Ladung nötig, eine Wagenzahl, die natürlich nur in mehreren Güterzügen an ihren Bestimmungsort befördert werden kann. Diese Zahlen stellen den Normalverbrauch dar. Tatsächlich muß er häufig überschritten werden. Von Land gehen die Kohlen dann an Bord in die Kohlenbunker. Aus diesen werden die Kohlen durch Menschenkraft, die Kohlentrimmer und Kohlenzieher, direkt vor die Feuer geschafft und dort von den Heizern mit der Schaufel auf die Rosten der Kesselfeuerungen geworfen. Aus den Bunkerabteilungen, die unmittelbar an den Heizräumen liegen, werden die Kohlen in Körben hingebracht, aus den entfernteren Bunkern dagegen auf kleinen Kohlenwagen, die auf Schienen zwischen den Kesseln hindurchlaufen, vor die Feuer gefahren. An Bord des »Kaiser Wilhelm der Große« mit seinen 12 Doppelkesseln zu je 8 Feuern und 2 Einfachkesseln zu je 4 Feuern, zusammen also 104 Feuern, ist eine umfassende Arbeit erforderlich, um die Kohlen den Heizern dauernd zuzuführen. Der Kohlenverbrauch eines einzelnen Feuers beträgt pro Tag etwa 4,913 Tonnen. Rechnet man nun das Gewicht der Kohle, die der Heizer mit einem Schaufelwurf auf die Rosten befördert, zu 20 kg, so werden für einen Tag 245,7 Schaufeln nötig, was auf die Stunde 10,23 Schaufeln voll ausmacht. Es muß der Heizer also im Durchschnitt alle 6 Minuten seine Schaufel voll Kohlen aufwerfen und demgemäß die Zufuhr aus den Bunkern erfolgen. Das ist natürlich nur ein Durchschnittswert, denn in Wirklichkeit werden, um das Feuer zu beschicken, mehrere Schaufeln hintereinander aufgeworfen und dann die Feuertüren wieder geschlossen. Das Aufwerfen der Kohlen ist jedoch nicht die einzige Arbeit im Heizraum. Die Feuer müssen gereinigt und durchgestoßen werden und die Asche muß aus den Aschfällen unter den Rosten entfernt werden. Die zu bewältigende Aschenmenge ist natürlich, dem Kohlenverbrauch entsprechend, eine sehr große und es bedarf sehr umfangreicher Vorrichtungen, um diese über Bord zu schaffen.

Man ersieht aus dieser Betrachtung, daß ein Seedampfer ungeheure Mengen Kohlen schluckt und daß jedes Gramm pro IPS und Stunde weniger verbraucht, in der Gesamtsumme eine erkleckliche Ersparnis bedeutet*). Wie schon erwähnt, scheute man in der

---

*) Der Gesamt-Kohlenverbrauch einer einzigen Dampfergesellschaft, der Hamburg-Amerika Linie, belief sich 1900 auf über 800000 t, der Gesamtverbrauch an Kohlen auf den Dampfern des Norddeutschen Lloyds im Jahre 1904 auf 1320000 t im Werte von ca. 21,5 Millionen Mark!

Übergangszeit deshalb auch nicht zurück, vorhandene Compound-maschinen auf Handelsschiffen mit mehr oder weniger Kosten in Dreifach-Expansionsmaschinen umzubauen; der Betrieb brachte die Baukosten wieder ein!

Von der Dreifach-Expansionsmaschine zur Vierfach-Ex-

Vierfach-Expansionsmaschine eines modernen Schnelldampfers.

pansionsmaschine war es nur ein kleiner Schritt, nachdem man mit den Dampfspannungen bis zu etwa 15 kg/qcm Über-druck hinaufgegangen ist. Die Vierfach-Expansionsmaschinen ha-ben aber gegenüber den Dreifach-Expansionsmaschinen keine we-sentlichen Vorteile gezeigt, so daß ihre Anwendung beschränkt ge-blieben ist.

Ein interessantes Bild über die bisherige Verminderung des Kohlenverbrauchs der Schiffsmaschinen in einem halben Jahrhundert liefert folgende Zusammenstellung über den Kohlenverbrauch von Ozeandampfern der Cunard-Linie, die zugleich das Anwachsen der Maschinenleistungen der einzelnen Schiffe im Laufe der Zeit erkennen läßt (Engineering v. 1. Juni 1906):

Kohlenmenge für eine	Britannia	Persia	Gallia	Umbria	Campania
Überfahrt n. New York in Tonnen (t)	1840	1856	1879	1884	1893
verbraucht	570	1400	836	1900	2900
Gew. d. Ladung in t	224	750	1700	1000	1620
Passagiere	115	250	320	1225	1700
Indiz. Pferdestärken .	710	3600	5000	14500	30000
Dampfdruck kg/qcm .	0,6	2,3	5,3	7,7	11,5
Kohlenverbrauch pro IPS und Stunde kg	2,31	1,72	0,86	0,86	0,73

Welche Stufe der Vollkommenheit heute mit Dreifach-Expansionsmaschinen bester Ausführung gegenüber älteren Schiffsmaschinen erklommen worden ist, möge folgendes von Rühlmann angeführtes Beispiel zeigen. Danach besaß eines der ersten englischen Panzerschiffe, der »Warrior«, eine Maschine von 5400 IPS, die total ungefähr 884000 kg wog. Nun besitzt einer der neueren englischen Torpedobootszerstörer »Quail« eine gleich starke Maschine von ebenfalls 5400 IPS. Zwei vollständig fertig ausgerüstete und bemannte Schiffe vom »Quail«-Typ sind aber nicht schwerer als allein die alte »Warrior«-Maschine, und wollte man gar das Gewicht der »Warrior«-Maschine benutzen, um eine Maschine nach dem Typ der »Quail«-Maschine zu bauen, so würde man statt der vorher genannten 5400 IPS jetzt etwa 38000 IPS damit erzielen können.

Die heutigen Schiffskolbenmaschinen scheinen aber auch am Ende ihrer Leistungen angelangt zu sein und schon drängt sich ein neuer, gefährlicher Konkurrent in den Betrieb ein, das ist die Dampfturbine. Bevor wir jedoch ihr unsere Aufmerksamkeit zuwenden, müssen wir zunächst noch der sonstigen Fortschritte gedenken, die neben dem Bau der Maschinen im Dampfschiffsbetrieb zu verzeichnen sind. Dazu gehören aber in erster Linie diejenigen im Bau der Kessel, dann die übrigen Verbesserungen, welche die Leistungen im heutigen Dampfschiffsbetrieb bedingen.

Die letzten Konstruktionen der Feuerrohrkessel, die Zylinder-, Oval- und Lokomotivkessel haben wir bereits kennen gelernt; es ist deshalb jetzt noch erforderlich, die von den eben genannten Konstruktionen im Prinzip vollständig abweichenden Wasserrohrkessel vorzuführen, die in den letzten Jahren eine besondere Bedeutung als Schiffskessel erlangt haben. Während bei den Feuerrohrkesseln die Heizgase durch ein Rohrsystem geleitet werden, welches vom Wasser umspült ist, zirkuliert bei den Wasserrohrkesseln das Wasser in den Rohren und die Heizgase umstreichen letztere. Mit der zunehmenden Dampfspannung und der Steigerung der Kesselgrößen wurde die Verwendung immer stärkerer Kesselbleche und kräftigerer Verankerungen erforderlich. Dies führte aber leicht zu Übelständen, die sich oft unangenehm in Leckagen usw. bemerkbar machten. Bei den gänzlich von den Feuerrohrkesseln verschiedenen Wasserrohrkesseln werden derartige Übelstände vermieden. Da die letztgenannten Kessel ein schnelles Dampfaufmachen, ferner eine stärkere Forcierung bei mehr oder weniger schwankender Dampfentnahme gestatten, sodann ein relativ kleineres Gewicht als die Feuerrohrkessel besitzen, so haben die Wasserrohrkessel heute hauptsächlich auf Kriegsschiffen, welche diese Anforderungen an ihre Kessel stellen, Verwendung gefunden, während die Handelschiffe vorläufig noch bei den alten, durch viele Jahre erprobten Zylinderkesseln geblieben sind.

Die ersten Patente auf Wasserrohrkessel liegen ungefähr ein halbes Jahrhundert zurück. Während aber von den vielen Systemen eine ganze Anzahl wieder verschwunden ist, ohne sich Eingang verschafft zu haben, existieren heute nur wenige Systeme, die tatsächlich eine allgemeine Anwendung gefunden haben.

Von den älteren Wasserrohrkesseln seien hier genannt: der 1860 patentierte, im Jahre 1880 auf der Dampfjacht »Anthracite« erprobte Perkins-Kessel, die Belleville-Kessel von 1864 und 1866, welch letzterer namentlich in der französischen Marine als Dampfbeibootskessel verwendet wurde, der Root-Kessel von 1872, der Palmer-Kessel von 1874, eingebaut auf dem Dampfer »Montana«, der Herreshoff-Kessel u. a. Die Aufzählung der sehr zahlreichen verschiedenen Systeme würde zu weit führen und auch wenig Interesse bieten, da sie meistens nur vereinzelt Anwendung gefunden haben.

Die Wasserrohrkessel, welche sich heute tatsächlich eine Position geschaffen haben, wenngleich ihnen die jahrelange Erprobung im Betriebe immer noch fehlt, sind die Belleville-, Niclausse-, Dürr-, Babcock & Wilcox, Thornycroft- und Schulz-Kessel. Während man von diesen die vier ersten Systeme nach der Art der bei ihnen verwendeten Rohre als weitrohrige Wasserrohrkessel bezeichnet, sind die beiden letztgenannten Systeme engrohrige Wasserrohrkessel. Bei den ersteren Kesseln sind die Rohre ferner gerade und meistens

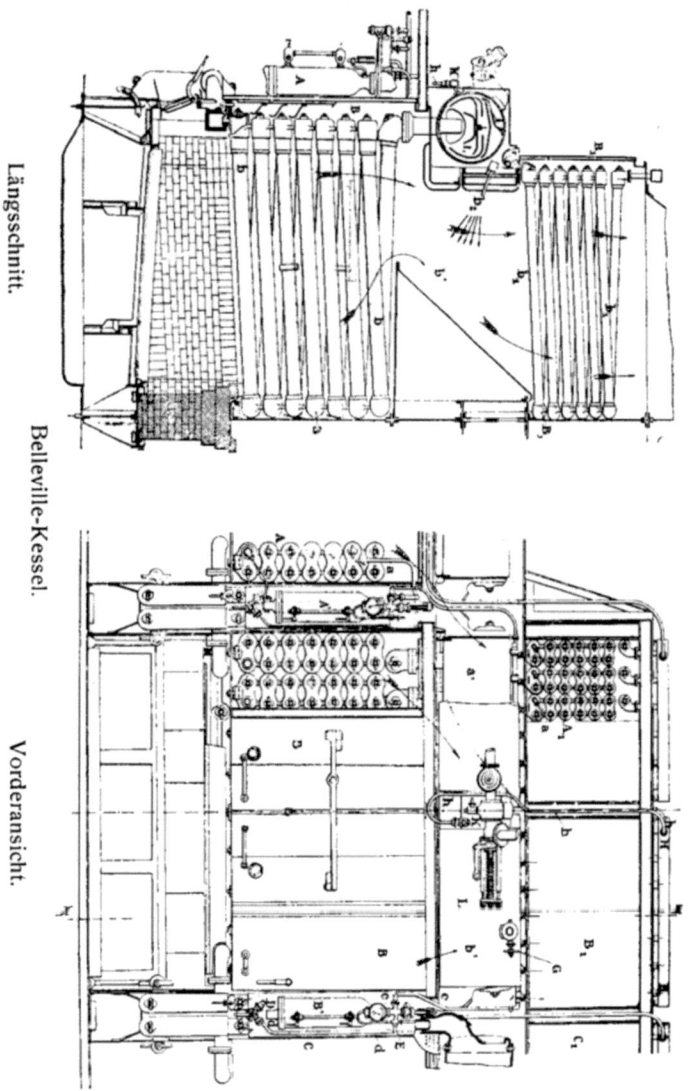

Längsschnitt.

Belleville-Kessel.

Vorderansicht.

durch kleine Kammern zu einzelnen Elementen verbunden; bei den engrohrigen Kesseln finden wir die Rohre meistens mehr oder weniger gekrümmt, um eine möglichst große Heizfläche zu schaffen

Der Belleville-Kessel besteht aus einer größeren Zahl übereinander angeordneter Rohrbündel, welche gegen die Horizontal-
ebene etwas geneigt gelagert und an den Enden durch Verbindungs-
stücke miteinander verbunden sind. Diese Rohrbündel oder Glieder

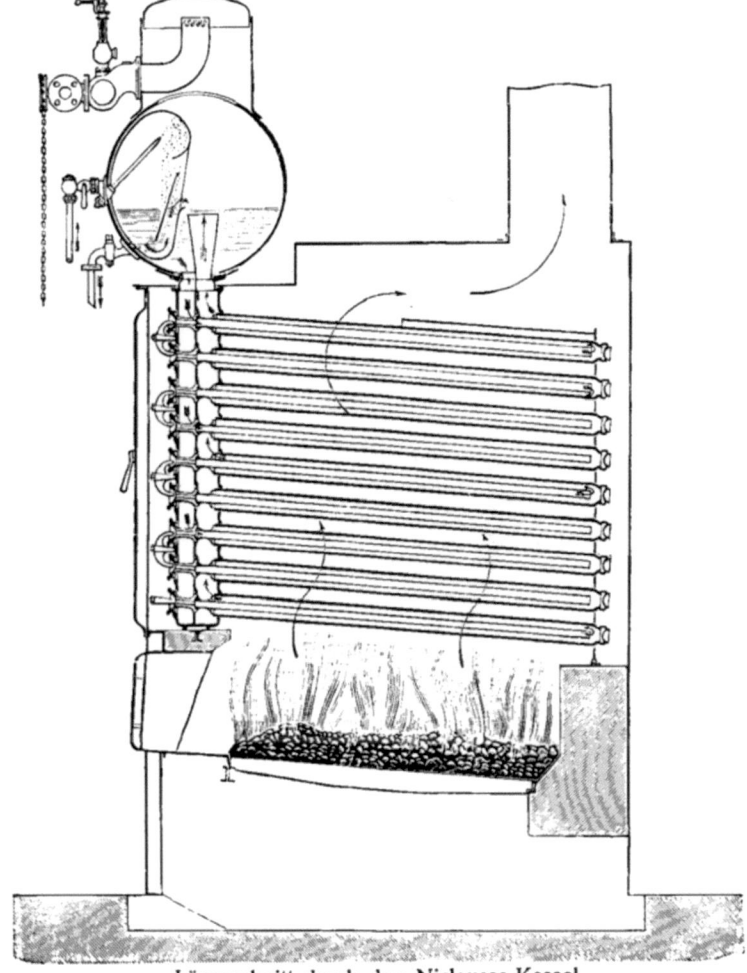

Längsschnitt durch den Niclausse-Kessel.

des Kessels stehen unten mit dem Speisewassersammelrohr in Verbindung und münden oben in den Dampfsammler, welcher durch
einige Fallrohre mit dem Speisewassersammelrohr in Verbindung
steht. Der in den Wasserrohren sich bildende Dampf steigt in den
einzelnen Gliedern in den Dampfsammler und wird hier durch einen

besonderen Dampftrockner von dem mitgerissenen Wasser befreit. Eine weitere Trocknung des Dampfes erfolgt durch ein in die Dampfrohrleitung eingeschaltetes Drosselventil, in welchem die Kesseldampfspannung um einige Atmosphären herabgesetzt wird.

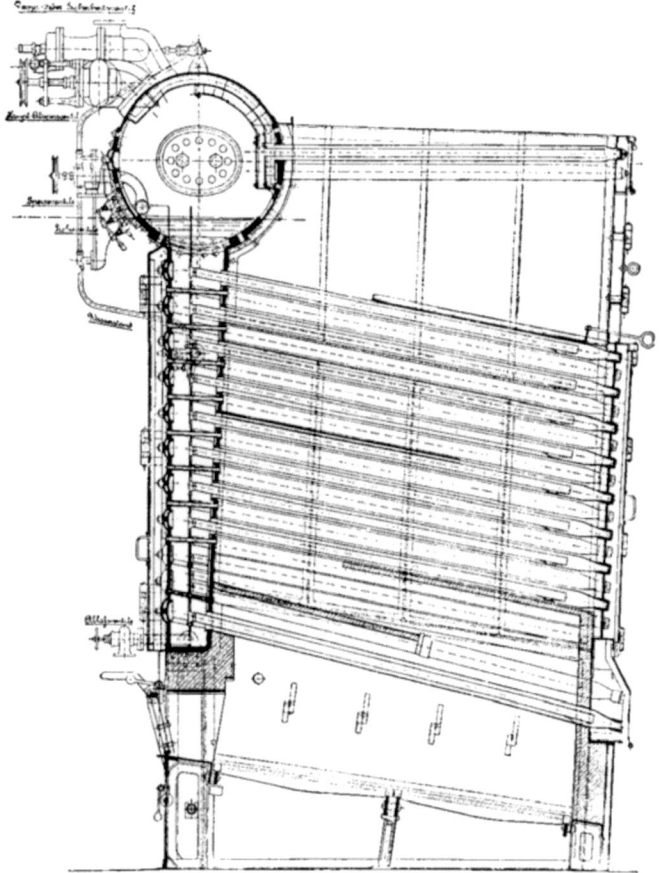

Längsschnitt durch den Dürr-Kessel.

Der Niclausse-Kessel besitzt eine Reihe nebeneinander angeordneter, aufrechtstehender Wasserkammern von rechteckigem Querschnitt, welche eine Anzahl übereinanderliegender Wasserrohre aufnehmen und selbst gegen einen oberhalb liegenden Dampfsammler von zylindrischem Querschnitt geschraubt sind.

Der Dürr-Kessel besteht aus einer senkrecht stehenden, geschweißten Wasserkammer, in deren Hinterwand die Wasserrohre eingesetzt sind. Die Rohre sind geneigt angeordnet, an den Enden geschlossen und derart gelagert, daß sie sich frei ausdehnen können. Sie erhalten dünnwandige Einhängerohre, welche an beiden Enden offen sind und vorn in einer vertikalen Trennungswand der Wasserkammer gelagert sind. Das Speisewasser tritt in den oberhalb der Wasserkammer gelagerten Dampfsammler ein, gelangt durch die vordere Hälfte der Wasserkammer in die Einhängerohre und durch diese in die Wasserrohre, wird hier verdampft und steigt als Dampf in der hinteren Hälfte der Kammer in den Dampfsammler.

Beim Babcock & Wilcox-Kessel sind die Wasserrohre an beiden Enden in einer Wasserkammer gelagert. Mit dem Belleville- und Niclausse-Kessel hat dieses Kesselsystem die Anwendung einzelner Kesselelemente gemeinsam. Diesen Elementen entsprechend sind die beiden Wasserkammern in ebensoviele Einzelkammern geteilt und weisen, von vorn gesehen, eine wellenförmige Gestalt auf. Über der einen Wasserkammer liegt der zylindrische Dampfsammler. Mit diesen Kesseln sind besonders in der amerikanischen und englischen Marine Versuche angestellt worden.

Unter den engrohrigen Wasserrohrkesseln fand zunächst der Thornycroft-Kessel weitere Verbreitung. Er besteht aus einem oder mehreren Unterkesseln und einem Oberkessel, welche durch die gekrümmten Wasserrohre, sowie durch besondere Fallrohre miteinander verbunden sind. Die Verbrennungskammern sind nach außen durch je eine Rohrreihe von dicht aneinander liegenden Wasserrohren abgeschlossen.

Eine wesentliche Verbesserung erfuhr der Thornycroft-Kessel durch Richard Schulz, derzeitigen Direktors der Maschinenbau-Aktiengesellschaft »Germania« in Berlin. Der Schulz- oder Schulz-Thornycroft-Kessel hat gleichfalls einen oben horizontal gelagerten zylindrischen Dampfsammler, mehrere unten horizontal gelagerte zylindrische Wassersammler und enge gekrümmte Wasserrohre, welche Dampf- und Wassersammler mit einander verbinden; außerdem sind auch hier Fallrohre vorhanden, welche den Abfluß des Wassers aus dem Dampfsammler nach den Wassersammlern vermitteln sollen. Das unterscheidende Merkmal ist, daß, um den Feuergasen einen längeren Weg an den Heizflächen des Kessels entlang zu geben, in einigen Rohrreihen die Wasserrohre dicht aneinander gelegt und so Wände von Feuerzügen innerhalb der Wasserrohrbündel gebildet sind.

Wie schon erwähnt, haben die Wasserrohrkessel überwiegend im Kriegsschiffswesen ihr Anwendungsgebiet gefunden. Hier hat jede Marine ihr besonderes System, welches sie fast ausschließ-

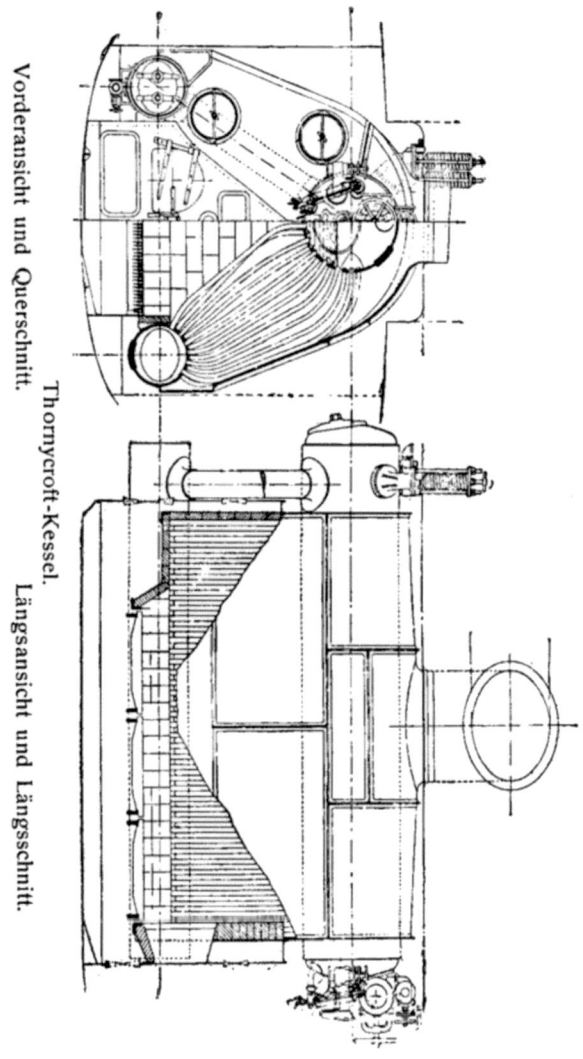

Vorderansicht und Querschnitt.

Thornycroft-Kessel.

Längsansicht und Längsschnitt.

lich zur Anwendung bringt. So hat z. B. England sich dem Belleville-, Frankreich dem Niclausse-Kessel zugewendet, während in Deutschland, nachdem eine Zeitlang der Dürr-Kessel, namentlich auf großen Kreuzern, angewendet wurde, heute der Schulz-Thornycroft-

Kessel benutzt wird. Im großen und ganzen ist die Wasserrohr-kessel-, wie überhaupt die Kesselfrage noch nicht ganz gelöst und dem nächsten Jahrzehnt wird es vorbehalten bleiben, zu entscheiden, welches System das zweckmäßigste ist.

Die Zylinder- wie auch die Wasserrohrkessel finden eine aus-giebigere Ausnutzung durch die künstliche Zuführung von Ver-brennungsluft, die Forcierung. Bei der gewöhnlichen Anwendung von Schornsteinen mit ihren relativ geringen Höhen geht mit den austretenden heißen Heizgasen nahezu ein Viertel der von dem Brennmaterial entwickelten Wärme verloren. Durch ununterbrochene Luftzuführung gelingt es aber, diesen Verlust ganz beträchtlich herab-zumindern. Zwei Wege stehen dabei zur Verfügung: entweder man saugt die Heizgase durch die Feuerzüge mittels geeigneter, meistens im Schornstein angebrachter Apparate, oder man drückt und preßt sie mittels Druckluft bei Anwendung geeigneter Ventilatoren durch die Kanäle. Letztere Art ist heute die vorherrschende. Durch Zentri-fugalventilatoren wird meistens in den geschlossenen Heizräumen ein Luftüberdruck erzeugt, in einigen Fällen erzeugt man nur in den geschlossenen Aschfällen diesen Überdruck.

Des weiteren suchte man eine ausgiebigere Ausnutzung der Kessel auf den Dampfschiffen zu erzielen, indem man die dem Kessel zugeführte Luft erwärmte, entweder dadurch, daß man die von den Ventilatoren angesaugte Luft den heißesten Stellen des Heizraumes entnahm, oder daß man die angesaugte Luft in besonderen Apparaten (meistens in den Rauchfängen) vorher anwärmte. Ein wichtiges Mittel ist die Vorwärmung des Kesselspeisewassers, die heute allgemein gebräuchlich ist. Zuerst wurde hierdurch ein längeres Lebensalter der Schiffskessel zu erreichen gesucht, schließlich trachtete man auch danach, durch dieses Mittel eine Brennstoffersparnis zu erzielen. Eine gewisse Temperatur besitzt das Speisewasser schon beim Verlassen des Kondensators, welchem man es entnimmt. Da diese aber nicht den Anforderungen entspricht, so haben verschiedene Apparate, sogenannte Vorwärmer, Eingang in den Maschinenbetrieb gefunden.

Die in jüngster Zeit erfolgte stärkere Heranziehung von Wasser-rohrkesseln hat es den Schiffsmaschinen-Ingenieuren zur Pflicht ge-macht, nach Möglichkeit nur destilliertes Wasser zur Kesselspeisung zu verwenden, eine Forderung, die neben der Verwendung des in den Oberflächenkondensatoren gewonnenen Kondensats zur Einführung besonderer Destillierapparate an Bord der Dampfschiffe geführt hat.

Wenn wir schließlich noch darauf hinweisen, daß man heute der Anwendung überhitzten Dampfes beim Schiffsmaschinenbetrieb seine besondere Aufmerksamkeit zuwendet, so hätten wir nur noch die immer mehr sich einbürgernde Verwendung von flüssigen Brennstoffen anzuführen, um so ziemlich alle Fortschritte herangezogen zu haben, die den modernen Schiffsmaschinenbetrieb charakterisieren.

Es war anfangs der neunziger Jahre, als die ersten umfangreicheren

Vor den Kesselfeuern eines Ozeandampfers.

Versuche mit flüssigen Brennstoffen, dem Masut (Rückstand der Petroleumraffinerie), stattfanden. Als z. B. auch die deutsche Kriegsmarine in dieser Richtung mit dem Küstenpanzerschiff »Siegfried« eingehende Versuche anstellte, da konnte man in der Presse des öfteren Artikel finden, die etwa unter der Überschrift: Keine Kohlenzieher mehr!« begeisterte Betrachtungen anstellten über die Umwälzungen, die das neue Brennmaterial hervorrufen würde. So würde z. B. das unangenehme und schwere Heraufschaffen der Kohlen vor die Kesselfeuer, das Trimmen, in Fortfall kommen; an Stelle der vielen, bis dahin nötigen Heizer würde vielleicht ein einziger genügen, den Eintrittshahn in der Ölrohrleitung zu regulieren, da der flüssige Brennstoff durch besondere Rohrleitungen direkt in den Kessel gespritzt wird, usw.

Alles in allem würde die Anwendung flüssiger Brennstoffe eine Vereinfachung des Heizergeschäftes und eine wesentliche Verbesserung der Lage der Heizer bedeuten. Leider haben diese Erwartungen sich bis jetzt noch nicht ganz so erfüllt, wie man es damals erhoffte. Nach wie vor verrichtet der Trimmer schweißtriefend in der kohlenstaubgeschwängerten Luft der Kohlenbunker seine harte Arbeit; nicht viel leichter hat es sein Kollege vor dem Feuer, dem er unaufhörlich und unermüdlich die schwarze Nahrung zuzuführen hat: die Verwendung flüssiger Brennstoffe hat sich eben noch nicht durchgreifend einführen können. Wohl sind heute viele Schiffe, hauptsächlich in der Kriegsmarine, mit Heizölanlagen ausgestattet; diese haben aber nicht den Kohlenheizbetrieb ganz ausschalten können und dienen nur für gewisse Fälle und Fahrten. Bei den Kriegsmarinen ist es zum Teil die Befürchtung, im Falle eines Krieges von den Ölquellen abgeschnitten zu sein, die ihnen die teilweise Beibehaltung der Kohlenheizung als das sichere erscheinen läßt; bei der Handelsmarine ist es vielfach die Zurückhaltung der Reedereien, Neuerungen einzuführen, die noch nicht auf eine langjährige einwandfreie Erprobung im Dauerdienst zurückblicken können. Und so werden auch wohl hier noch einige Jahre ins Land gehen, ehe die flüssigen Brennstoffe sich ihr unbestrittenes Gebiet auf Dampfschiffen erobert haben. Daß dieser Fall eintreten wird, hat bei den großen Vorteilen und Annehmlichkeiten dieses Betriebes die größte Wahrscheinlichkeit für sich.

Zu wünschen wäre es für das Personal, welches in den Tiefen der Schiffe Kräfte hervorruft, die oben auf luftigem Verdeck von den Passagieren als etwas Selbstverständliches und anscheinend spielend leicht Gewonnenes angesehen werden. Gar mancher, der, stolz darauf, wie herrlich weit wir es auf dem Gebiete des Dampfschiffverkehrs gebracht haben, sich von dem stolz dahinfahrenden Schnelldampfer über den Ozean tragen läßt, würde erstaunen, wenn er die Arbeit wahrnehmen würde, die vom Heizer- und Maschinenpersonal geleistet werden muß, um dem schneidig durch die See gehenden Schiffe seine Fahrtbewegung zu verleihen. Durch die stetige Vergrößerung der Maschinenanlagen zur Erzielung hoher Fahrtgeschwindigkeiten und das Zusammendrängen großer Maschineneinheiten auf einem beschränkten Raum ist der Dienst und das Leben der Heizer und Maschinisten in hohem Grade erschwert worden. Raum, Luft und Licht sind ihnen vielfach in unzureichendem Maße zugemessen, obgleich ihr Beruf gerade an ihre körperlichen und auch geistigen Kräfte

schwere Anforderungen stellt. Bei Bemessung des Raumes für die
Maschinenanlage ist auch heute noch vielfach das Interesse des Schiffs-

Oberer Teil des Maschinenraumes auf einem Ozeandampfer.

eigners, des Reeders, maßgebend; diametral gegenüber stehen die
Wünsche des Bedienungspersonals. Es soll aber nicht unerwähnt

166

bleiben, daß in dieser Beziehung — wie wir auch schon früher hervorgehoben haben — heute vieles gegen früher besser geworden
ist in der richtigen Erkenntnis, daß der Betrieb rationeller wird,
je günstiger die Betriebsverhältnisse für das Personal liegen. Da die
Maschinen- und Kesselräume heute auf vielen Schiffen, hauptsächlich
solchen der Kriegsmarine, vollständig geschlossen sind, so hat man
zur künstlichen Lüftung schreiten müssen, die meistens durch
Zentrifugalventilatoren geschieht. Temperaturen von 50^0 C kommen
in den Heizräumen jedoch nicht selten vor und erhöhen sich unter
ungünstigen Umständen bis auf 60 und 70^0. Nimmt man hierzu
eine von Ölgeruch und Kohlenstaub geschwängerte Luft hinzu,
so wird man den Wert einer künstlichen Lüftung zu schätzen wissen.
Mit der allgemeinen Einführung der elektrischen Beleuchtung
an Bord ist ferner eine wesentliche Erleichterung der Bedienung der
Maschinenanlagen und eine Verbesserung der Lebensbedingungen des
Personals geschaffen worden. Seit 1889 ist die Anwendung des elektrischen Lichtes auf Schiffen immer mehr verbreitet und heute wohl die
ausschließliche. Im Zeitalter der Sozialpolitik ist es selbstverständlich,
daß man auch der Lebensweise des Maschinenpersonals in der Frei-
zeit an Bord immer mehr Augenmerk zuwendet und demselben in
bezug auf Wohnräume, Ernährung usw. seine Lage günstiger gestaltet.
Wir werden auf diesen Punkt in einem späteren Kapitel noch näher
eingehen und wollen uns hier auf den Hinweis beschränken.

15. Schnelldampfer. Zwei- und Dreischraubenschiffe.

Alter und Entstehung der Schnelldampferfahrt. — Der Anteil Deutschlands, Englands und Frankreichs an den ersten größeren Schnelldampfern. — Schnelldampfer der Kriegsmarinen. — Torpedoboote. — Zwei- und Dreischraubendampfer. — Hilfsmaschinen an Bord moderner Dampfer. — Äußeres Aussehen des jüngeren Dampfschiffes.

Busley, dem wir in unseren nächsten Ausführungen zum Teil folgen, weist in seinem Werk »Die neueren Schnelldampfer der Handels- und Kriegsmarine« bei der Besprechung der Entstehung der Schnelldampfer darauf hin, daß die Schnelldampferfahrt älter sei als die transatlantische Postdampferfahrt. Der Autor hat bei dieser Behauptung die amerikanischen Dampfboote im Auge, von welchen u. a. Friedrich Gerstäcker in seiner Erzählung »Sieben Tage auf einem amerikanischen Dampfboot«, d. h. einem der von New Orleans nach St. Louis fahrenden Mississippidampfer, aus dem Anfange der vierziger Jahre des verflossenen Jahrhunderts berichtet. Diese Dampfer, deren Bedeutung mit dem Vordringen und der Ausbreitung der Eisenbahnen mehr und mehr sank, sollen mit Durchschnittsgeschwindigkeiten von 17 bis 17,5 Knoten gefahren sein, Geschwindigkeiten, welche erst viel später wieder von anderen Dampfschiffen erreicht worden sind.

Wie weit die uns von diesen Schnelldampfern, denn solche waren es zweifelsohne, übermittelten Nachrichten einer eingehenden Kritik stand zu halten vermögen, mag dahingestellt sein; man kann den kühnen Amerikanern, die dazu durch keine besonderen Polizeigesetze in ihren Unternehmungen zurückgehalten wurden, es immerhin zutrauen, daß sie bei aller Unvollkommenheit der damaligen Schiffsmaschinen und Dampfkessel es versucht haben, aus beiden die denkbar höchste Leistung herauszuholen. Wir haben ja auch schon früher gesehen, daß Dampfkesselexplosionen drüben nichts Seltenes waren, was dann auch verständlich wird, wenn man bedenkt, daß die Amerikaner bei diesen alten Zugkesseln bereits den künstlichen, mittels großer Flügelradgebläse erzeugten Zug anwandten.

Man mag diese ersten Schnelldampfer mehr als Ausnahme-
leistungen betrachten; der eigentliche Beginn der Schnelldampferfahrt
liegt in viel späterer Zeit, als man erst auf Grund der verbesserten
Maschinen und Kessel zu größeren Kraftleistungen derselben gelangte.
Die Ozeandampfer zur Zeit der erwähnten amerikanischen Schnelldampfer in den dreißiger und vierziger Jahren hatten nur eine
Durchschnittsgeschwindigkeit von 8 bis 8,5 Knoten in der Stunde.
Ebenso wie die betreffenden amerikanischen Dampfboote Raddampfer waren, so sind es auch bis zum Anfang der achtziger
Jahre Raddampfer gewesen, welche im Punkte Schnelligkeit ihre
mit Schrauben versehenen Schiffskonkurrenten übertrafen. Derartige
schnelle Raddampfer wurden in den sechziger Jahren in Amerika
für den Revierdienst in New York gebaut; mit einer Geschwindigkeit von etwa 17 Knoten gelang es ihnen aber nicht, ihre oben erwähnten schnellen Vorläufer aus den vorhergehenden Jahrzehnten
zu überholen.

In Europa wurden in dieser Zeit gleichfalls einige schnell-
fahrende Dampfer erbaut und zwar in England, dem Ursprungsland
der meisten damaligen bedeutenderen europäischen Dampfschiffe.
Diese Schnelldampfer entsprangen der Vorliebe eines orientalischen
Fürsten für schnellfahrende Jachten. Der türkische Sultan Abdul
Aziz gab den Auftrag zu der 1864 erbauten Dampfjacht »Izzedin«,
welche 16,5 Knoten lief. Ihr folgte im nächsten Jahre die mit
Pennschen oszillierenden Maschinen versehene Jacht »Pertevi
Neyaleh«, welche es auf der Probefahrt (1865) auf fast 17,5 Knoten
brachte. Im Jahre 1866 erzielte aber schon die für den Vizekönig
von Ägypten, Ismail Pascha, erbaute Jacht »Mahrussah« (von 112,5 m
Länge und 3200 t Deplacement) eine Geschwindigkeit von 18,6
Knoten!

Damit war aber auch die höchste Leistung der Raddampfer
erreicht. Inzwischen hatte die Schraube sich Eingang verschafft, und
die Bemühungen der Ingenieure auf Erzielung höherer Fahrtgeschwindigkeiten wandten sich nunmehr den Schraubenschiffen
zu. Im Jahre 1871 hatte Thornycroft mit der kleinen, 15 m langen
Dampfjacht »Miranda« etwa 16,25 Knoten erzielt. 1876 vollendete
er eine andere kleine Dampfjacht »Gitana«, welche bei den Probefahrten an der abgesteckten Meile 20,75 Knoten gelaufen haben soll!
(Busley). 1877 stellte Thornycroft das erste englische Torpedoboot, »Lightning«, fertig, welches bei der Probefahrt 18,54 Knoten

erzielte. Nach dessen Typ sind die späteren Torpedoboote gebaut worden, die dann die schnellsten Dampfschiffe bis jetzt geblieben sind.

Unsere heutigen Schnelldampfer in der Handelsmarine dienen ausschließlich dem schnellen Personenverkehr und zwar speziell auf der Fahrt zwischen Europa und Amerika. Der Bau dieser Schnelldampfer beginnt anfangs der achtziger Jahre, indem der Norddeutsche Lloyd in Bremen 1881 seinen ersten derartigen Dampfer in . Bau gab. Es war dies die »Elbe«, welche auf der Werft von John Elder & Co. entstand, im Ausland, weil die deutschen Werften, deren es allerdings schon eine Anzahl gab, noch nicht so weit entwickelt waren und noch nicht die nötige Erfahrung besaßen, derartige Schnelldampfer mit vollster Gewährleistung zu bauen. Die »Elbe« hatte eine Länge von 128 m, eine Breite von 13,7 m, einen Raumgehalt von 4510 Reg.-Tonnen und eine Maschinenstärke von 5600 IPS. Sie besaß eine Fahrtgeschwindigkeit von 16 Knoten und war ein bewährtes Seeschiff. Vor einem Jahrzehnt, im Jahre 1895, nachdem andere später gebaute Schiffe sie längst überflügelt hatten, machte die »Elbe« noch einmal und zum letzten Male von sich reden, dadurch nämlich, daß sie bei einem Zusammenstoß mit einem englischen Dampfer verunglückte und mit vielen Menschenleben unterging. Ein Jahr nach ihrer Einstellung in den Fahrtdienst, 1882, stellte der Norddeutsche Lloyd, ermutigt durch die mit der »Elbe« erzielten Erfolge, bereit seinen zweiten Schnelldampfer, die »Werra« in den Dienst. Deren Abmessungen betrugen: Länge 131 m, Breite 14 m, Raumgehalt 4815 Reg.-Tonnen und 6000 IPS. Es war damals ein besonderer Ruhmestitel des Norddeutschen Lloyd, daß die schnellste Postbeförderung, die bis dahin von New York nach London erreicht worden war, durch die »Werra« vermittelt wurde. Die schnellste Reise von Southampton nach New York machte im Jahre 1882 die »Elbe« in 8 Tagen einer Stunde, die schnellste Rückreise die »Werra« in 7 Tagen 20 Stunden 15 Minuten. Die Bevorzugung der Schnelldampfer des Norddeutschen Lloyd seitens der deutschen und amerikanischen Postverwaltung rechtfertigte die Anschaffung neuer Schnelldampfer. Es folgten daher bald, vom Norddeutschen Lloyd in Bau gegeben, die Schnelldampfer »Fulda« (1883, 6300 IPS), »Eider« (7000 IPS) und »Ems« (7245 IPS), letztere beiden im Jahre 1884, mit einer Fahrtschnelligkeit von 17 Knoten.

Inzwischen hatten aber auch andere Gesellschaften Schnelldampfer in ihren Betrieb eingestellt, so u. a. 1881 die »Cunard«-Linie die »Servia«. Andere Schnelldampfer der damaligen Zeit waren die »City of Rome«, die »Alaska«, »Oregon« und »Aurania«, welch letztere beiden englische Schiffe waren. Mit den Bremer Schnelldampfern »Eider« und »Ems« zu gleicher Zeit (1884) wurde die »America«, 1885 die »Umbria« und die »Etruria« in Dienst gestellt. Von den letztgenannten beiden, der Cunard-Linie gehörigen Schiffen durchquerte die »Etruria« den Atlantik in sechseinhalb Tagen, also mit einer Geschwindigkeit von etwa 17,5 Knoten.

Reichlich dieselbe Geschwindigkeit wurde mit den, 1886 vom Norddeutschen Lloyd in Dienst gestellten Schnelldampfern »Aller«, »Trave« und »Saale«, Schiffen von je 4964 Reg.-Tonnen und 8100 IPS, erzielt. Gleichzeitig mit diesen Schiffen traten, von französischen Gesellschaften in Bau gegeben, die vier Dampfer »La Bretagne«, »La Champagne«, »La Bourgogne« und »La Gascogne« in die Konkurrenz ein. Jeder Neubau suchte den vorhergehenden in bezug auf Geschwindigkeit zu überflügeln. Die größere Schnelligkeit hatte Einfluß auf den Verkehr, und die Schnelldampfer wurden bei den Passagieren sehr beliebt. Der Norddeutsche Lloyd beförderte im Jahre 1887 allein 152088 Personen, eine Zahl, die gegenüber der Zahl der im ersten Jahre des Bestehens der Gesellschaft, 1858 beförderten Passagiere von 1833 Köpfen einen enormen Fortschritt bedeutete. Den bei der Fairfield Shipbuilding Co. erbauten letzten drei Schiffen ließ der Lloyd deshalb 1887 die »Lahn« folgen, die mehrere Jahre hindurch der schnellste Dampfer der Gesellschaft blieb. 1888 reihte sich ihm die »City of New York« der Inman-Linie und 1889 die »City of Paris« derselben Gesellschaft an.

Jetzt trat auch die Hamburg-Amerika Linie mit einem Schnelldampfer auf den Plan. Mit ihm begann die Zeit des größten Aufschwunges für diese Gesellschaft. Der Bau der »Auguste Victoria«, wie ihr erster Schnelldampfer hieß, wurde nicht einer englischen Werft übertragen, sondern, dank der besonderen Verwendung des derzeitigen Chefs der Admiralität, des Admirals von Stosch, die »Vulkan«-Werft in Stettin mit demselben betraut. Die Dimensionen dieses Dampfers waren: Länge in der Wasserlinie 140,2 m, Breite 17 m, Tiefgang 6,95 m, Displacement 9500 t. Die Maschinenleistung betrug 14000 IPS. Am 10. Mai 1889 trat der erste deutsche Zweischrauben-Schnelldampfer »Auguste Victoria« seine erste

Reise über den Ozean an. Von den bisher genannten Dampfern waren nur »City of New York« und »City of Paris« als Zweischraubendampfer gebaut. Jetzt hatte die Hamburg-Amerika Linie dieses System für ihre Schnelldampfer aufgenommen und der Erfolg bewies, daß sie damit keinen schlechten Griff getan hatte. Mit seinen beiden Maschinen durchquerte das Schiff den Ozean mit 18 Knoten Geschwindigkeit. Der »Auguste Victoria« schlossen sich als Schiffe derselben Gesellschaft noch im selbigen Jahre die »Columbia«, ein Schiff von gleichen Abmessungen und ähnlichen Einrichtungen wie die »Auguste Victoria«, erbaut bei Laird Brothers in Birkenhead, dann 1890 die »Normannia«, erbaut bei Fairfield, und 1891 der »Fürst Bismarck« an.

Der letztgenannte Dampfer war wieder ein Erzeugnis der deutschen Schiffbauindustrie, die mit diesem Bau ein glänzendes Zeugnis dafür ablegte, daß sie an Leistungsfähigkeit der englischen Konkurrenz nichts mehr nachgab. Die angesehene amerikanische Fachzeitschrift »Scientific American« schrieb seinerzeit am Schluß eines Berichtes über die Erstlingsfahrt des »Fürst Bismarck«: »Auf dieser Reise betrug der Kohlenverbrauch in 24 Stunden 262 t und es wird behauptet, daß die Maschinen des neuen Dampfers tatsächlich mehr leisten als die der »City of Paris« und »City of New York« bei einem Verbrauch von etwa 330 t. Soviel steht aber fest, daß der »Fürst Bismarck«, soweit ein Urteil bisher möglich, wohl geeignet ist, die englischen Schiffbauer einigermaßen zu überraschen, indem es den Anschein hat, als gebühre ihm ein Platz neben den besten auf englischen Werften gebauten Schiffen.« Auf dieser ersten Ausreise schlug »Fürst Bismarck« gleich alle Mitbewerber, indem das Schiff von Southampton nach New York nur 6 Tage 14 Stunden 7 Minuten brauchte, was bei einer Entfernung von 3086 Seemeilen durchschnittlich 19,5 Knoten in der Stunde, also nicht erheblich weniger als bei der Probefahrt, bei welcher 20,7 Knoten erzielt wurden, ausmacht. Beim »Fürst Bismarck« waren die Dimensionen schon gewachsen auf: Länge 153,2 m, Breite 17,5 m, Tiefgang 7 m, Deplacement 10500 t. Der Raumgehalt betrug 8874 Brutto-Reg.-Tonnen, die Maschinen hatten eine Stärke von 16400 IPS. Der »Fürst Bismarck« war jahrelang der größte und schönste deutsche Schnelldampfer*).

---

*) »Auguste Victoria« und »Fürst Bismarck« wurden während des russisch-japanischen Krieges von Rußland angekauft und gehören jetzt der russischen Flotte als Hilfskreuzer an.

Der Norddeutsche Lloyd hatte inzwischen (1890) auch wiederum beim »Vulkan« zwei Schnelldampfer, »Spree« und »Havel«, in Bau gegeben. Im Gegensatz zu den vier Dampfern der Hamburg-Amerika Linie waren diese beiden als Einschraubendampfer gebaut. Daß die Zweischraubenschiffe jedoch als den letzteren überlegen angesehen werden, bewies der vor einigen Jahren auf der Werft des »Vulkan« vollzogene Umbau des Einschraubenschiffes »Spree« in einen Zweischraubendampfer.

An englischen Schnelldampfern finden wir, gleichfalls als Doppelschraubendampfer, 1889 die »Teutonic« und 1890 die »Majestic« der White-Star-Linie. Ihnen schloß sich 1891 das französische Schiff »La Touraine« an. Letzterer Dampfer der »Compagnie Générale transatlantique« bedeutete für die französische Handelsflotte, welche etwas ins Hintertreffen geraten war, ein Ereignis. An Größe kommt der Dampfer dem »Fürst Bismarck« gleich, besitzt zwei Maschinen von je 6250 IPS und erzielte bei den Probefahrten, ohne künstlichen Zug 19,5 Knoten Fahrtgeschwindigkeit.

Der Stand der Schnelldampfer in der Handelsmarine war also im Jahre 1891 so, daß Deutschland die meisten, nämlich sieben, England vier und Frankreich ein derartiges Schiff stellte. Fast sämtliche Schnelldampfer, mit Ausnahme der »Touraine«, fuhren dabei auf der Strecke Europa-Nordamerika und zwar mit einer Fahrtgeschwindigkeit von 18 bis 19 Knoten in der Stunde. Busley gibt als Mittelwerte für die Geschwindigkeit der damaligen schnellsten Ozeandampfer folgende Daten an:

Fürst Bismarck	18,95	Knoten
Majestic	19,00	„
Teutonic	18,84	„
City of New York	19,02	„
City of Paris	19,02	„

Jetzt trat aber in Deutschland ein gewisser Stillstand im Bau von Schnelldampfern ein, der bis zum Jahre 1897 andauerte. England dagegen, d. h. hier die Cunard-Linie, stellte 1893 zwei Schwesterschiffe in Dienst, die »Campania« und die »Lucania«, welche alle bisherigen Schnelldampfer an Größe und Geschwindigkeit übertrafen und mehrere Jahre lang auch diesen Ruhm behielten. Sie erhielten eine Länge von 183,0 m, eine Breite von 19,8 m, ein

Deplacement von 18000 t und einen Raumgehalt von 12952 Reg.-Tonnen. Ebenfalls als Zweischraubenschiffe gebaut, entwickeln ihre vier, zu je zwei hintereinander liegenden Maschinen 27000 bis 30000 IPS und geben den Schiffen eine Geschwindigkeit von rund 21 Knoten. Mehrere Jahre lang hielten diese beiden englischen Schnelldampfer den Geschwindigkeitsrekord, bis sie endlich im Jahre 1897 wieder von einem deutschen Schiff abgelöst wurden, das noch gewaltiger in seinen Abmessungen sich repräsentierte und noch geschwinder die Fluten des Ozeans durchschnitt. Mit diesem Schiff, »Kaiser Wilhelm der Große« getauft, beginnt wieder eine neue Ära im deutschen Dampfschiffverkehr. Da die mit und seit diesem Schiff erzielten Fortschritte in der Dampfschiffahrt sich betrachten lassen als einen Wettbewerb um den schnellsten Verkehr zwischen Europa und Nordamerika, um den Ozean-Rekord, so seien diese Fortschritte nachher etwas näher behandelt.

Auch im Kriegsschiffbau machte sich mit der Verbesserung der Maschinenanlagen ein stetiges Steigen der Schiffsgeschwindigkeiten bemerkbar. Aber auch hier kann man nur gewisse Gruppen, für die das Erreichen der überhaupt höchstmöglichen Geschwindigkeit in Frage kommt, als Schnelldampfer bezeichnen; es sind dies die Kreuzer und namentlich die Torpedoboote. Die Geschwindigkeiten, welche unsere heutigen Schnelldampfer der Handelsmarine schon länger aufweisen, hat man erst jetzt mit den neuesten, schnellsten, größeren Kriegsschiffen erreicht. Es werden eben an ein Kriegsschiff Forderungen gestellt, die, wenn sie erfüllt werden sollen, die Geschwindigkeit oft zurücktreten lassen. Dagegen hat man es vermocht, die Torpedoboote mit so starken Maschinenanlagen auszurüsten, daß sie als die überhaupt schnellsten Dampfschiffe bezeichnet werden müssen. Ein Ereignis bedeutete anfangs der neunziger Jahre die deutsche Kreuzerkorvette »Kaiserin Augusta« insofern, als dieselbe als erstes Dreischraubenkriegsschiff 1893 über den Atlantischen Ozean fuhr und bei einer anläßlich der Weltausstellung in Chicago veranstalteten Revue als schnellstes Kriegsschiff auf dem Plan erschien. Damals betrug die Geschwindigkeit, welche erreicht wurde, 21 Knoten. Heute ist man kaum über Kreuzergeschwindigkeiten von etwa 23 bis 24 Knoten, die bei Probefahrten einige Stunden gehalten werden, hinausgekommen, während diese Geschwindigkeit von den heutigen Schnelldampfern der Handelsmarine in ständiger Fahrt gehalten wird. Besser

schneiden in dieser Richtung, wie schon gesagt, die Torpedoboote ab.

Der Beginn des Baues der Torpedoboote liegt in den siebziger Jahren, als Whitehead (gest. 1905) seinen automobilen
Torpedo erfunden hatte. Nachdem während des amerikanischen
Bürgerkrieges der Torpedo in so schreckensvoller Weise sich einen
Platz in der Reihe der Waffen des Seekrieges erobert hatte, konnte
keine Seemacht sich seiner Einführung verschließen. Zuerst bediente
man sich, wie es die Amerikaner machten, noch der Spieren-
torpedos, welche an der Spitze langer, über den Bug der Boote
ausgelegter Stangen, sog. Spieren befestigt, gegen das feindliche
Schiff angerannt und durch einen Stoßzünder oder elektrisch ent-
zündet wurden, wobei sie dann durch ihre Sprengwirkung den
Feind, meistens aber auch den Angreifer selbst vernichteten. Als
aber Whitehead den sich selbst bewegenden Fischtorpedo einführte,
verschwand der Spierentorpedo gänzlich von der Bildfläche. Der
neue Torpedo brachte als Feuerwaffe unter Wasser ein neues Element
in die Seetaktik. Die Bedeutung, welche sich der Torpedo unter
den Waffen des Seekrieges alsbald errang, findet in der nun be-
ginnenden rastlosen Herstellung von Torpedobooten einen beredten
Ausdruck. Es entstanden damals die verschiedensten Schiffstypen,
aus denen sich allmählich der heute ungefähr überall gleiche Typ
des Torpedobootes herausschälte. Hauptsächlich war man auf möglichste Erhöhung der Geschwindigkeit bestrebt. Das Schicksal
der Torpedoboote hängt bei der eigentümlichen Art ihrer Verwendung nämlich hauptsächlich davon ab, daß sie vom Augenblick
ihrer Entdeckung so schnell als möglich in eine solche Nähe an
das feindliche Schiff gelangen, daß sie ihren Torpedo lancieren
können, um dann auf dem Rückweg ebenso schnell wieder aus
dem Schußbereich des Feindes zu kommen. Es begann ein interessanter Wettstreit zwischen den Schiffswerften der verschiedenen
Länder, an welchem sich vorzugsweise in England Thornycroft und
Yarrow, in Deutschland Schichau, Vulkan- und Germania-Werft, in
Frankreich Normand in Le Havre und die Gesellschaft Forge &
Chantiérs in La Seyne, sowie Herreshoff in Brooklyn beteiligten.

In Deutschland wurden die ersten Torpedoboote (»Schütze«-
Klasse) im Jahre 1881 nach französischem Muster erbaut. 1883
fand die erste größere Inbaugabe von 21 Booten an fünf verschiedene
Firmen, darunter zwei englische, statt; aus diesem Wettbewerb gingen

die Boote der Schichau-Werft als die besten hervor. Bald mehrten sich auch die Bestellungen anderer Nationen, ausgenommen England und Frankreich, an diese Werft, so daß Schichau bis zum Jahre 1886 bereits 114 Torpedoboote zur Ablieferung gebracht hatte. Unter diesen erreichte ein 1885 für China geliefertes Boot die bis dahin für unglaublich gehaltene Geschwindigkeit von 24,23 Knoten in der Stunde! Mit den wachsenden Anforderungen stieg die Geschwindigkeit der Schichau-Boote z. B. für die deutsche Marine bis »S 81« auf 22,4 Knoten. Neben diesen 90 bis 180 t großen Torpedobooten gab es noch die Führer- oder Divisionsboote, die es bei einem Deplacement von 295 bis 482 t auf Geschwindigkeiten von 19 bis 23 Knoten brachten. Eine neue Serie von 170 t-Booten, »S 82 bis 87« und »G 88 bis 89«, erreichte eine Geschwindigkeit von 25 Knoten. Die zur Erzielung der hohen Geschwindigkeit erforderliche große Maschinenanlage war bei dem verhältnismäßig kleinen Deplacement nur möglich durch Anwendung leichter Wasserrohrkessel und durch Ersparungen am Schiffskörpergewicht. Seit 1898 werden nur noch Hochseetorpedoboote gebaut, die mit zwei Schrauben ausgerüstet sind und deren Deplacement etwa 365 t beträgt. Mit diesen, bei Schichau bezw. auf der Kruppschen Germaniawerft erbauten Booten hat man bei dreistündigen Probefahrten Fahrtgeschwindigkeiten von 26,5 bis annähernd 30 Knoten pro Stunde erzielt.

Während diese letzten Torpedoboote wie die neueren Schnelldampfer der Handelsmarine bereits mit zwei Schrauben ausgerüstet sind, baut man auf Linienschiffen und großen Kreuzern sogar drei Maschinen ein. Das Zweischraubensystem sieht man heute auf Dampfschiffen recht häufig angewendet, weil es dem Einschraubensystem gegenüber offenkundige Vorteile zeigt. Für die Verwendung von drei Schrauben bei Kriegsschiffen sprechen die bei letzteren den Betrieb beherrschenden Verhältnisse, auf die wir noch zurückkommen.

Ein Hauptgrund für die Anwendung von zwei Schrauben ist die Sicherheit des Betriebes, welche bei letzteren höher als bei nur einer Schraube ist. Mit dem Bau immer größerer Schiffe und namentlich mit der Einführung des Eisenschiffbaues ging man dazu über, das ganze Schiff in mehrere wasserdichte Abteilungen zu teilen, so daß, wenn das Schiff durch irgend eine Havarie ein Leck erhielt, immer nur eine oder einige Abteilungen voll Wasser liefen, niemals aber das ganze Schiff. Rüstet man nun einen Dampfer mit zwei Maschinen aus, so kann man jede in einem abgeschlossenen Raum unterbringen, so daß, wenn der eine Maschinenraum voll Wasser läuft, die andere Maschine ungefährdet weiter arbeitet und das Schiff in den sicheren Hafen führt. Allerdings,

Heckansicht des Zweischrauben-Schnelldampfers »Kaiser Wilhelm II.« mit den beiden Schrauben.

das soll nicht verschwiegen werden, kam im Jahre 1890 auf dem schon genannten Schnelldampfer »City of Paris« ein Maschinenunfall vor, bei dem die Steuerbordmaschine zusammenbrach und die mit ungeheurer Wucht umherfliegenden Maschinenteile das die beiden Maschinenräume trennende Mittellängsschott durchbrachen. Das durch den gleichfalls zerstörten Kondensator in den St. B.-Maschinenraum dringende Wasser gelangte so in den B. B.-Maschinenraum und setzte auch diesen unter Wasser. Dieser Fall ist jedoch durch die Eigenart dieser Havarie, die damals in den Fachkreisen berechtigtes Aufsehen erregte, erklärt und dürfte wohl einzig dastehen. Abgesehen von Beschädigungen der Schiffswandungen kommen noch andere Unfälle in Betracht, die für die Anordnung von zwei Schrauben sprechen, das sind die Wellenbrüche der Dampfer. Gar nicht selten findet man in der Presse die Nachricht, daß auf diesem oder jenem Dampfer auf hoher See die Schraubenwelle gebrochen und das Schiff mit seiner geringen Takelage ein Spielball der Wellen geworden sei. Tritt dieser Fall bei Passagierdampfern ein, so muß das auf die Passagiere im höchsten Grade beunruhigend wirken. Größere Schiffahrtsgesellschaften haben dem Rechnung getragen und sind, wenn auch zögernd, zum Zweischraubensystem übergegangen. Bricht auf Zweischraubendampfern die eine Schraubenwelle, so ist die andere Maschine in der Lage, den Betrieb aufrecht zu erhalten und zwar bei gar nicht allzuviel verringerter Fahrtgeschwindigkeit des Schiffes. Zwei Schrauben verleihen dem Schiffe zudem eine größere Manövrierfähigkeit; beim Steuern in engen Gewässern hat der Kapitän es z. B. in der Hand, durch Vorwärtsgang der einen und Rückwärtsgang der anderen Maschine das Schiff besser und sicherer zu steuern, zu drehen usw., als dies beim Vorhandensein nur einer Schraube der Fall sein würde. Bei Kriegsschiffen kommt nun noch in Frage, daß dieselben auf längeren Fahrten mit geringerer Geschwindigkeit, kürzere Zeit wieder mit höchster Geschwindigkeit fahren. Hier hat man es in der Hand, durch Ausschaltung der einen Maschine die wirtschaftlichste Fahrt, den kleinsten Kohlenverbrauch einzustellen, eine Möglichkeit, die nach Kräften benutzt wird.

Diesen Vorteilen gegenüber weist das Doppelschraubensystem manche Nachteile auf, die es dem Reeder oft nicht angebracht erscheinen lassen, seine Dampfer nach diesem System erbauen zu lassen. Es ist zunächst der Umstand, daß zwei Maschinen mit Rohrleitungen, Wellen und Schrauben usw. ein größeres Anlagekapital als eine gleich starke Maschine erfordern. Auch das Gesamtgewicht ist größer, zum Schaden des Ladevermögens. Ferner beanspruchen zwei Maschinen ein zahlreicheres Bedienungspersonal, mehr Betriebsmaterial an Öl und dergl.; die einzige Maschine arbeitet sparsamer, und zwar rechnet man (nach Busley) die durch Verzinsung des höheren Anlagekapitals, durch das größere Bedienungspersonal und den Mehrverbrauch an Kohlen-, Schmier-, Packungs- und Putzmaterial entstehenden Mehrkosten im Betrieb eines Zweischraubenschiffes gegenüber den Unterhaltungskosten eines Einschraubendampfers von gleicher Schnelligkeit auf 10 bis 15 Prozent. Das sind Gründe, die bei Frachtdampfern davon abhalten, zwei Maschinen statt einer einzubauen, die es aber nicht vermocht haben, beim Bau von Schnelldampfern sich Geltung zu verschaffen. Hier spricht das fahrende Publikum eine gewichtige Stimme mit und zwar zugunsten des Doppelschraubensystems. Es kommt hinzu, daß bei der enormen Maschinenleistung der neueren Schnelldampfer man sich ohne weiteres gezwungen sieht, die Maschinen in mehrere Einheiten zu zerlegen.

Man ist im Kriegsschiffbau, woselbst das Zweischraubensystem fast allgemein, von den größeren bis zu den kleineren Schiffen Einführung gefunden hat, noch einen Schritt weiter gegangen, zu der Anwendung von drei Schrauben. Hierfür sprachen militärische Gründe, und es ist deshalb die Handelsmarine der Kriegsmarine auf diesem Wege nicht gefolgt. Wiederum mit dem Wachsen der Maschinenleistungen wurden nämlich die Kriegsschiffsmaschinen so groß und hoch, daß ihre Unterbringung nicht mehr in den durch die militärischen Forderungen gesteckten Grenzen erfolgen konnte. Bei den großen Linienschiffen machte sich deshalb bald nach der Teilung in zwei, eine solche in drei Maschinen erforderlich. Der einzelnen Maschine fällt so nur ein Drittel der gesamten Höchstleistung zu; sie kann dementsprechend kleiner, in der Hauptsache aber niedriger gebaut werden. Die Schrauben können einen geringeren Durchmesser erhalten, wodurch dieselben zugleich innerhalb des Schiffskörpers zu liegen kommen und hier genügend geschützt sind. Einen Hauptgrund mögen auch hier wieder wirtschaftliche Gesichtspunkte gebildet haben. Da bei den meisten Fahrten der Kriegsschiffe, bei der Marschgeschwindigkeit, nur mit einem Bruchteil der Höchstleistung, etwa einem Sechstel bis zu einem Zehntel derselben gefahren wird, so wird eine große Maschineneinheit unökonomisch. Für diese Fahrten genügt eine kleinere Maschineneinheit vollständig; sie verbraucht weniger Kohlen, als eine große, aber mit geringer Leistung arbeitende Maschine verbrauchen würde und das Resultat ist ein größerer Aktionsradius des Schiffes. Zugleich ist aber wiederum die Sicherheit des Schiffes, zumal im Gefecht, eine wesentlich höhere. Die italienische Marine führte

12*

das Dreischraubensystem zuerst ein, die amerikanische Marine folgte
ihr auf diesen Weg, während die englische sich zunächst ablehnend
verhielt. Seitdem die »Kaiserin Augusta« 1893 als erstes Dreischraubenkriegsschiff auf dem Atlantik erschien, hat sie sowohl in
der deutschen, als auch in den anderen Marinen unzählige Nachfolger erhalten. —

Entsprechend der Entwicklung der Hauptmaschinenanlagen hat
auch eine Vervollkommnung der mannigfachen, an Bord eines
Schiffes nötigen Hilfsmaschinen und Apparate stattgefunden,

Anker des Dampfers »Amerika«. (Gewicht: 12500 kg = 250 Zentner.)

die wir hier nur beiläufig anführen, da sie nur in dem Zusammen-
hang mit der Dampfschiffahrt stehen, daß die Verwendung von
Dampfmaschinen zur Fortbewegung der Schiffe dazu führte, den
Dampf gleichzeitig für den Betrieb der Hilfsmaschinen usw. zu
verwenden. Einesteils führte die Entwicklung der Schiffe zu immer
größeren und umfangreicheren Bauten notwendigerweise zur
Einführung von Dampf-Hilfsmaschinen, da die immer vorhanden
gewesenen Vorrichtungen ihrer Größe wegen nicht mehr mittels
Handbetrieb bewegt werden konnten. Andererseits brachte der
Hauptmaschinenbetrieb selbst eine Anzahl neuer Hilfsmaschinen, die

man zweckmäßig durch Dampfkraft antrieb, und im übrigen machten die allgemein gesteigerten Ansprüche der Passagiere verschiedene neue Hilfsmaschinen und Apparate erforderlich. Ein Segler der guten alten Zeit benötigte nicht viele Hilfsapparate: ein Gangspill diente zum Ankerhieven, die Pumpen zum Lenzen der unteren, durch Undichtigkeiten der Schiffswände oder ein Leck mit Wasser gefüllten Schiffsräume wurden durch Menschen- oder Windeskraft bewegt, das Ruder bediente der Steuermann durch die Kraft seiner Arme, bei schwerem Wetter wurde er von einem oder mehreren Matrosen hierin unterstützt. Heute führt jeder größere Dampfer Dampfmaschinen für diese und andere Zwecke an Bord, wie Dampfrudermaschinen, Dampfankerspille, Dampflenzpumpen. Der Betrieb der Hauptmaschine macht schon erforderlich: eine Dampfmaschine, welche das Umsteuern der Hauptmaschine auf Vorwärts- oder Rückwärtsgang und Stopp bewirkt, eine Maschine, die das Drehen der Kurbel- und Schraubenwelle beim Stillstand der Hauptmaschine gestattet, große Luftpumpen, welche Luft und Kondensat aus dem Kondensator saugen, Speisepumpen zum Speisen der Kessel mit Wasser, Lenzpumpen zum Lenzen der Abwässer aus dem Maschinenkielraum, der sog. Bilge, Frischwassererzeuger, um auf See aus dem Meerwasser Wasser zum Speisen der Kessel, aber auch für Bade-, Wasch- und Trinkzwecke herzustellen, Aschheißwinden oder Aschejektoren zum Überbordwerfen der Ascherückstände u. a. m. Weiter hat die Verwendung von elektrischem Licht an Bord Dampfdynamomaschinen notwendig gemacht, das Aus- und Einsetzen der Boote wird durch Dampfwinden besorgt, die Boote selbst werden mittels Dampfmaschine angetrieben. Alle diese Maschinen repräsentieren an Bord eines einzigen Schiffes oft über 100 Zylinder, in denen der Dampf arbeitet; in neuester Zeit ist man jedoch bereits vielfach zum elektrischen Antrieb übergegangen. Mittels Dampf betriebene Koch- und Backapparate, Knetmaschinen, Apparate zur Erzeugung kohlensäurehaltigen Wassers, Kühlanlagen und Eisapparate bilden heute unentbehrliche Bestandteile der Passagierdampfer. Man ist bestrebt, den maschinellen Betrieb eben überall einzuführen, wo derselbe angängig ist, sei es unter unmittelbarer Benutzung des Dampfes in den einzelnen Hilfsmaschinen oder des elektrischen Stromes, der in Dampfmaschinen erzeugt wird. —

Es würde dem Bilde der Umwälzungen im Dampfschiffswesen etwas fehlen, wenn wir nicht noch des äußeren Aussehens der

Schnelldampfer gegenüber dem der älteren Schiffe gedenken würden. Der Anwendung schlankerer Schiffsformen durch Benutzung des Eisens bezw. Stahls als Baumaterial haben wir bereits Erwähnung getan. Ein anderes Aussehen erhielten die Dampfer der letzten Jahrzehnte auch in bezug auf die Takelung. Die ersten Schiffe der deutschen Gesellschaften hatten noch vollständige Barktakelung. Man ging davon aus, daß die Segel die Geschwindigkeit der Dampfer erhöhen und im Falle einer Beschädigung der Maschine eine Fortsetzung der Reise ermöglichen würden. Doch stellte es sich bald

Schnelldampfer »Deutschland« der H.-A. L.

heraus, daß die hohen Masten mit ihren Raaen und dem Tauwerk bei Gegenwind mehr aufhielten, als die Segel bei günstigem Winde nützen konnten. Auch ist durch die Einführung des Doppelschraubensystems der zweite Grund zur Beibehaltung der vollen Takelung weggefallen, zumal es sich herausstellte, daß es der Schraube wegen unmöglich ist, das Schiff mit den Segeln allein am Winde zu halten. In einzelnen Fällen hat man sich allerdings damit zu helfen gewußt, daß man die Schraube zum Herausnehmen aus dem Wasser, zum Hieven, einrichtete. Bei den Schnelldampfern sind die Masten möglichst klein und leicht gehalten und nur mit

dem notwendigsten Tauwerk versehen. Sie dienen mehr als Stütze
für die Ladebäume und allenfalls als Signalmasten, für Zwecke der
Funkentelegraphie und dergl. Meistens ist nur der vordere Mast,

Schnelldampfer »Kaiser Wilhelm II.« des Norddeutschen Lloyd.

der Fockmast, mit Raaen und Raasegeln versehen; die übrigen
Masten haben nur dreieckige Segel ohne Gaffel, und die Segel
kommen nur noch zur Anwendung, wenn man hofft, damit die
Heftigkeit der Schlingerbewegungen zu mildern. An Stelle der

früheren hohen, vollbetakelten Masten ragen jetzt die mächtigen Schlote empor, deren die neueren Dampfer bis zu fünf zählen. Klüverbaum und Bugspriet, unentbehrliche Bestandteile der Segelschiffe und auch bei den ersten Dampfschiffen noch vielfach üblich, sind gleichfalls mit der Reduzierung der Takelage auf den Dampfern gefallen. Mit dem Fortfall dieser Teile änderte sich jedoch auch der Vordersteven selbst. Anstatt daß derselbe früher mit seinem oberen Teil vorsprang und so dem Bugspriet als Stütze diente, ist man jetzt zu dem geraden Vordersteven übergegangen. Nur vereinzelt sieht man heute noch Dampfer und dann meistens solche älteren Jahrganges, oder Lustjachten mit vorspringendem Steven dahinfahren. Im allgemeinen hat die einschneidende Änderung der Betriebsweise der Schiffe auch äußerlich das Bild derselben verändert.

16. Moderne Riesendampfer. Der Ozeanrekord.
Das schnellste Schiff der Welt.

Die Dampfer »Amerika« und »Kaiserin Auguste Victoria« der Hamburg-Amerika Linie. — Innere Einrichtung moderner Ozeandampfer. — Der Wettbewerb um den Ozeanrekord. — »Kaiser Wilhelm der Große«. — »Deutschland«. — »Oceanic«, »Celtic«, »Cedric« und »Baltic«. — Stellung der englischen Kreise gegenüber Rekordbrechern. — »Kronprinz Wilhelm«, »Kaiser Wilhelm II.« — Die »Arrow«, das schnellste Schiff der Welt.

»Der moderne Ozeandampfer ist der Beherrscher des Meeres. Nicht die barbarischen Ketten, mit denen vor mehr als zweitausend Jahren der Perserkönig Xerxes die spottenden Wogen des ungehorsamen Ozeans peitschen ließ, sondern das wundervoll ersonnene Dampfschiff hat das gewaltige Meer in die Macht der Menschen gegeben.

Wer heute reist, den nimmt als eine schwimmende, glänzende Stadt das Dampfschiff im Hafen auf, und die Stadt löst sich vom Lande, wandert ruhig und sicher über die Wasserweiten zu neuen Kontinenten und vereinigt sich von neuem mit dem Lande; die drohende Furchtbarkeit der »Wasserwüste«, des unbeugsamen Elementes, ist verschwunden; in manchen Augenblicken drängt sich dem Passagier die staunende Frage auf, ob er das Festland mit seiner behaglichen Wohnung, seinen Geselligkeiten und Zerstreuungen, mit seiner gewohnten Lebenshaltung überhaupt verließ. Auch das einst menschenleere Weltmeer ist ein Königreich geworden mit hundert schwimmenden Städten darin und 100000 Menschen, die es fröhlich bevölkern. Städte, die nach ihrer Bewohnerzahl mit fast der Hälfte aller preußischen Städte wetteifern, sind darunter, internationale Weltstädte und Badeorte mit armen und reichen Bürgern, mit Kurgästen und einer nach Hunderten zählenden Beamtenschaft. In ihnen vergißt man vom ersten Augenblick an des Meeres und eder Gefahr so ganz, als weilte man in einer auf Felsen gegründeten Stadt am Meere, nicht auf meerumflutetem Schiff.«

So leitet eine unserer größten deutschen Dampfschiffahrtsgesellschaften einen Schriftsatz*) ein, in welchem sie die Öffentlichkeit mit ihren neuesten Bauten, den beiden Riesendampfern »Amerika« und »Kaiserin Auguste Victoria« bekannt macht. Gerade am Ausgang des Säkulums des Dampfschiffes erscheinen diese beiden Riesen auf dem Plan, während sich zwei andere der Cunard-Linie, »Lusitania« und »Mauretania«, noch im Bau befinden, als wollten sie gleichsam der Welt Zeugnis ablegen, wie weit wir es in diesem Zeitraum in der Dampfschiffahrt gebracht haben. Wohl sah die Welt schon einmal einen Riesen fast

Dampfer »Amerika« auf Stapel. Heckansicht.

von der Größe der ebengenannten Dampfer, den »Great Eastern«; aber wie so ganz verschieden erscheinen doch die Verhältnisse, unter denen dieser uns schon bekannte Dampfer vor einem halben Jahrhundert seine Fahrten antrat, von den heutigen Verhältnissen, die zum Bau zweier so mächtiger Schiffe, wie es die »Amerika« und die »Kaiserin Auguste Victoria« sind, führten! Damals das in die Tat umgesetzte Projekt eines kühnen Ingenieurs, das in die wirtschaftlichen Bedürfnisse seiner Zeit paßte, wie etwa Schillers Werke in die Hütte eines Kannibalen, — heute aus dem Bedürfnis unserer Zeit mit Notwendigkeit herausgewachsene Werke. Keine bessere

---

*) »Die Schiffe der Zukunft.« Die neuen Riesendampfer der Hamburg-Amerika Linie.

Illustration kann die Geschichte des Dampfschiffes erfahren, als in der Gegenüberstellung dieses ehemaligen und der jetzigen Riesendampfer.

Wir geben die Dimensionen der letzteren; es beträgt:

	»Amerika«	»Kaiserin Auguste Victoria«
die totale Länge	210,3 m	213,4 m
die Breite	22,6 „	23,5 „
die Tiefe	16,2 „	16,5 „
der Brutto-Tonnengehalt	22250 t	25000 t
die Ladefähigkeit	15000 t	16000 t
die Wasserverdrängung	41000 t	42500 t
die Maschinenstärke	15800 PS	17200 PS*)

An Passagieren und Besatzung kann jedes der beiden Schiffe 4000 Köpfe aufnehmen und zwar:

550	Passagiere	I. Klasse
300	„	II. „
250	„	III. „
2300	„	im Zwischendeck

und 600 Offiziere und Mannschaften. Die Fahrtgeschwindigkeit ist auf etwa 18 Knoten in der Stunde berechnet. »Amerika« entstand

---

*) Im Anschluß hieran seien hier gleich die Abmessungen und sonstigen Daten der zurzeit (1905/07) noch im Bau befindlichen Riesen-Schnelldampfer der Cunard-Linie »Lusitania« und »Mauretania«, die ihre deutschen Konkurrenten an Schnelligkeit erheblich übertreffen werden, angeführt. Nach »Engineering« beträgt bei ›Lusitania«:

die Gesamtlänge	239,26 m
die Länge zwischen den Perpendikeln	231,64 „
die größte Breite	26,82 „
die größte Tiefe	18,44 „
der Brutto-Tonnengehalt	33000 t
der Tiefgang	10,06 m
die Wasserverdrängung	38600 t
die Maschinenstärke	68000 PS

Die Antriebs-Turbinen erhalten ihren Dampf von 25 Zylinderkesseln mit zusammen 192 Feuerbuchsen und 14 Atm. Dampfspannung und sollen dem Schiff 25 Knoten Geschwindigkeit verleihen. Die Zahl der Fahrgäste beträgt I. Kl. 550, II. Kl. 500, III. Kl. 1300.

auf einer englischen Werft, bei Harland & Wolff in Belfast und wurde im Oktober 1905 in Dienst gestellt, während »Kaiserin Auguste Victoria« auf der Werft des »Vulkan« in Stettin erbaut wurde und im Frühjahr 1906 seine Fahrten antrat. Damit befahren zwei Dampfschiffe das Meer, welche die kühnsten Erwartungen weit hinter der Wirklichkeit zurücklassen. Hören wir, welche Einrichtungen und Bequemlichkeiten diese schwimmenden Paläste, denn solche sind es zugleich, denen bieten, die in großer Zahl heute die Reise zwischen der alten und der neuen Welt vollführen, als gelte

Dampfer »Amerika« auf Stapel. Bugansicht.

es nicht, fast die halbe Erde zu umfahren, sondern nur eine kleine Überfahrt zu machen!

Der äußeren Größe der neuen Dampfer entspricht ihre innere Geräumigkeit. Auf fünf übereinander liegenden Decks sind die Wohnräume der Passagiere verteilt. Alle Kabinen sind ungewöhnlich groß, ein ganzes Deck ist mit Staatsgemächern ausgestattet, die beliebig zu größeren oder kleineren Wohnungen mit Salon, Schlaf-, Frühstücks-, Badezimmer usw. kombiniert werden können. Hier ist sogar die »Schiffskabine« kaum noch erkennbar; der durchgängige Ersatz der runden Kabinenfenster durch große, rechteckige Zimmerfenster, sowie die vollständige Vermeidung übereinander liegender Kojenbetten zugunsten breiter, zu ebener Erde stehender Betten erwecken von vornherein den angenehmen Eindruck, als ob der

Besucher, an die nach der »Promenade« führenden Fenster tretend, auf einen sonnigen Garten, statt auf glitzernde Meereswellen müßte blicken können. Eine ausgesuchte Eleganz und Reichhaltigkeit der Inneneinrichtungen erhöhen und bestärken die Vorstellung, auf festem Lande zu weilen. Von den allernotwendigsten Reisegebrauchsgegenständen, auf die man sich früher zu beschränken pflegte, von Bett,

Turbinen-Schnelldampfer »Mauretania« der Cunard-Linie
im Wallsend-Dock.

Nachtschränkchen, Kleiderschrank und Waschtoilette ist man hier überall zur weiteren Ausstattung der Wohngemächer mit Sofa, Tisch, mehreren Stühlen, Schreibtisch übergegangen. Das Tageslicht kommt zu freundlichster Wirkung durch die lichten Farben der Wände; überall ist für reichste Wand- und Deckenbeleuchtung gesorgt. Alle Kammern und Bäder haben regulierbare elektrische Heizung. Die Lüftung der Kabinen wird durch neue sinnreiche Konstruktionen vervollkommnet. Vereinigen die Staatskabinen den höchsten Komfort der Schiffe, so bleiben die übrigen Kabinen, auch die billigsten, nicht viel hinter den geschilderten Ausstattungen zurück. Geräumigkeit, Zweckmäßigkeit aller Einrichtungen, erlesener Geschmack und behagliche Wohnlichkeit zeichnen sie durchgängig aus.

Für die gemeinsame Benutzung aller Kajütspassagiere dienen drei breite, übereinander liegende Promenadendecks, auf denen sich

Turbinen-Schnelldampfer »Mauretania« der Cunard-Linie im Vergleich zur Northumberland-Avenue in London.

die Passagiere bei Konzerten ergehen und der Ruhe auf bequemen Schiffsstühlen pflegen können, ferner zahlreiche geschützte Lauben zum Aufenthalt im Freien, wenn Wind oder Wetter ungünstig sind, prachtvolle Salons, eine vielsprachige Schiffsbibliothek, ein großer Turnsaal mit den verschiedensten selbsttätigen Bewegungsapparaten, ausgedehnte Badegelegenheiten, darunter auch ein elektrisches Lichtbad und dergl. mehr. An Bord vorhanden ist ferner sogar ein Verkaufsstand frischer Blumen, ein Auskunftsbureau, das in allen Reiseangelegenheiten erwünschten Rat und Bescheid gibt. Weiter wird als erster seines Gewerbes, der seine Kunst auf dem Meere betreibt, ein Damenfriseur erwähnt, während ferner zum erstenmal Krankenpflegerinnen mitgeführt werden. Als besondere Neuheit, die man bislang auf Schiffen entbehrte, ist der Passagierfahrstuhl anzusehen, der sich bei den Fahrgästen bereits großer Beliebtheit erfreut. Fahrstühle, die man so lange nur auf dem festen Lande, in Hotels, hohen Mietshäusern usw. anwandte und die sich namentlich in letzter Zeit immer mehr einführen, wird man somit jetzt auf den großen Passagierschiffen der Zukunft wohl kaum mehr entbehren wollen. Eine andere Neuerung, die auf diesen beiden Dampfern zum erstenmal anzutreffen ist, ist das à la Karte-Restaurant. Hatte bis dahin jeder Passagier mit seiner Einschiffung an Bord sich in die allgemeine Schiffsverpflegung (Table d'hôte) begeben müssen, so steht es ihm jetzt frei, nur eine Schiffskarte ausschließlich für Beförderung und Unterkunft zu lösen und sich im übrigen nach freiem Belieben in dem Schiffsrestaurant zu beköstigen. Mag diese Neuerung vielleicht vielen nicht als eine besonders einschneidende erscheinen, so wird das seefahrende Publikum dieselbe doch mit ganz besonderer Freude begrüßen, da sie ganz und gar in seinem Interesse liegt und seiner persönlichen Freiheit an Bord mehr Spielraum gewährleistet.

Daß neben diesen Annehmlichkeiten alles Denkbare für die Sicherheit der Passagiere getan ist, bleibt hier wohl kaum noch zu erwähnen übrig; wir werden diesem Punkt in einer besonderen Betrachtung noch gerecht werden. Wollten wir doch mit der Aufzählung der soeben geschilderten Einrichtungen nur zeigen, wie die modernen Dampfschiffe in der Passagierfahrt dem reisenden Publikum alles bieten, was dasselbe auf dem festen Lande gewohnt ist.

Die »Amerika« und die »Kaiserin Auguste Victoria« laufen, wie schon erwähnt, 18 Knoten in der Stunde und legen die Fahrt über den Ozean von Cherbourg nach New York in siebeneinhalb Tagen zurück. Die beiden Dampfer sind daher, obgleich sie immerhin eine ziemlich schnelle Fahrt machen, keine Schnelldampfer in dem Sinne, wie sie in den letzten Jahren im friedlichen Wettbewerb um den Ozeanrekord entstanden sind. Dieser Wettkampf hat vielmehr Schiffe entstehen lassen, welche in den neuesten Vertretern über 23,5 Knoten und den Weg über den Ozean in reichlich fünf

Tagen zurücklegen. Ja, man hat sich in jüngster Zeit sogar schon mit Projekten beschäftigt, welche einem Viertageschiff, d. h. einem Dampfer zugrunde liegen, der den Weg über den Atlantik in vier Tagen zurücklegen soll!

Wir haben bei der Betrachtung der Schnelldampfer erwähnt, daß

Schraubenflügel der »Amerika«.

im Jahre 1891 die neuesten Dampfer dieser Art 18 bis 19 Knoten Geschwindigkeit erreicht hatten und daß mit diesem Jahre in Deutschland ein Stillstand im Bau von Schnelldampfern eintrat. Wir haben dann die beiden, 1893 von der Cunard-Linie in England in Dienst gestellten Schnelldampfer »Campania« und »Lucania« angeführt, Schiffe, welche im Mittel eine Geschwindigkeit von etwa 21 Knoten*) erreichten und bis zum Jahre 1896 als die schnellsten Ozeandampfer galten. Namentlich die »Lucania« hielt bis zu dieser Zeit den Ozeanrekord, wurde jedoch dann von dem Dampfer »St. Paul« der American-Linie geschlagen. Dieser, bei Cramps & Sons in Philadelphia gebaut, durchlief die Strecke zwischen den Needles und dem Leuchtturm auf Sandy Hook im August 1896 bei einer Probefahrt zur Ermittelung der größten Leistungsfähigkeit in 6 Tagen 31 Minuten mit einer Durchlaufsgeschwindigkeit von 21,08 Knoten in der Stunde.

Jetzt erschien jedoch auch wieder ein deutscher Schnelldampfer auf der Bildfläche, der einen neuen Rekord für die Ozeanüberfahrt aufstellte. Dieser Dampfer war der 1896 vom Norddeutschen Lloyd in Bau gegebene »Kaiser Wilhelm der Große«. Mit ihm legten sowohl der deutsche Schiffbau als auch die deutsche Schiffahrt eine glänzende Probe ihrer Leistungsfähigkeit und ihres Könnens ab.

Nach einer kurzen Bauzeit lief der »Kaiser Wilhelm der Große« bereits am 4. Mai 1897 auf der Werft des »Vulkan« in Stettin vom Stapel. Sein Stapelgewicht betrug 8150 t. Anfangs September war der Ausbau des Schiffes beendet. Dasselbe hat in der Wasserlinie 190,5 m, über Deck 197,51 m Länge, 20,1 m Breite und 13,1 m Raumtiefe vom Oberdeck bis zum Kiel. Sein Deplacement beträgt, voll beladen 20500 t, seine Ladefähigkeit 14000 Reg.-Tonnen bei 8,526 m Tiefgang. Das Schiff ist aus Flußeisen nach den Vorschriften des Germanischen Lloyds für die höchste Klasse als Vierdeckschiff mit ausgedehnten besonderen Verstärkungen erbaut. Ein Doppelboden mit 22 Abteilungen erstreckt sich fast über die ganze Länge des Schiffes. Der Schiffsraum selbst ist durch 16 bis zum Oberdeck hinaufgeführte Querschotte und ein Längsschott im Maschinenraum in 18 wasserdichte Räume geteilt, welche so liegen, daß selbst beim Vollaufen zweier benachbarter oder von drei beliebigen Abteilungen das Schiff noch hinreichende Schwimmfähigkeit behält, um seine Reise fortzusetzen. Wie die anderen großen Schnelldampfer der deutschen Schiffahrtsgesellschaften ist auch der »Kaiser Wilhelm der Große« den Anforderungen des Reichsmarineamtes entsprechend so gebaut worden, daß er zur Verwendung als Hilfskreuzer im Kriege mit einer großen Anzahl Geschütze (Schnellfeuerkanonen) ausgerüstet werden kann. Die Baukosten dieses Dampfers

---

*) Engineering, Jahrgang 1893, S. 480.

betragen zehneinhalb Millionen Mark. Auf dem Schiffe haben 400 Passagiere in 200 Kammern I. Klasse, 350 Passagiere in 100 Kammern II. Klasse und 850 Passagiere in bequem eingerichteten Zwischendecksräumen Platz. Die Besatzung besteht aus 450 Köpfen. Die Kammern des Kapitäns und der 16 Offiziere befinden sich in einem besonderen Schiffsoffizierhaus auf dem Oberdeck, in der Nähe der Kommandobrücke, welche in Höhe von 19 m über dem Wasserspiegel vor dem vorderen Schornstein quer über die ganze Schiffsbreite geht. Ein Promenadendeck erstreckt sich über eine Länge von mehr als 150 m. Naturgemäß birgt das riesige Schiff eine umfangreiche Maschinenanlage. Dieselbe besteht aus zwei Dreifach-Verbundmaschinen von zusammen 27000 IPS, mit je vier hintereinander liegenden Dampfzylindern. Die Maschinen sind zur Verminderung der Schiffsvibrationen nach dem Schlickschen System ausbalanciert und treiben je eine Schraube von 6,8 m Durchmesser und 10 m Steigung. Der Dampf für sämtliche an Bord befindlichen Haupt- und Hilfsmaschinen wird in zwölf Doppel- und zwei Einfach-Zylinderkesseln mit zusammen 104 Feuerungen erzeugt, zu deren Bedienung 90 Heizer und 75 Kohlenzieher auf dem Schiff vorhanden sind. Die vier mächtigen Schlote des Dampfers erheben sich in einer Höhe von 32,3 m über dem Kiel. Dem enormen Gesamtverbrauch an Kohlen zum Betrieb der Kessel entsprechend, dem wir bereits bei Anführung der Fortschritte im Bau und Betrieb der Schiffsmaschinen-Anlagen eine kurze Betrachtung gewidmet haben, wird der Dampfer allein mit rund 4500 t dieses Brennstoffes versorgt.

Am 19. September 1897 trat »Kaiser Wilhelm der Große« von Bremen aus seine erste Reise über Southampton nach New York an und vollendete dieselbe glücklich in 6 Tagen 20 Stunden. Den 3050 sm langen Weg von den Needles an der Westspitze der Insel Whigt bis Sandy Hook an der Hafeneinfahrt von New York legte er in 5 Tagen 22 Stunden 45 Minuten mit einer Durchschnittsgeschwindigkeit von 21,36 Knoten, die Heimreise von Sandy Hook bis zum Leuchtturm von Eddystone, südlich von Plymouth, in 5 Tagen 15 Stunden 10 Minuten, mit einer Durchschnittsgeschwindigkeit von 21,91 Knoten zurück. Mit dem Verlassen der Wesermündung wurde die Fahrtgeschwindigkeit, die am Rothesand-Leuchtturm 19 Knoten betragen hatte, allmählich gesteigert, bis sie 25 Knoten erreichte, eine Geschwindigkeit, die aber natürlich nur eine kurze

Zeit gehalten werden konnte. Nachdem »Kaiser Wilhelm der Große« verschiedene Reisen zurückgelegt hatte, seine Maschinen sich in allen ihren Teilen eingelaufen hatten und das Bedienungspersonal mit der Maschinenanlage völlig vertraut war, steigerte sich auch die auf der Erstlingsfahrt eingehaltene Durchschnittsgeschwindigkeit und stellte sich auf 22 bis 23 Knoten in der Stunde ein.

Es läßt sich verstehen, daß der »Kaiser Wilhelm der Große« überall, wo er anlief, in seiner ganzen Mächtigkeit und imposanten Erscheinung angestaunt wurde, zumal er deutscher Arbeit und deutschem Fleiß und Wissen entsprungen war. Das Dampfschiff, zuerst nur zögernd in Deutschland eingeführt, stellte hier jetzt einen Repräsentanten, wie ihn andere Nationen, die das Dampfschiff mit viel mehr Begeisterung bei sich eingeführt hatten, nicht aufzuweisen hatten.

Diese stolze Schöpfung sollte bald übertroffen werden und zwar gleichfalls von einem deutschen Rivalen. Die Hamburg-Amerika Linie beschloß, um nicht hinter dem Norddeutschen Lloyd zurückzubleiben, den Bau eines Schnelldampfers, der den eben genannten überragen sollte. Sie gab den Bauauftrag der »Vulkan«-Werft. Hier lief der Dampfer am 10. Januar 1900 vom Stapel und erhielt in der Taufe den Namen »Deutschland«.

Die »Deutschland« übertrifft ihren Vorgänger in der Länge um etwa 11 m. Ihre Länge beträgt nämlich über Deck gemessen 208,5 m, in der Wasserlinie 202 m. Die Breite beträgt 20,4 m, die Raumtiefe vom Kiel bis zum Oberdeck ist auf 13,4 m bemessen. Das Deplacement beläuft sich auf 23200 t, ist also um 2500 t größer als bei »Kaiser Wilhelm der Große«, während die Ladefähigkeit von 16200 Reg.-Tonnen um 2000 Reg.-Tonnen größer ist. Ein Längsschott im Maschinenraum und 15 Querschotte, die vom Schiffsboden bis zum Oberdeck hinaufgeführt sind, teilen das Schiff in 17 wasserdichte Abteilungen, welche wiederum so bemessen sind, daß zwei benachbarte derselben voll Wasser laufen können, ohne daß das Schiff dadurch seine Schwimmfähigkeit verliert. Der sich über die ganze Schiffslänge erstreckende Doppelboden besitzt 24 Abteilungen. Die Wände aller Abteilungen sind so stark ausgeführt, daß sie dem einseitigen Wasserdruck widerstehen können. Im übrigen sind zum Hinausschaffen des bei einem Leck eindringenden Wassers vier Kreiselpumpen, zwei Maschinenlenzpumpen und sechs Doppelpumpen mit einer Gesamtleistung von 4000 cbm

13*

in der Stunde im Schiff aufgestellt. Die »Deutschland« kann
467 Passagiere in 263 Kammern I. Klasse, 300 Passagiere in

Doppelschrauben-Schnelldampfer »Deutschland« der Hamburg-Amerika Linie (1900).

99 Kammern II. Klasse und [290 Passagiere in bequem eingerichteten Zwischendecksräumen III. Klasse aufnehmen, wozu noch die aus 525 Köpfen bestehende Besatzung zu zählen ist, so daß das vollbesetzte Schiff 1582 Personen an Bord hat.

Was die Maschinenanlage betrifft, so ist der Dampfer natürlich mit zwei Schrauben — von 7 Meter Durchmesser — ausgerüstet. Dieselben werden betätigt durch je eine stehende Dampfmaschine mit sechs Zylindern und vierstufiger Expansion. Die Maschinen entwickeln zusammen 35600 IPS und sind ebenfalls nach dem Schlickschen System ausbalanciert. Der Betriebsdampf von 15 Atm. Überdruck wird erzeugt in zwölf Doppel- und vier Einfach-Zylinderkesseln mit zusammen 112 Feuerungen und 8000 qm Heizfläche. An Kohlen kann das Schiff 4850 t aufnehmen. Vier mächtige Schornsteine von 4 m Durchmesser und 34,5 m Höhe über dem Kiel sorgen für natürlichen Zug, der durch künstlichen Zug unterstützt wird.

Daß auch dieses Schiff in den für die Passagiere bestimmten Räumen besonders wohnlich und behaglich eingerichtet ist, bedarf wohl kaum einer Erwähnung. Das moderne Kunstgewerbe hat gerade durch den Schiffbau und die heutigen Passagierdampfer manche Aufgabe gestellt bekommen, wie es andererseits hier auch ein weites Absatzgebiet für seine Erzeugnisse gefunden hat. Wir wollen hier jedoch von einer näheren Beschreibung der äußerst geschmackvoll ausgestatteten Räume absehen und uns vielmehr einmal ansehen, welche Ausrüstung ein solcher Dampfer für eine Überfahrt über den Ozean benötigt. Wir haben schon angeführt, daß der Kohlenbunkerinhalt der »Deutschland« 4850 t Kohlen beträgt. Welch ungeheure Menge dies ist, mag daraus erhellen, daß für die Herbeischaffung dieser Kohlen allein 485 Eisenbahnwagen zu je 200 Zentnern erforderlich sind! Ebenso ungeheuerlich sind die Vorräte an Lebensmitteln, welche für eine Überfahrt an Bord genommen werden. So betragen dieselben z. B.: 17500 kg frisches Fleisch, 4500 kg Geflügel und Wild, 2000 kg frische Fische, 600 kg Speck, 1000 kg Schinken, 300 kg Rauchfleisch und Zunge, 4000 Büchsen Gemüse, 3700 kg frische und 1000 kg gebackene Früchte, 30000 kg Kartoffeln, 20000 kg Mehl und Brot, 2500 kg Zucker, 3700 kg Butter, 40000 Eier und vieles andere mehr! Ein solches Dampfschiff gleicht eben einer schwimmenden Stadt, deren Versorgung beträchtliche Mengen jeglicher Bedarfsartikel erheischt

Nachdem die »Deutschland« nach ihrer Fertigstellung unter mancherlei, durch Niedrigwasser entstandene Schwierigkeiten von der Bauwerft in die freie Ostsee gebracht worden war, machte sie am 27. Juni 1900 ihre Probefahrt an der gemessenen Meile zwischen den Inseln Bornholm und Christiansoie, bei der das Schiff mit

Segler »Deutschland«,
erstes Schiff der Hamburg-Amerika Linie
(1847).

voller Kraft 24 Knoten in der Stunde lief. Am 5. Juli konnte es seine erste Ausreise nach New York antreten, die es mit einer Durchschnittsgeschwindigkeit von 22,4 Knoten zurücklegte, während der Bauvertrag nur 22 Knoten forderte. Als höchste Durchschnittsleistung erreichte die »Deutschland« jedoch auf einer späteren Reise von New York nach England 23,51 Knoten in der Stunde, womit der von »Kaiser Wilhelm der Große« aufgestellte Rekord geschlagen war. Die Dampfschiffahrt, die, als die Hamburg-Amerika Linie 1847 ihre Fahrten mit dem Segler »Deutschland« eröffnete, noch in den Anfängen steckte, hatte in dem Dampfer »Deutschland« einen neuen Triumph verzeichnet!

Jedoch ebenfalls nicht lange sollte die »Deutschland« die Ehre, das schnellste Ozeandampfschiff zu sein, behalten, wohl aber blieb der deutschen Schiffahrt der Ruhm, das schnellste Schiff dieser Art zu stellen. England hatte inzwischen einen Ozeandampfer ins Feld gestellt, welcher an Größe die bis dahin gebauten deutschen Schiffe überragte, an Schnelligkeit blieb derselbe jedoch hinter den letzteren zurück. Es war die »Oceanic«, von der White-Star-Linie in Dienst gestellt, der wir hier, obgleich dieselbe, wie schon gesagt, keinen neuen Rekord aufstellte, eine kurze Betrachtung widmen wollen.

Als bereits »Kaiser Wilhelm der Große« in Spanten stand, im Februar 1897, wurde auf der Werft von Harland & Wolff in Belfast die »Oceanic« auf Stapel gelegt. Man hatte bei der Inbaugabe dieses Schiffes die Absicht, in ihm einen Rekordbrecher zu schaffen, der in seinen Maschinen die ungeheure Kraft von 45 000 IPS entwickeln sollte, um eine Fahrtgeschwindigkeit von etwa 27 Knoten zu erreichen. Was nun die Gründe gewesen sein mögen, mag dahingestellt sein, genug, als die »Oceanic« im Januar 1898 vom Stapel lief, hatte man die anfänglich beabsichtigte Maschinenleistung bereits auf 25 000 IPS herabgesetzt, erwartete von derselben aber immerhin noch 21 bis 22 Knoten Fahrtgeschwindigkeit des Schiffes. Die Dimensionen des letzteren betragen: Länge über alles 214,6 m, in der Wasserlinie 207,3 m, Breite 20,7 m und Deplacement 29 000 t; dieselben überragen die Abmessungen der beiden letzten deutschen Schnelldampfer also nicht unwesentlich. Die »Oceanic«, die Raum für 410 Passagiere erster, 300 zweiter und 1000 dritter Klasse, außerdem für 395 Mann Besatzung bietet, trat ihre erste Reise am 6. September 1898 von Liverpool, ihrem Heimatshafen, nach New York an. Wie man schon an der Zahl der Passagiere sieht, hatte man, jedenfalls aus Gründen der Rentabilität, schließlich mehr Wert auf den nutzbaren Raum des Dampfers, als auf eine hervorragend große Maschinenleistung und eine hohe Fahrtgeschwindigkeit gelegt, eine Maßnahme, die sich denn auch bei der Indienststellung in der verminderten Fahrtleistung bemerkbar machte. Die »Oceanic« legte nämlich ihre Erstlingsreise mit einer

Durchschnittsgeschwindigkeit von nur 18,9 Knoten pro Stunde zurück. Sie blieb damit also nicht nur weit hinter den Leistungen der deutschen Dampfer »Kaiser Wilhelm der Große« und »Deutschland« zurück, sondern erreichte nicht einmal die Fahrt der älteren Schnelldampfer »Lucania«, »Campania« und »Fürst Bismarck«. Dieselben Gründe, die bei der »Oceanic« zu der Herabsetzung der Maschinenleistung und der Fahrtgeschwindigkeit zu Gunsten einer größeren Ladefähigkeit führten, haben auch die Hamburg-Amerika Linie bei Festsetzung dieser Faktoren für ihre letzten großen Schiffe »Amerika« und »Kaiserin Auguste Victoria« geleitet. Hinter der Frage der mehr oder weniger hohen Rentabilität müssen andere Forderungen, die man gleichzeitig stellen möchte, zurückstehen. Die englische Presse hat sich bemüht, das Ehrgefühl der englischen Reeder anzurufen, den Wettbewerb mit den deutschen Schnelldampfern aufzunehmen und zu zeigen, daß die englischen Werften ebenso schnelle Schiffe bauen, die Reeder ebenso schnelle und kostspielige Schiffe bezahlen können und wirtschaftlich nutzbar zu machen verstehen und seine Seeleute ebenso gut solche Dampfer zu führen vermögen, als es in Deutschland geschieht. Die englische Presse hat sich an den Patriotismus der Engländer gewendet, indem sie auf den hohen Wert, den die deutschen Schnelldampfer für den Aufklärungs- und Kaperdienst haben, hinwies, sowie betonte, daß England kein Schiff habe, daß diese schnellen Kreuzer einholen und keinen Handelsdampfer besitze, der ihnen entrinnen könne. Die englischen Schiffahrtsgesellschaften, denen die französischen folgten, haben sich hierdurch aber wenig in ihren Entschließungen beeinflussen lassen. Die White-Star-Linie ließ der »Oceanic« ein zweites Schiff von etwa der gleichen Größe folgen, welches jene aber in bezug auf den Brutto-Raumgehalt noch um rund 3600 Reg.-Tonnen übertrifft.

Die »Celtic«, wie dieser Riese von 36700 t Deplacement heißt, konnte am 4. April 1901 auf der Werft von Harland & Wolff in Belfast den Stapel verlassen. Die beiden Maschinen des Dampfers indizieren zusammen nur 14000 PS und sollten demselben eine Geschwindigkeit von 16 bis 17 Knoten verleihen. Auf seiner ersten Reise, bei der er am 4. August 1901 in New York eintraf, erreichte der Dampfer jedoch nur eine Durchschnittsgeschwindigkeit von 14,95 Knoten, blieb also hinter der errechneten Geschwindigkeit ziemlich zurück. Die White-Star-Linie ließ diesen beiden Dampfern bald noch zwei weitere, »Cedric« und »Baltic«, folgen, von denen der letztere und größte mit seinem Deplacement von 40000 t immerhin noch von den beiden neuesten Riesendampfern der Hamburg-Amerika Linie (von 41000 bezw. 42500 t) übertroffen wird. Die beiden Cunard-Turbinendampfer »Lusitania« und »Mauretania« erst, mit ihrer projektierten Fahrtgeschwindigkeit von 25 Knoten, lassen das Interesse der englischen Gesellschaft an dem Wettbewerb um das »blaue Band des Ozeans«, um den Ozeanrekord, wieder erkennen.

Der Norddeutsche Lloyd stellte 1901 den »Kronprinz Wilhelm« in Dienst und ließ ihm bald den »Kaiser Wilhelm II.«

»Kaiser Wilhelm II.« im Dock. Heckansicht.

folgen, beides Schnelldampfer, welche den von »Deutschland« aufgestellten Rekord noch um ein geringes erhöhten und daher zurzeit als die schnellsten Ozeandampfer betrachtet werden können. Auch sie sind aus den Werkstätten der »Vulkan«-Werft in Stettin hervorgegangen. Es mögen hier von dem erstgenannten Dampfer einige Angaben über die Maschinenanlage folgen, während von dem zweiten, ähnlich gebauten Schiff verschiedene allgemeine Daten interessieren werden.

Die beiden ausbalancierten Vierfach-Expansionsmaschinen des »Kronprinz Wilhelm« entwickeln zusammen eine Stärke von 33000 IPS. Der Dampf wird in zwölf Doppel- und vier Einfachkesseln erzeugt, die im ganzen 112 Feuerungen enthalten. Welche

enormen Druckkräfte bei den Maschinen dieser Schnelldampfer in
Frage kommen, mag daraus erhellen, daß z. B. hier das Drucklager
für die Wellenleitung einem dauernden Druck von 88 000 kg bei
der Fortbewegung des Schiffes ausgesetzt ist. Die aus bestem Stahl
hergestellten Schraubenwellen haben 580 bis 630 mm Durchmesser.
Die vierflügeligen Schrauben messen 6,65 m im Durchmesser, das
Gewicht des einzelnen Flügels stellt sich auf 4365 kg. Zur Bedienung der beiden Haupt- und der 70 Hilfsmaschinen ist ein Maschinenpersonal von 237 Mann vorhanden, bestehend aus einem

Promenadendeck des »Kaiser Wilhelm II.«

Ingenieur, 16 Maschinisten, 13 Maschinistenassistenten, 3 Elektrikern,
einem Kesselschmied, 12 Schmierern, 2 Lagermeistern, 12 Ober-
heizern, 84 Heizern und 93 Kohlenziehern. Der Kohlenverbrauch
beträgt etwa 550 t in 24 Stunden.

Der jüngste und größte der beiden genannten Schnelldampfer,
»Kaiser Wilhelm II.«, lief am 12. August 1902 auf der »Vulkan«-
Werft vom Stapel. Die Hauptdimensionen dieses Schiffes sind
Länge über Deck 215,54 m, Breite auf Spanten 21,94 m, Wasser-
verdrängung 26 000 t, Raumgehalt 20 000 Brutto-Reg.-Tonnen; das
Ablaufgewicht betrug 11 200 t. Die Maschinen leisten die gewaltige
Kraft von ca. 40 000 IPS. An Passagieren können aufgenommen
werden: in 290 Kammern I. Klasse 775, in 107 Kammern II. Klasse

343 und in Räumen III. Klasse 770 Personen, so daß, die Besatzung mit 606 Köpfen hinzugerechnet, das vollbesetzte Schiff etwa 2500 Personen über den Ozean trägt. Um für diese die nötige Sicherheit zu schaffen, ist das aus bestem deutschen Stahlmaterial erbaute Schiff mit einem sich über die ganze Schiffslänge erstreckenden, in 26 wasserdichte Abteilungen geteilten Doppelboden versehen, sowie durch 16 bis zum Oberdeck hinaufgeführte Querschotte und ein Längsschott im Bereiche der Maschinenräume in 19 Abteilungen geteilt. Die Schotte sind wiederum so gelegt, daß selbst beim

Navigationszimmer des »Kaiser Wilhelm II.«

Vollaufen zweier benachbarter Abteilungen das Schiff noch schwimmfähig bleibt.

Bis zum Oberdeck sind in dem Schiff vier stählerne durchlaufende Decks eingebaut. Oberhalb des Oberdecks befinden sich noch folgende Aufbauten:

1. ein von vorn bis hinten durchlaufendes Spardeck, dessen mittlerer Teil als unteres Promenadendeck dient;

2. eine Back, ein 135 m langes und 15 m breites Mittschiffshaus und ein 24 m langes hinteres Deckshaus; auf dem Spardeck über dem Mittschiffshaus und dem hinteren Deckshaus ist auf eine Länge von 164 m ein oberes Promenadendeck erbaut;

3. ein 136 m langes Deckshaus auf dem oberen Promenadendeck, über welchem das Bootsdeck liegt.

Auf diese Weise sind in zwei Decks seitlich der Deckshäuser
zwei übereinander liegende breite, bequeme und geschützte Pro-
menaden zum Aufenthalt der Passagiere im Freien geschaffen,

Speisesaal I. Klasse des »Kaiser Wilhelm II.«

während alle bisher in Fahrt gestellten Schnelldampfer nur über je
ein solches Promenadendeck verfügen. Als Promenadendeck ist teilweise auch noch das Sonnendeck verfügbar. Außer gewöhnlichen
bequem und wohnlich eingerichteten Kammern für eine, zwei, drei
und vier Personen, sind für I. Klasse-Passagiere zwei ganz besonders komfortable Wohnungen, dazu acht Luxusräume, acht Staats-

zimmer und vier mit nebenliegendem Badezimmer versehene Kammern eingerichtet. Den Passagieren I. Klasse stehen für allgemeinen Gebrauch folgende luxuriös eingerichtete Räume zur Verfügung: ein

Gesellschaftszimmer des »Kaiser Wilhelm II.«

Schreib- und Lesezimmer des »Kaiser Wilhelm II.«

im Hauptdeck liegender Speisesaal mit 554 Sitzplätzen, ein Rauchzimmer, ein Gesellschafts- und ein Lese- und Schreibzimmer auf dem oberen Promenadendeck, ein Kindersalon auf dem unteren

Promenadendeck, sowie ein Cafésalon auf dem Sonnendeck. Die Kammern für Passagiere II. Klasse sind ebenso eingerichtet, wie die Wohnkammern I. Klasse, nur etwas einfacher gehalten. Den II. Klasse-Passagieren stehen für gemeinsame Benutzung folgende Räume zur Verfügung: ein auf dem Hauptdeck befindlicher Speisesalon mit 190 Sitzplätzen, ein Gesellschaftssalon und ein Rauchzimmer, welche beide auf dem hinteren Teile des Promenadendecks liegen. Zum Aufenthalt im Freien dient der hintere Teil des Promenadendecks vor und seitlich des Gesellschafts- und Rauchzimmers, welcher durch das obere Promenadendeck, und der hintere Teil

Wiener Café für Raucher des »Kaiser Wilhelm II.«

des oberen Promenadendecks, welcher durch ein Sonnendeck geschützt ist. Ebenso ist für die gesunde und bequeme Unterbringung der Passagiere III. Klasse und der Mannschaften von der Reederei die größte Sorge getragen worden.

Von den 52 wasserdichten Türen sind 24 Schottüren mit Dörrscher Türschließvorrichtung versehen, welche es ermöglicht, diese 24 Türen vom Steuerhause aus zu schließen. Aus einem im Kartenhause befindlichen Schottentableau kann der Kapitän sofort ersehen, ob alle bezw. welche der wasserdichten Türen geschlossen sind. Alle bewohnten Räume sind mit elektrischer Beleuchtung, Dampfheizung, ausgiebigster Ventilation usw. und den höchsten Anforderungen der Neuzeit entsprechenden Einrichtungen versehen.

Im ganzen dienen ca. 2700 elektrische Lampen zur gesamten Schiffs-
beleuchtung; zur Erzeugung des elektrischen Stroms sind fünf Dynamomaschinen aufgestellt. Die Elektrizität findet auf dem Schiffe
ausgiebigste Verwendung, teils zur Bequemlichkeit für die Passagiere, teils zur Sicherheit für das Schiff. Ebenso ist das Schiff mit
Telephonanlagen reichlich versehen.

Die vom »Vulkan« erbaute Maschinen- und Kesselanlage
besteht aus vier vierzylindrigen, dreikurbeligen Vierfach-Expansions-
Hammermaschinen mit Oberflächenkondensation und Massenausbalan-

Küche I. Klasse des »Kaiser Wilhelm II.«

cierung nach Schlicks System, welche zusammen ca. 40000 Pferdekräfte
indizieren. Je zwei dieser Maschinen sind hintereinander aufgestellt,
um es zu ermöglichen, zwischen ihnen ein wasserdichtes Querschott
aufzubauen und hierdurch die Zahl der wasserdichten Abteilungen zu
erhöhen und dadurch wiederum die Gefahr des Sinkens des Schiffes
zu vermindern. Den Dampf liefern 12 Doppel- und 7 Einfachkessel,
welche mit 15 Atm. Überdruck arbeiten, 10000 qm Heizfläche, 124
Feuerungen und 290 qm Rostfläche besitzen. Je zwei der Maschinen treiben mittels einer ca. 42 m langen Wellenleitung eine vierflügelige Bronzeschraube von 7 m Durchmesser. Verfasser erinnert
sich, daß er im Jahre 1902 auf der Düsseldorfer Ausstellung in
der Halle der Firma Friedrich Krupp mit wahrer Andacht vor der

daselbst ausgestellten mächtigen Wellenleitung stand, die für den Schnelldampfer »Kaiser Wilhelm II.« bestimmt war. In diesem sauberen Schmiedestück allein offenbarte sich eine Leistung der deutschen Industrie, welche jeden mit Achtung und Bewunderung vor derselben erfüllen mußte.

Die gleiche Achtung und Bewunderung muß der deutschen Schiffbauindustrie im besonderen dargebracht werden, da sie, die vor wenigen Jahrzehnten erst eigentlich entstand, sich heute so weit emporgeschwungen hat, daß ihre Erzeugnisse, die soeben behandelten größten und schnellsten Dampfschiffe der Welt, alle Welt

Vierfach-Expansionsmaschine des »Kaiser Wilhelm II.«

in Erstaunen setzen. Das gleiche Lob muß aber auch den deutschen Schiffahrtsgesellschaften gewährt werden, daß sie, mit weitem Blick für die Bedürfnisse der Zeit, derartige Bauten in Auftrag gaben. Denn wir leben heute einmal im Zeichen des Schnellbetriebes, und dieselbe Rolle, die der Schnellzug in der Personenbeförderung auf dem Festlande spielt, woselbst man sich bemüht, mittels der elektrischen Schnellbahn bei Fahrtgeschwindigkeiten bis zu 200 km in der Stunde, Raum und Zeit immer schneller zu überwinden, ist zur See den Schnelldampfern, den »Windhunden des Ozeans« zugeteilt. In dieser Erwägung hat der Norddeutsche Lloyd daher zur Zeit wiederum einen Schnelldampfer vom Typ der ihm schon gehörigen in Bau gegeben, der auf den Namen »Kronprinzessin Cecilie« getauft, die Zahl der dem Lloyd gehörigen

Doppelschrauben-Schnelldampfer auf der »Vulkan«-Werft in Stettin im Bau.
Achterspanten.

Doppelschrauben-Schnelldampfer auf der »Vulkan«-Werft in Stettin im Bau.
Mittelschiff.

modernen Schnelldampfer auf vier erhöht und es ihm ermöglicht, regelmäßig jede Woche je einen Schnelldampfer von New York und Bremen abgehen zu lassen.

Welchen Umfang der Verkehr allein auf den Linien des Norddeutschen Lloyds angenommen hat, geht daraus hervor, daß die Zahl der im Jahre 1904 auf den transozeanischen Reisen der Gesellschaft beförderten Personen 353 686 (im vorhergehenden Jahre sogar 374 972) betrug. Im ganzen wurden bis Ende des Jahres 1904 bisher ·befördert 5 528 591 Personen. An Ladung wurden im transozeanischen Verkehr 3 425 148 cbm (1904) befördert, gegen 3 292 881 cbm im Vorjahre. Ein ähnlicher Verkehr herrscht auch auf den Routen der Hamburg-Amerika Linie. Daß beide Gesellschaften neben den Schnelldampfern und den eingangs erwähnten Riesendampfern noch eine stattliche Zahl anderer Dampfer von großen Dimensionen zur Bewältigung eines derartigen Verkehrs besitzen, daß auch die ausländischen Schiffahrtsgesellschaften in dieser Beziehung hervorragend ausgerüstet sind, brauchen wir wohl kaum zu erwähnen*). Wenn wir hier uns mit besonderer Ausführlichkeit den deutschen Schnelldampfern zugewendet haben, so geschah dies, weil, wie zugegeben werden muß, das Dampfschiff gerade in diesen heute seine hervorragendsten Typen zeigt, die man zu Beginn der Dampfschiffahrt wohl schwerlich geahnt hat!

Wir wollen dieses Kapitel jedoch nicht schließen, bevor wir noch des überhaupt schnellsten Dampfschiffes gedacht haben, welches diesmal ein Amerikaner geschaffen hat. Es ist die Dampfjacht »Arrow«, welche bei der im Jahre 1902 auf dem Hudson abgehaltenen Probefahrt eine Geschwindigkeit von 39,13 Knoten in der Stunde erreichte. Obgleich im Laufe der letzten Jahre von Torpedobooten und Turbinenschiffen die Fahrtgeschwindigkeit von 30 Knoten erreicht bezw. überschritten worden ist, wurde die mit der »Arrow« erzielte Geschwindigkeit bis jetzt von keinem anderen Schiff erreicht. Beim Entwurf der Jacht, welcher von Charles D. Mosher stammt, ist denn auch mehr der Wunsch des Eigentümers, Charles R. Flint, das schnellste Schiff zu besitzen, als der, eine bequeme Jacht zu erhalten, maßgebend gewesen. Die folgenden

---

*) Einen instruktiven Überblick über sämtliche Passagierdampferlinien der Erde gibt das kürzlich (1906) im »Captain«-Verlag in Rostock erschienene erste Kursbuch des Seeverkehrs »Captain«.

Doppelschrauben-Schnelldampfer auf der »Vulkan«-Werft in Stettin im Bau.
Decksansicht.

Angaben über die »Arrow« entnehmen wir den Ergebnissen einer Studienreise in Amerika, welche Professor Mentz veröffentlichte*).

Das Schiff hat eine Länge zwischen den Perpendikeln von 39,62 m, eine Breite von 3,81 m, einen mittleren Tiefgang von 1,067 m und ein Deplacement von 67,66 t. Hier fallen sofort der geringe Tiefgang und das geringe Deplacement auf. In der Tat gleicht das Schiff mehr einem Torpedoboot, — zu welchem es im Kriegsfalle in kurzer Zeit auch ausgerüstet werden kann, — als einer Privatjacht. Dies zeigt sich noch mehr in der Leistung der beiden Maschinen, welche bei 540 Umdrehungen in der Minute und einem Dampfüberdruck von 24,61 kg pro qm im Hochdruckschieberkasten 4000 IPS beträgt. Auf das Deplacement bezogen, bedeutet dies eine Leistung von rund 59 IPS pro Tonne Deplacement, während dieselbe bei unseren Hochseetorpedobooten (etwa 30 Knoten Geschwindigkeit) rund 16 IPS beträgt. Die Maschinenanlage der »Arrow« nimmt denn auch ungefähr $^2/_5$ der Schiffslänge ein, während der übrige Teil im Hinterschiff zu Kajüten und im Vorderschiff zu Unterkunftsräumen für Offiziere und Mannschaften dient.

Die »Arrow« hat, wie schon betont, zwei Maschinen, von denen jede eine Schraube treibt. Jede Maschine besitzt vier Zylinder. Es beträgt der Durchmesser des Hochdruckzylinders 279 mm, des Mitteldruckzylinders 432 mm, des Niederdruckzylinders I. 610 mm, des Niederdruckzylinders II. 813 mm und der Kolbenhub 381 mm. Die Maschinen sind so leicht als möglich konstruiert, wobei man mit den Beanspruchungen äußerst hoch gegangen ist. So wurde das geringe Gewicht der Maschinen- und Kesselanlage von 8,05 kg pro IPS erzielt. Auch die Kolbengeschwindigkeit ist eine sehr hohe zu nennen, da dieselbe, entsprechend 540 bis 600 Umdrehungen in der Minute, 6,858 bis 7,62 m pro Sekunde beträgt. Auf die Ökonomie der Maschinenanlage, auf Erzielung eines kleinen Dampfverbrauches ist besonderer Wert gelegt. So sind zwischen den einzelnen Dampfzylindern Überhitzer eingeschaltet, welche bewirken, daß in jedem einzelnen Zylinder nur überhitzter Dampf zur Verwendung gelangt. Der Dampf wird erzeugt in zwei Wasserrohrkesseln. Seine Spannung wird auf dem Wege von den Kesseln nach den Maschinen durch ein Reduzierventil von 28,12 kg Überdruck pro qcm auf 24,61 kg pro qcm reduziert. Es findet natürlich

---

*) »Die Konstruktion der amerikanischen Schiffsmaschinen.« Schiffbau, IV. Jahrgang, S. 717.

forcierter Zug Anwendung; ferner wird das Kesselspeisewasser durch einen in die Speiseleitung eingeschalteten Vorwärmer auf etwa 177° C. vorgewärmt. Leider sind Messungen des Dampfverbrauches, wie auch Indikatorversuche nicht vorgenommen worden.

Alles in allem hat der Konstrukteur der »Arrow« seine Aufgabe geschickt gelöst. Die erreichte Geschwindigkeit von 39,13 Knoten = rund 72 km dürfte an der Grenze der Geschwindigkeit liegen, welche bei den jetzt üblichen Schiffsformen und den Kolbenmaschinen überhaupt möglich ist.

Einfahrt in den Hafen von New York.

17. Die Sicherheit im heutigen Dampfschiffsverkehr und die Sicherheitseinrichtungen auf Dampfschiffen.

Seeunfälle in den ersten Jahren der Ozeandampfschiffahrt. — Die Schiffs-klassifikationsgesellschaften und ihre Aufgaben. — Sicherheitseinrichtungen der Schiffskörper. — Die Pumpeneinrichtungen. — Rettungsboote. — Die Sicherheitsrolle. — Festlegung bestimmter Seewege. — Verbesserung der nautischen Instrumente und des Signalwesens.

So herrlich und groß, wie das Dampfschiff als Verkehrsmittel erschien und sich überall neue Gebiete eroberte, das Gefühl leiser Furcht mochte doch den Passagier, der sich diesem Verkehrsmittel für eine Fahrt über den atlantischen Ozean anvertraute, noch vor einigen Jahrzehnten beschleichen, wenn ihm die Zahl der von Unglücksfällen aller Art betroffenen Dampfer einmal vor Augen kam. So lesen wir z. B., daß seit den ersten Reisen des »Sirius« und des »Great Western« im Jahre 1838 bis Ende 1878 nicht weniger als 144 Dampfer aller Größen im Nordatlantik verunglückten. Von diesen wurde gut die Hälfte wrack und konnte noch von den Passagieren verlassen werden, zehn Dampfer verbrannten auf offener See, acht sanken durch Zusammenstöße mit anderen Schiffen, drei durch Kollision mit Eisbergen und 24 verschwanden von der See, ohne daß man je wieder eine Kunde von ihnen vernommen hätte! Das Bild erscheint aber schon in etwas anderem Lichte, wenn man berücksichtigt, daß sehr viele dieser verunglückten Dampfer, namentlich in der ersten Zeit, kleine hölzerne Raddampfer waren, von einer Größe, wie man sie heute bei Vergnügungsjachten antrifft, daß ferner andere dieser Dampfer von solcher Bauart und Maschinen-ausstattung, auch wohl von ziemlichem Alter waren, daß man sie bei der heute obwaltenden Vorsorge für die Sicherheit zur See wohl überhaupt nicht den Gefahren einer Ozeanreise ausgesetzt hätte. Dann aber wurden in den ersten 20 bis 30 Jahren der transatlantischen Postdampferfahrt lange nicht so viele Kajütspassagiere von amerikanischen nach europäischen Häfen befördert, als jetzt allein in einem Sommer von New York nach Europa reisen. Heute ist dabei die Zahl der von Unfällen betroffenen Dampfer auf dieser Fahrt soweit heruntergegangen, daß man behaupten kann, die Sicherheit im Dampfschiffsverkehr ist nicht geringer als diejenige z. B. im Eisenbahnverkehr und dabei, wie diese, noch stetig im Steigen begriffen. Es sind verschiedene Umstände, welche diesen günstigen Umschwung gegen früher bewirkt haben, von denen wir im nachstehenden die hauptsächlichsten herausgreifen wollen.

Wir haben betont, daß heute eine besondere Vorsorge für die Sicherheit zur See getroffen ist. Als Träger dieser Vorsorge müssen zunächst die Schiffsklassifikationsgesellschaften bezeichnet werden, die, wenn auch nicht aus rein philantropischen, so doch aus praktischen Gründen jedes aufs Meer hinausfahrende Schiff daraufhin prüfen, ob dasselbe nach menschlichen Berechnungen und Voraussetzungen der Seefahrt und den an sie gestellten Bedingungen gewachsen ist. Diese Gesellschaften bilden also gewissermaßen besondere Sicherheitsbehörden für die Schiffahrt. Und zwar erstreckt sich die von den Gesellschaften ausgeübte Kontrolle von den Projektzeichnungen an sowohl auf den Bau der Schiffe, als auch auf den späteren Betrieb derselben. Erst in den letzten 30 Jahren ist man auf Grund früherer, zum Teil schon eingangs erwähnter schlimmer Erfahrungen auf diese Überwachung des Baues und des Betriebes der Schiffe gekommen. Wie auf anderen Gebieten des Erwerbslebens drängten sich auch im Schiffbau und im Reedereibetriebe einseitig und rücksichtslos verfolgte kaufmännische Erwerbsinteressen zeitweise so stark in den Vordergrund, daß dadurch die Sicherheit der Seeschiffe nicht unwesentlich in Frage gestellt wurde. Da nun die meisten Schiffe versichert wurden, so hatte naturgemäß die Versicherungsgesellschaft selbst ein großes Interesse daran, nur solche Schiffe zu versichern, welche wirklich aus gutem Material, nach guten Konstruktionen gebaut waren. Das führte dazu, daß besonders in England und dann in Frankreich und schließlich auch in Deutschland die Assekuranzgesellschaften Sachverständige zu Rat zogen, wenn es sich darum handelte, zu versichernde Schiffe auf ihre Qualität zu untersuchen. So haben sich die heutigen Klassifikationsgesellschaften entwickelt, deren bedeutendste Vertreter der »Englische Lloyd« in England, das »Bureau Veritas« in Frankreich und der »Germanische Lloyd« in Deutschland sind. Diese Gesellschaften üben zunächst eine Kontrolle über die beim

Bau der bei ihnen versicherten Schiffe verwendeten Materialien aus; sie prüfen die Baupläne darauf hin, ob diese Materialien in zweckentsprechender, konstruktiver Weise, nach richtigen Maßen und Stärken usw. angeordnet sind; sie prüfen auch die Bauausführung auf der Werft selbst. Dann aber unterliegt auch das vollendete und im Betrieb befindliche Schiff dauernd der Kontrolle der Klassifikationsgesellschaft, bei welcher es für einen gewissen Zeitraum (im Höchstfalle vier Jahre) einer bestimmten Klasse zugewiesen wird, die nach Ablauf dieser Frist auf Grund einer wiederholten Untersuchung des ganzen Schiffes und gleichzeitiger Hebung irgend welcher Mängel erneuert werden muß. So ist eine Gewähr dafür geschaffen, daß das Schiff in allen seinen Teilen und Einrichtungen den an dasselbe zur Sicherheit seiner Passagiere und Besatzung gestellten Anforderungen entspricht.

Betrachten wir zunächst die beim Schiffskörper selbst in Frage kommenden Fälle, so ist vor allem eine richtige Beanspruchung sämtlicher Verbände u. dergl. ins Auge zu fassen. Als die Größe der Dampfer immer mehr wuchs, die Fahrtgeschwindigkeiten sich steigerten, und man zugleich zu einem neuen Baumaterial, dem Stahl überging, trat an die Klassifikationsgesellschaften die Frage heran, ob die Festigkeit mit der Größe der Schiffe gleichen Schritt halte. Diese Frage wurde von den Sachverständigen in bezug auf die Querverbände bejahend, hinsichtlich der wichtigeren Längsverbände aber verneinend beantwortet. Zu diesem Ergebnis gelangten sie auf folgende Weise. Sie nahmen an, das Schiff schwimme in einer See mit Wellen, deren Länge derjenigen des Schiffes gleich sei, und dieses werde in seiner Mitte von einem Wellenberge getragen, so daß die beiden Enden nicht unterstützt sind. Unter solchen Verhältnissen machen sich die stärksten Beanspruchungen naturgemäß in den oberen Teilen geltend. Die Rechnung ergab hierfür z. B. Spannungen von 650 kg pro qcm, das heißt das doppelte der Beanspruchungen, wie bei den kleineren Dampfern. Infolgedessen wurden die Schiffe nunmehr verstärkt und man wandte fernerhin eine andere Bauart an. Die Verstärkung besteht hauptsächlich in Blechträgern, den Längsspanten, welche dem Kiel parallel an beiden Schiffsseiten von vorn bis hinten laufen. Dadurch, daß nicht mehr der Kiel und die Decks allein diese Spannung auszuhalten hatten, fiel letztere bei den Neuausführungen von Schnelldampfern z. B. auf etwa 480 kg pro qcm.

Schottür offen.

Schottür halb geschlossen.

Schottür geschlossen.

Als von großer Bedeutung für die Sicherheit der Dampfer muß der Doppelboden derselben bezeichnet werden. Wie der Name schon sagt, werden die Dampfer mit einem doppelten Boden versehen, der sich meistens über die ganze Länge des Schiffes erstreckt. Der Doppelboden hat den Zweck, zu verhindern, daß bei Grundberührungen und Beschädigungen der äußeren Schiffshaut das eindringende Wasser sofort den inneren Schiffsraum überflutet. Dabei ist der Doppelboden durch verschiedene Wände in eine Anzahl einzelner Abteilungen geteilt, wie wir dies schon bei Besprechung der Schnelldampfer anführten, so daß das eindringende Wasser auch nur einen Teil des Doppelbodens ausfüllt und den Tiefgang des Schiffes nicht wesentlich verändert. Außer dieser Einteilung des Doppelbodens ist der übrige Schiffsraum selbst noch durch den Einbau wasserdicht ausgeführter Schotte, die vom Kiel bis zum Oberdeck reichen, in eine Anzahl Abteilungen geteilt. Sollte nun auch der innere Schiffsboden verletzt sein und das Wasser in den Schiffsraum dringen, so wird es hier wieder auf einen Teil des Schiffes beschränkt. Bei Kriegsschiffen ist vielfach ein durch den größten Teil des Schiffes laufendes Längsschott außer den Querschotten vorhanden, bei den Handelsdampfern beschränkt sich das Längsschott, falls wie bei Zwei- und Dreischraubenschiffen überhaupt ein solches vorhanden ist, meistens auf die Länge des Maschinenraums. Das vorderste Querschott ist das sog. Kollisionsschott, das, wie der Name schon sagt, bei Kollisionen durch Zusammenstöße mit anderen Schiffen usw. von größter Bedeutung für das rammende Schiff ist. Um den Verkehr zwischen den einzelnen Abteilungen zu ermöglichen, müssen die Schotte durch Türen durchbrochen werden. Um aber die Dichtigkeit des Schottes zu wahren, sind diese Schottüren so eingerichtet, daß sie im Falle der Gefahr absolut wasserdicht geschlossen werden können. In den Räumen über Wasser sind dabei diese Türen meistens als Klapptüren mit Riegel, unter Wasser dagegen als Fall- oder Schiebetüren eingerichtet. Man beschränkt jedoch die Zahl der unter Wasser befindlichen Türen und Durchgänge auf das möglichste, um das Prinzip der

Hydraulischer Schottürenverschluß (System Dörr).

ständig wasserdichten Schotten so wenig als möglich zu durchbrechen. Die Schließung der Schottüren im Falle der Gefahr erfolgt entweder an Ort und Stelle oder von einer Zentrale aus. Gerade die letztere Art und Weise hat in neuester Zeit fast allgemein Einführung gefunden. So werden beim hydraulischen Türverschluß, wie ihn der Norddeutsche Lloyd und die Hamburg-Amerika Linie auf ihren Schiffen anwenden, sämtliche Schottüren mittels Druckwasser in wenigen Sekunden geschlossen, eine Einrichtung, die sich vorzüglich bewährt hat.

Gewährleistet die Einteilung der Dampfschiffe in verschiedene wasserdichte Abteilungen eine fast unbedingte Sicherheit, die nur durch das Zusammentreffen mehrerer ungünstiger Umstände aufgehoben wird, so mag hier noch einer anderen Verbesserung gedacht werden, die als ein Fortschritt sowohl für die Schiffahrt, als auch für die Wohnlichkeit der Dampfer betrachtet werden muß. Die älteren Dampfer waren sämtlich nach dem Muster der Segelschiffe gebaut. Sie hatten, wie diese, vorn eine Back, hinten eine Kampagne und dazwischen auf dem Hauptdeck einige Aufbauten, welche an den Bordseiten von einem hohen, an Back und Kampagne anschließenden Schanzkleid umgeben waren. Nahm ein solcher Dampfer im Sturm eine schwere See über, so überflutete dieselbe das ganze Deck, indem sie den Raum zwischen Back, Kampagne und Schanzkleid mit Wasser anfüllte, welches erst nach und nach durch kleine Öffnungen im Schanzkleid, die Speigatten, abfließen konnte. Bis dies jedoch geschehen war, hatte das Wasser schon einen Weg in die Aufbauten und die in denselben befindlichen Kammern gefunden. Bedeutete dies für die Passagiere eine beunruhigende Störung, so wurde die Sache für das Schiff kritisch, sobald von dem letzteren mehrere Seen schnell hintereinander übergenommen wurden. Dieselben vermochten dann wohl gar das Schiff zum Sinken zu bringen. Das ist bei den neueren Dampfern anders, besser geworden. Diese werden jetzt am Oberdeck, anstatt mit einem Schanzkleid, nur mit einer leichten Reeling, einem Netzwerk umgeben, welche den überkommenden Seen den sofortigen Abfluß gestatten. Ferner wird das Eindringen der See ins Schiff durch die wasserdicht verschließbaren Türen in den Aufbauten verhindert.

Als notwendige Ergänzung der für die Unsinkbarkeit der Dampfer getroffenen Einrichtungen dienen die zahlreichen im Schiff verteilten Pumpen. Diese werden sowohl von Menschenhand, als auch von besonderen Maschinen in Bewegung gesetzt und gestatten durch ihr weit verzweigtes Rohrsystem, etwaige durch Wassereinbruch betroffene Schiffsräume leer zu pumpen, zu lenzen, wie der fachmännische Ausdruck lautet. Versagt eine Pumpe, so kann ohne weiteres eine andere deren Funktion übernehmen, was durch Verbindung der einzelnen Rohrleitungen untereinander ermöglicht wird. Neben diesem Zweck als Lenzpumpen dienen mehrere derselben auch für Feuerlöschzwecke. Hierfür durchzieht wiederum ein ausgedehntes Rohrnetz das Schiff, so daß bei Ausbruch eines Feuers dieses sofort energisch bekämpft werden kann.

Als letzte Zuflucht im Falle, daß das Schiff beim Sinken oder bei Feuersgefahr verlassen werden muß, haben von jeher die Rettungsboote gedient. Diesen wird bei den heutigen, oft mit

Hunderten und Tausenden besetzten Dampfern ein besonderes Augenmerk zugewendet. Die heutigen Rettungsboote sind meistens aus verzinktem Stahlblech gebaut. Sie sind ständig mit einem sogenannten eisernen Bestand an Trinkwasser, Lebensmitteln und sonstigen Ausrüstungsmitteln versehen, um bei der Benutzung sofort ge-

Manöver bei den Rettungsbooten.

nügend bereit zu sein. Zu letzterem Zweck ist es auch erforderlich, daß die Boote schnell und sicher zu Wasser gebracht werden können. Das geschieht mittels der Davits, das sind für jedes Boot zwei niedrige, oben gekrümmte Masten, welche an der Bordseite befestigt und meistens drehbar eingerichtet sind. Die

221

Boote werden aus den Klampen, in denen sie gewöhnlich ruhen, etwas vorgeheißt, dann durch Drehen der Davits ausgeschwenkt und zu Wasser gelassen. Besondere Schwierigkeiten macht es dabei, wenn ein Schiff infolge seiner Havarie Schlagseite hat, das heißt mit seiner einen Seite tiefer ins Wasser taucht, als mit der anderen, die Boote an der am weitesten aus dem Wasser ragenden Schiffsseite zu Wasser zu lassen. Zu diesem Behuf müssen die Davits möglichst weit über Bord ausschwenkbar sein, eine Forderung, welche verschiedene besondere Davitkonstruktionen möglichst weitgehend zu erfüllen suchen. Einen besonderen Faktor beim Bedienen der Rettungsboote bildet aber die Tüchtigkeit und Geübtheit der Besatzung. Um solche zu erzielen, werden auf sämtlichen Schiffen, sowohl während der Fahrt, wie hauptsächlich im Hafen regelmäßig Bootsmanöver ausgeführt.

Da überhaupt die Tätigkeit und Tüchtigkeit der Besatzung bei allen Sicherheitseinrichtungen wesentliche Faktoren bilden, so ist eine gute Schulung derselben von höchstem Wert. Dieselbe wird, außer durch viele Übungen und Proben, dadurch gesichert, daß jeder Mann der Besatzung für den Fall der Gefahr einer bestimmten Rolle zugeteilt ist. Man spricht demgemäß auch von einer Sicherheitsrolle. Dieselbe, in allen Einzelheiten sorgfältig ausgearbeitet, weist jedem Mann seine besondere Funktion zu. Zu dem Zweck ist z. B. bei den Dampfschiffen der großen Linien das Personal in zwei Gruppen eingeteilt; die eine derselben umfaßt das Decks- und Bedienungspersonal, die andere das Maschinenpersonal. Jede Gruppe ist wiederum eingeteilt in eine Steuerbord- und eine Backbordwache. Jeder der Mannschaften hat eine Nummer, die in fortlaufender Reihe nach Rang und Stellung geordnet ist. Die den einzelnen Nummern zugewiesenen Funktionen zerfallen nun in nachfolgende drei Fälle:

1. Die Funktion bei der Verschlußrolle, das heißt eine Funktion, die eintritt, wenn das Schiff infolge Kollision schwere Havarie erleidet.

2. Die Funktion bei der Bootsrolle. Es ist hier genau angegeben, zu welchem Boot jeder einzelne Mann gehört und welche Tätigkeit er in demselben auszuüben hat.

3. Die Funktion bei der Feuerrolle. Auch hier ist für jeden Mann der Besatzung genau vorgeschrieben, wo er sich aufzuhalten und was er zu tun hat, falls das Feuersignal ertönt.

Bei einer derartigen Zuweisung eines jeden Mannes zu einer bestimmten Rolle ist eine Ordnung im Betriebe gewährleistet, welche in anderer Weise wohl kaum zu erreichen wäre. Neben den Rettungs-booten besitzt jedes Schiff außerdem eine genügende Anzahl Rettungs-gürtel, welche leicht und sicher zu erreichen sind und die Mög-lichkeit der Rettung im äußersten Falle der Gefahr gewährleisten sollen.

Im Feuerlöschwesen zur See sind neuerdings einige wichtige Fortschritte zu verzeichnen, auf die näher einzugehen hier zu weit

Feuerlöschmanöver an Bord.

führen würde, die wir aber doch erwähnen müssen. Es sind dies die Verfahren zur Verhütung bezw. zur Dämpfung von Bränden auf Schiffen durch verschiedene Gase, so durch Kohlensäure (Gron-waldsches Verfahren) oder durch schweflige Säure (Clayton-Ver-fahren). Das Gas wird in einem besonderen Apparat, dem Gene-rator, erzeugt und durch Rohrleitungen z. B. nach einem Schiffs-raum geleitet, in welchem ein Brand ausgebrochen ist, den es dann erstickt. Um bei feuergefährlichen Ladungen dem Ausbruch eines Feuers von vornherein vorzubeugen, wird das Gas in den be-treffenden Laderaum gelassen, wodurch die Gefahr einer Entzündung beseitigt wird.

Sind die modernen Dampfschiffe so in allen ihren einzelnen Teilen und Einrichtungen mit Rücksicht auf die Sicherheit des Betriebes gebaut, so hat man andererseits auch, namentlich bei den gesteigerten Fahrtgeschwindigkeiten, den äußeren, die Fahrt eines Dampfers beeinflussenden Verhältnissen ein besonderes Augenmerk zugewendet. Für die zahlreichen, zwischen der alten und der neuen Welt verkehrenden Postdampfschiffe war es von allergrößter Bedeutung, daß zu Anfang der neunziger Jahre zwischen mehreren Gesellschaften die Vereinbarung getroffen wurde, nur ganz bestimmte, feste Seewege zwischen England und Nordamerika innezuhalten. Wie Busley berichtet, war dieser Gedanke schon 1855 von dem für die Schiffahrt überaus tätigen Leiter des Washingtoner Observatoriums, Maury, in ausführlicher und auch auf die heutigen Verhältnisse passender Weise geäußert worden. Maury legte schon für die Hin- und Rückfahrt zwischen dem englischen Kanal und Sandy Hook bestimmte Routen fest, deren größte Entfernung voneinander 100 Seemeilen betrug; er unterschied auch schon Sommer- und Winterwege. Maury wollte aber auch den Dampfern Wege zugewiesen haben, die sich möglichst dem »größten Kreise«, das heißt, der kürzesten Entfernung zwischen zwei Punkten auf der Erdoberfläche anschmiegen, während er für die Segelschiffe Wege vorschlug, die unter Berücksichtigung der Windverhältnisse in den verschiedenen Jahreszeiten der »Loxodrome« folgen, das heißt, sich auf solchen Kurven bewegen, welche alle Meridiane unter demselben Winkel schneiden. Auch hierdurch würde die Möglichkeit von Zusammenstößen wesentlich vermindert werden. In Deutschland bemühte sich viele Jahre hindurch der verdienstvolle Leiter der Bremer Navigationsschule, Breusing, in Wort und Schrift für die in Rede stehende Frage, die dann seitens des Norddeutschen Lloyd tatkräftig gefördert wurde. Schließlich wurde die zwischen den Gesellschaften getroffene Vereinbarung durch den Beschluß einer maritimen Konferenz in Washington gekrönt. Damit war zunächst die Gefahr des Zusammenstoßes der einzelnen, den Atlantik passierenden Schiffe untereinander wesentlich verringert; dann war dieser Schiffahrt der Schrecken der gewisse Strecken des Ozeans bevölkernden Eisberge, des Treibeises usw. genommen; die Schiffsführer wurden durch das Einhalten bestimmter Routen vor der naheliegenden Versuchung bewahrt, gewagte Wege zu wählen, nur um die Strecke abzukürzen und so eine möglichst schnelle Überfahrt zu erzielen; endlich ist auch den manövrierunfähig gewordenen Dampfern die Möglichkeit gewährt, bald Hilfe bei anderen Dampfern, deren Route bekannt ist, zu finden.

Rotersand-Leuchtturm.

Kurz, die Festlegung bestimmter Reisewege bietet so viele Vorteile, daß die großen Dampfergesellschaften sich ausnahmslos der Vereinbarung angeschlossen haben. Hand in Hand mit dieser Maßnahme geht sodann das Bestreben der an der Schiffahrt interessierten Kreise und Nationen, die den Schiffsverkehr außerordentlich gefährdenden Wracks, die Trümmer verunglückter Schiffe, die oft jahrelang auf dem Meere treiben, nach Möglichkeit zu beseitigen. Namentlich ist es Amerika, welches in dieser Richtung tatkräftig, durch Bereitstellung besonderer Schiffe mit Sprengvorrichtungen und -Mitteln, vorangeht.

Betrachtet man noch die Verbesserungen der nautischen Instrumente, so die genauere Deviationsbestimmung der Kompasse und deren Ausgleich auf den eisernen und stählernen Dampfern, die Einführung von guten Patentloggs und anderes, so wird man auch in der Navigierung Fortschritte erkennen, welche zur Sicherung der Schiffahrt wesentlich beitragen. Dazu kommt ein gut ausgebildetes Signalsystem mit Dampfpfeifen, Sirenen, Nebelhörnern, Glocken, Unterwasser-Schallsignalapparaten, Alarmkanonen usw., reichliche Befeuerung der gefährlichen Stellen der Wasserstraßen durch Leuchttürme, Feuerschiffe und Leuchtbojen, endlich die Funkentelegraphie, wie überhaupt die Elektrizität in weitgehendstem Maße. Alle Einrichtungen wirken zusammen, um den mit der Einführung des Dampfes und seiner vervollkommneten Anwendung, der Steigerung der Fahrtgeschwindigkeiten, der Zusammenführung größerer Menschenmengen auf einem Schiff immerhin heraufbeschworenen mannigfachen Gefahren und Fährlichkeiten erfolgreich entgegenzutreten, so daß heute die Sicherheit zur See derjenigen zu Lande kaum nachsteht.

18. Einiges über die Dampfschiffahrt in Amerika.

Die Nichtbeteiligung Amerikas an der atlantischen Ozeandampfschiffahrt.
— Dampfschiffsverbindung Amerika-Ostasien. — Flußdampfschiffahrt. —
Konstruktion der Schiffe auf den östlichen Flüssen. — Maschinenanlagen
dieser Schiffe. — Innere Einrichtung. — Küstendampfer. — »Snags« und
»Sawyers«. — Die Dampfer der westlichen Flüsse. — Dampffähren.

Haben wir uns in unseren letzten Betrachtungen vorzugsweise
mit der Dampfschiffahrt und den Dampfschiffen, wie sie auf
dem Atlantischen Ozean seitens europäischer Gesellschaften betrieben werden, beschäftigt, so dürfte es jetzt interessieren, zu erfahren, in welcher Weise man in der neuen Welt, von wo das
Dampfschiff seine Laufbahn antrat, heute dieses Verkehrsmittel benutzt. Die Vermutung liegt nahe, daß gerade seitens der Amerikaner das Dampfschiff in immer raffinierterer Weise für ihre Dienste
nutzbar gemacht sei. Inwieweit diese Annahme richtig ist, inwieweit sie an den tatsächlichen Verhältnissen vorbeischießt, werden
wir aus nachstehendem Überblick ersehen.

Auffallen muß zunächst, daß die unternehmungslustigen Amerikaner in der Beteiligung am Dampfschiffahrtsverkehr auf dem
Atlantischen Ozean, wie wir ihn z. B. bei der Besprechung der
Dampfergesellschaften und der Schnelldampfer kennen gelernt haben,
ganz ins Hintertreffen geraten sind. Von den z. B. 1889 offiziell
nachgewiesenen, die Flagge der Vereinigten Staaten tragenden
6725 Dampfern mit 1,4 Millionen Tonnengehalt entfällt nur ein
sehr kleiner Teil, etwa 250 auf die Hochsee-, eigentlich nur
Küstenschiffahrt. Die Amerikaner haben selbst zugestanden: »Die
Geschichte der amerikanischen Ozeandampferlinien ist kurz und
unserer großen Handelsmarine durchaus unwürdig.« Das hat verschiedene Ursachen gehabt.

Zunächst mag es die Richtung des Verkehrs gewesen sein, die
bestimmend auf die Gründung von Dampferlinien einwirkte. Der
Zug des Verkehrs ging zu Anfang des 19. Jahrhunderts, um die

Mitte und folgende Zeit desselben, von Osten nach Westen, von Europa nach Amerika. Ein ungeheurer Zug von Auswanderern, des Bodens der alten Welt, die ihnen nicht mehr die nötigen Lebensbedingungen gewährte, müde, wälzte sich damals, ähnlich wie vor einundeinhalb Jahrtausend von Osten nach Westen, diesmal der »neuen Welt« entgegen. Da lag es näher für europäischen Unternehmungsgeist, diesen Strom weiterzuleiten, ihm Mittel und Wege zu bahnen, um das große Wasser, welches sich zwischen der alten und der neuen Welt spannte, zu passieren, als für den Amerikaner, diesen Strom an sich zu ziehen. Zumal, da die Amerikaner in ihrem eigenen Lande schwere Krisen, den Bürgerkrieg, durchzu kämpfen hatten, ihrer im eigenen Lande zuviele der Aufgaben harrten, konnten die europäischen Dampfergesellschaften mit ihren Linien sich festsetzen. Wohl versuchten auch amerikanische Gesellschaften, sich an dem transatlantischen Verkehrswesen zu beteiligen; da sie aber nicht ihre volle Kraft dafür einsetzten, ihre Schiffe nicht immer höheren Anforderungen entsprachen, vielmehr zum Teil ältere, unzeitgemäße Dampfer waren, mancherlei unglückliche Umstände, wie Schiffsverluste, schlechte Verwaltung u. dergl. hinzutraten, so mußten diese Unternehmungen es sich gefallen lassen, daß die von europäischen Gesellschaften ins Leben gerufenen Dampferlinien mit ihren zweckentsprechend eingerichteten Fahrzeugen sich immer mehr einbürgerten und die amerikanischen Linien zurück- und verdrängten. Erst um die Wende des Jahrhunderts hat sich dieser Zustand um einiges zugunsten Amerikas gebessert, so daß der Amerikaner Morgan es wagen konnte, eine Vereinigung sämtlicher großen Dampfergesellschaften zu einem gewaltigen Trust, dem sogenannten Morgan-Trust, ins Werk zu setzen, was ihm zu einem Teile auch gelungen ist.

Der »Zug nach Westen« in der Dampfschiffahrt aber, wie er sich eben am großartigsten in den ausgedehnten atlantischen Dampferlinien äußert, macht sich jetzt auch jenseits der neuen Welt, in der Verbindung Amerikas mit Ostasien, immer bemerkbarer. Die stetig weiter greifende Erschließung Ostasiens als Absatzgebiet spornt die Amerikaner zu neuen Unternehmungen an. Während sich bereits mehrere Dampfer, von großem Deplacement, der Pacific Mail Steamship Co., der Oceanic Steamship Co. und der International Navigation Co. auf der regelmäßigen Fahrt zwischen Amerika und Ostasien befinden, ließ in neuester Zeit die Great Northern Railroad auf der neugegründeten Werft der Eastern Shipsbuilding Co. in New London zwei große Dampfer für diese Fahrt bauen. Daß es sich bei diesen Schiffen um Dampfer von gewaltigen Abmessungen handelt, mögen folgende Angaben zeigen. Danach haben diese Dampfer eine Länge von 193,15 m, eine Breite von 22,26 m, eine Seitenhöhe von 17,08 m und ein Deplacement von 33000 t bei 10,1 m Tiefgang. Die Dampfer können jedoch auch bis zu einem Tiefgang von 11,1 m beladen werden, welchem ein Deplacement von 37000 t entsprechen würde. Die Maschinenleistung beträgt 11000 IPS bei 14 Knoten Schiffsgeschwindigkeit. Ein Längsschott, wie es bei den meisten Doppelschraubendampfern sich nur zwischen den beiden Maschinenräumen befindet, erstreckt sich hier durch das ganze Schiff, um die Zahl der wasserdichten Abteilungen zu verdoppeln. Trotzdem die Dampfer auch für den Passagierverkehr eingerichtet sind, für welchen Zweck sämtliche Kammern über dem Hauptdeck untergebracht sind, stehen gewaltige, durch das Haupt-, Zwischen-, Unter- und Orlopdeck (das ist das unterste Deck) reichende Laderäume zur Verfügung, während sich unter dem Orlopdeck noch ein 6 Fuß hoher Doppelboden für Ballast befindet. Einige Stauräume im Orlopdeck sind so geräumig gehalten, daß ganze Lokomotiven, die einen starken Ausfuhrartikel der Vereinigten Staaten nach Ostasien bilden, unzerlegt mitgenommen werden können. Für Laden und Löschen sind vierzehn Luken und ebensoviele Dampfwinden vorhanden. Mit diesen beiden Dampfern erfuhr die Dampfschiffsverbindung zwischen Amerika und Ostasien eine erhebliche Stärkung, welche die Hoffnung der amerikanischen Kreise rechtfertigt, daß diese Verbindung über den Stillen Ozean ähnlichen Umfang annehmen werde, wie diejenige über den Atlantik.

Ein großartiger Dampfschiffsverkehr hat sich auf den großen Flüssen, Seen und an den Küsten Amerikas entwickelt. Allein das Stromgebiet des Mississippi mit seinen Nebenflüssen Red River, Missouri und Ohio umfaßt z. B. 19200 km schiffbarer Wasserstraßen. Hier kann man nun die merkwürdige Beobachtung machen, daß die sonst jedem Fortschritt huldigenden Amerikaner zum Teil im Bau der hier verwendeten Schiffe eine konservative Gesinnung an den Tag legen, die einen in diesem Lande zunächst fremd anmutet. Dann aber merkt man bald, daß die Erscheinung keineswegs einem etwaigen besonderen Hange am Alten entspringt, sondern vielmehr eine Anpassung an örtliche Verhältnisse und dadurch gegebene Be-

dingungen bedeutet. Alle auf bestimmten Linien fahrende Dampfer
sind in ihren Einrichtungen den örtlichen Verhältnissen so fein-
fühlig angepaßt, daß man die Dampfer der östlichen Flüsse, des
Hudson, Delaware, St. Lorenz usw., von denen der Western Rivers,
des Mississippi mit seinen Nebenflüssen, sowie von den Küstendampfern und Dampffähren zu unterscheiden hat. Über die
höchst eigentümliche Bauart des Schiffskörpers läßt sich keine allgemein gültige Regel feststellen; jeder Schiffbauer hat seine eigene
Erfahrung und Ansicht, mit Theorien hat man sich nie befaßt,
sondern alles ist auf praktischem Wege, durch Versuche mit zahllosen Mißerfolgen zustande gekommen.

Die Einbürgerung des Dampfschiffes in Amerika nach Fultons
glücklicher Fahrt mit seinem »Clermont« auf dem Hudson haben
wir bereits behandelt. In Bau und Konstruktion der sich immer
mehr die Gunst des reisenden Publikums erringenden Dampfer
zeigten die unternehmenden Amerikaner bald vollstes Verständnis
für die an das Verkehrsmittel gestellten Anforderungen. So entstanden hier die in Einrichtung und Ausstattung bemerkenswerten
Flußdampfer mit vier- bis fünfstöckigen Aufbauten. Für eine große
Zahl von Passagieren, bis zu 2000, eingerichtet, mit einer wenig
Raum beanspruchenden, möglichst einfachen Dampfmaschine ausgerüstet, sieht man diese Dampfer heute noch in derselben Bauart,
wie sie Robert Stevens, der eigentliche Begründer der amerikanischen,
insbesonders der Hudson-Dampfschiffahrt, Ende der zwanziger Jahre
einführte. Holz bildete in dem an großen Wäldern reichen Lande
bis in die neuere Zeit hinein das Material für diese Schiffe und
wird erst jetzt von dem Stahl verdrängt. Die Dampfer haben
einen flachen Boden, der sich an beiden Enden bogenförmig aus
dem Wasser erhebt. Derselbe gibt den flachgehenden Schiffen
große Tragfähigkeit; dabei durchschneiden letztere nicht das Wasser,
sondern »reiten« vielmehr über dasselbe, zwecks Erzielung einer
hohen Geschwindigkeit. Auf diesem prahmartigen Schiffskörper,
der nur wenig über das Wasser hinausragt, erhebt sich der 4—5 m
hohe Oberbau.

Es wird einleuchten, daß ein derartig gebauter Schiffskörper
von so großer Tragfähigkeit einer besonderen Versteifung in seinem
Längsverbande bedurfte. Diese Längsversteifung hat man nun in
ähnlicher Weise geschaffen, wie sie schon die alten Ägypter bei
ihren Schiffen anwandten. Man verbindet nämlich die der Unter-

stützung im Wasser entbehrenden beiden Schiffsenden miteinander über Deck durch einen sich 7—8 m über die Bordwände erhebenden Rahmen aus Holz, hoggframe genannt. Weiter bedurfte der über die Seitenwände weit hinausragende Oberbau mit den Radkasten, außer den unterhalb an den Schiffswänden angebrachten Winkelträgern, noch einer Aufhängung. Diese schuf man dadurch, daß man je nach der Größe des Schiffes zwei bis acht Tragemasten (kingposts) auf dem Schiffsboden errichtete, von welchen nach den

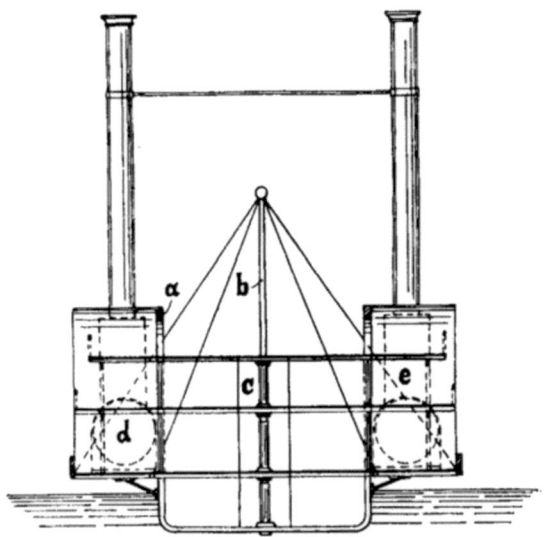

Querschnitt eines Hudson-Dampfers älterer Konstruktion
(1854 erbaut, bis in die neueste Zeit im Dienst).
a = Längsversteifung. b = Tragemast. c = Maschine.
d = Kessel. e = Dampfdom.

Bordwänden Drahtseile ausgingen, die dann die Last aufnahmen. Letztere besteht zum großen Teil in den vor den Radkasten auf der Galerie liegenden Dampfkesseln und den Kohlenbunkern, deren Gewicht die Drahtseile bedenklich beanspruchen. Der Bruch eines oder mehrerer Drahtseile kann da die schlimmsten Folgen zeitigen. Bei den neueren, aus Stahl gebauten Schiffen hat man deshalb auch schon diese Gewichte (Kessel und Bunker) in den unteren Schiffsraum verlegt. Da bei diesen Schiffen auch die Enden anders geformt sind, so konnten hier sowohl die Tragemasten als auch die geschilderte Längsversteifung fortfallen.

Die Schaufelräder der Hudson-Dampfer weisen gewaltige Dimensionen auf die sich bei manchen Schiffen für den Durchmesser bis zu 14 m beziffern, unter 9,5 m hierfür aber überhaupt kaum herabsinken. Die Schaufeln selbst haben durchschnittlich 3,5 m Länge und 1 m Breite. Man hat die großen Abmessungen

Amerikanischer Flußdampfer »Providence« (alte Konstruktion).

gewählt, weil mit dem Raddurchmesser der Tauchungswinkel der (festen) Schaufeln wächst und die Umdrehungsgeschwindigkeit der Räder für eine gewisse Fahrtgeschwindigkeit abnimmt. Man vermeidet mit letzterer Anordnung die oftmals auf Dampfschiffen so lästig werdenden, durch die Maschinen erzeugten Vibrationen des

Schiffskörpers. Überhaupt ist man bemüht, für die Bequemlichkeit der Passagiere die größten Opfer zu bringen. Andererseits sind die hohen Räder bei dem hohen Oberbau unentbehrlich, weil mit demselben eine hohe Schwerpunktslage bei besetztem Schiff verbunden ist, die bei seitlichem Schwanken (Schlingern oder Rollen)

Amerikanischer Flußdampfer »Pilgrim« (neue Konstruktion).

des Schiffes leicht verhängnisvoll werden könnte; durch den Druck der Schaufeln auf das Wasser wird jedoch bald das Gleichgewicht hergestellt und erhalten.

Die Maschinen dieser älteren Dampfer bilden originelle Sehenswürdigkeiten, die denn als solche auch von den Reisenden besonders gewürdigt werden. Es sind durchweg (von 100 Flußdampfermaschinen noch mindestens 90) Einzylindermaschinen, die mit 3 bis 3,5 Atm. Dampfdruck und Kondensation arbeiten. Da diese Maschinen nur wenig mehr als 20 Umdrehungen in der Minute machen, so muß ihr Hub entsprechend größer ausfallen und beträgt gegen 4 m und mehr. Dadurch erhält aber die Maschine selbst eine enorme Höhe und ragt mit ihrem obersten Teil, dem riesigen, oft 10 m und mehr zwischen den Achsen der Endzapfen messenden Balancier hoch, bis zu 20 m über dem Kiel, über die Aufbauten hinweg, den Schiffen dadurch ein besonders charakteristisches Merkmal verleihend. Die Kessel sind gleichfalls von ältester Bauart und nach dem vor 60 Jahren in Gebrauch genommenen System mit flacher Lokomotivfeuerkiste und rückkehrender Flamme, Rauchkammer und Schornstein über der Feuerkiste gebaut. Geheizt werden diese Kessel mit dem vorzüglichen pennsylvanischen Anthracit, der mit kurzer bläulicher Flamme ohne Rauch und Ruß, mit ganz geringem Aschenrückstand, ohne Schlackenbildung verbrennt. Die Verbrennung wird gefördert durch die außergewöhnlich hohen Schornsteine und außerdem durch ein Unterwindgebläse (bei geschlossenen Aschfällen).

Mit dieser Maschinenausstattung erzielen die Hudson-Dampfer Geschwindigkeiten von 22,5 Knoten. Ab und zu wird vielleicht auch einmal zwischen zwei Dampfern eine Wettfahrt veranstaltet, ein aufregender Sport, der dem reisenden amerikanischen Publikum viel Vergnügen bereitet.

Der Sorge für die Bequemlichkeit der Passagiere entspricht die innere Einrichtung der Schiffsräume. Große Salons, Musik-, Lese-, Rauch- und Damenzimmer von ausgesuchtester Pracht sind auf den Dampfern vorhanden. Breite Gänge und Galerien, bequeme Freitreppen verbinden die einzelnen Räume miteinander. Alle Fußböden sind mit dicken kostbaren Teppichen belegt, schwere Sammetvorhänge schließen die Türen, in den Kabinen stehen Waschtische aus weißem Marmor mit kostbaren Spiegeln, Betten aus Rosenholz und Kleiderkasten aus geschnitztem Mahagoniholz. Alles entspricht dem schweren Prunk liebenden Geschmack des verwöhnten Amerikaners*).

---

*) Wohl der größte, bis jetzt gebaute Flußdampfer, für den immer stärker anwachsenden Verkehr auf dem oberen Hudson bestimmt, wurde im Sommer 1906 in Newburgh N. Y. fertiggestellt. Der auf den Namen »Hendrick Hudson« getaufte Dampfer ist über alles 122,5 m, in der

Dasselbe gilt auch von den Küstendampfern, welche die Küstengewässer, so den durch Long Island und zahlreiche Inseln geschützten Sund zwischen New York und den reichen Industriestädten der Küste Boston, Providence und anderen schon seit den dreißiger Jahren im lebhaftesten Verkehr befahren. Um so mehr machen diese Dampfergesellschaften die größten Anstrengungen, da sie, außer unter sich, auch mit der an der Küste entlang führenden Eisenbahn im ständigen Wettbewerb liegen. Die neueren Dampfer hierselbst gehören daher auch, bei einer Länge von 128 m, zu den größten und elegantesten Küstendampfern der Welt. Dabei sind alle Dampfer sowohl für den Personen-, als auch für den Frachtverkehr (Stückgut) eingerichtet. Die Schiffskörper sind flachbodig, da sie durch Schaufelräder getrieben werden, und in neuerer Zeit aus Stahl mit doppelter Schiffshaut hergestellt. Das Verladen der Fracht geschieht ohne Kräne in der Weise, daß die zweirädrigen Frachtwagen mit Tandembespannung aus den Dockmagazinen durch große Torwege auf das Hauptdeck des Schiffes in die Laderäume direkt hineinfahren, sodaß die Fahrgäste durch den Frachtverkehr in keiner Weise belästigt werden. Auch hier haben die älteren Dampfer noch die Niederdruck-Balanciermaschinen; die neueren sind dagegen schon mit modernen Zwei- und Dreifach-Expansionsmaschinen ausgestattet. So besitzt der 1894 gebaute Dampfer »Priscilla« (über Deck 128 m lang) Maschinen von 8500 IPS, die dem Schiffe eine Geschwindigkeit von 22 Knoten verleihen, welche jedoch zum Zweck der Kohlenersparnis bei den gewöhnlichen Fahrten auf 17 Knoten reduziert wird.

Wasserlinie 115,8 m lang, über Hauptspant 13 m, über Radkasten 25 m breit, die Raumtiefe beträgt 4,26 m, der Tiefgang 2,43 m. Die beiden zum Antrieb dienenden Seitenräder liegen etwas vor den beiden mächtigen Schornsteinen. Die Radwelle wird von einer geneigt angeordneten Verbundmaschine angetrieben. Die Räder von 7,31 m Durchmesser haben je 9 Schaufeln von 1,2 m Breite und 4,3 m Länge. Bei 5500 IPS und 40 Umdrehungen in der Minute soll die Geschwindigkeit des Schiffes 23 Knoten betragen. Der Kesseldruck beträgt 14 Atm. Bei voller Besetzung des Schiffes können 5000 Fahrgäste befördert werden, eine Zahl, wie sie bisher selbst von den größten transatlantischen Dampfern nicht erreicht ist. Allerdings muß hierbei berücksichtigt werden, daß Räume mit Schlafgelegenheit nur in beschränktem Umfange vorgesehen sind. Fracht wird überhaupt nicht mitgeführt. Der Dampfer hat so große Abmessungen erhalten, weil die bisherigen Dampfer auf dieser Linie stets überfüllt waren.

Wie gesagt, zeigen die Dampfer der westlichen Flüsse ein von dem der östlichen, sowie der Küstendampfer wesentlich abweichendes Gepräge. Hier auf der westlichen Seite des Festlandes kommen Faktoren in Betracht, die ganz besonders auf die Bauart der Dampfschiffe bestimmend einwirken; das ist sowohl das Vorhandensein von Ebbe und Flut, als auch die Gefährdung der Schiffahrt auf den Flußläufen durch das wechselnde Entstehen und Wiederverschwinden von Inseln, Untiefen und dergl. Dazu kommen noch die von den Flüssen, z. B. dem Ohio, dem Mississippi, mitgeführten großen Mengen von Treibholz. Von diesem werden wiederum gerade diejenigen Baumstämme den Schiffen besonders gefährlich, die sich mit ihrem Wurzelende im Schlamme des Flußgrundes festgesetzt haben und mit ihrem oberen Ende unter der Oberfläche des Wassers bleiben, zumal wenn sie, wie die sogenannten »Snags«, gegen den Strom geneigt liegen und etwa gegen sie anfahrende Schiffe glatt durchstoßen und aufspießen. Aus dem letzteren Grunde sind diese »Snags« bedeutend gefährlicher als die sogenannten »Sawyers«, die mit dem Strom geneigten Stämme, die unter dem Druck der Strömung fortwährend auf- und abpendeln. Beide Hindernisse erschweren aber die Schiffahrt in solchem Maße, daß etwa zwei Drittel aller Schiffsunfälle hier allein auf ihre Rechnung zu setzen sind und daß die hier fahrenden Dampfer durchschnittlich nicht älter als fünf Jahre werden, aus welchem Grunde sie daher auch möglichst einfach und billig gebaut sind. An der Gefährlichkeit des Fahrwassers wird auch dadurch nicht viel geändert, daß die Regierung z. B. auf dem Mississippi besondere Fahrzeuge stationiert hat, welche die »Snags« aufsuchen und beseitigen.

Aber trotz aller Hindernisse und trotz des Wettbewerbs der Eisenbahnen war die Anzahl der Dampfer auf den Nebenströmen fortwährend im Steigen begriffen. 1840 zählte man ihrer auf den Western Rivers etwa 1000, im Jahre 1860 auf dem Mississippi und Missouri allein 1600 im Werte von 60 Mill. $, auf dem ganzen Flußgebiet aber 4000, heute etwa 3000, wovon wohl 2000 Heckrad-, der Rest Seitenraddampfer sind. Ist auch der Personenverkehr nach und nach fast gänzlich den Bahnen zugefallen, so ist hingegen der Frachtverkehr um so stärker. Der Massenverkehr, der niedrige Anschaffungspreis der Dampfer und ihr billiger Betrieb bei äußerst niedrigen Brennstoffpreisen ermöglichen Frachtsätze, gegen welche die Eisenbahnen nicht aufkommen können.

Die Flußdampfer sind hier aus Holz mit flachem, sehr starken Boden, der hinten und vorn etwas ansteigt und vorn in einen gleichfalls

Mississippidampfer »New Orleans«.

starken Vordersteven ausläuft, gebaut. Das Anlegen dieser Schiffe am Ufer geschieht nämlich in der Weise, daß dieselben auf das flache Ufer

hinauffahren; das Abbringen wird mittels zweier, vorn an den Bordseiten schräg zur Längsrichtung aufgestellter Masten bewerkstelligt,
indem das eine Ende derselben gegen das Ufer gestemmt wird,
während gegen das andere eine Winde wirkt. Die Dampfer gehen
an beliebigen Stellen ans Ufer, um Fahrgäste und Gepäck aufzunehmen, wenn man sie anruft. Während der Fahrt sind die Masten
schräg aufgerichtet und verleihen den Dampfern ihr typisches Aussehen. Die Länge der Dampfer beträgt 70 bis 110 m, ihre Größe auf
dem oberen Lauf der Flüsse 70 bis 180 t, auf dem unteren Lauf (Mississippi) bis zu 1200 t Deplacement. Ihr Tiefgang ist dabei nur gering
und beträgt etwa 30 cm bis 2,1 m. Die für den Schiffskörper nötigen
Längsversteifungen werden daher hier wieder, wie bei den Dampfern
der östlichen Flüsse, durch Hängewerke und Tragmasten dargestellt.

Die Maschinenanlage der Dampfschiffe zeigt die eigentümliche Anordnung, daß die Dampfkessel mit der Feuerung nach dem
Bug gerichtet, aufgestellt sind. Da hier, bei Verwendung von Holz
oder bituminöser Kohle als Heizmaterial, vom Gebrauch künstlichen
Zuges abgesehen wird, soll eben diese Anordnung bei dem fahrenden
Schiff, vereint mit den recht hohen Schornsteinen, eine Verstärkung
des natürlichen Zuges bewirken, abgesehen davon, daß die leuch-
tenden Aschfälle des Nachts zugleich als Signallichter für das Aus-
weichen entgegenkommender Schiffe dienen. Jedes der beiden
Schaufelräder wird von seiner eigenen Maschine angetrieben. Diese
Teilung hat sich nötig gemacht, um den Verkehr auf dem Hauptdeck, auf welchem die Maschinen der großen Schaufelraddurchmesser
wegen untergebracht sind, nicht zu stören. Andererseits ist die Anordnung von getrennten Maschinen der Anordnung bei Doppelschraubendampfern darin gleich, daß beide ein besseres Manövrieren
und Steuern der Schiffe gestatten, was zumal bei den auf diesen
Flüssen obwaltenden schwierigen Verhältnissen besonders erwünscht
sein muß. Im Oberlauf der großen Ströme und auf den kleineren
Nebenflüssen sind durchweg Heckraddampfer im Betrieb, da derartige Dampfer hier sich besser bewähren als Seitenraddampfer. Sie
bieten gegenüber den letzteren den schätzenswerten Vorteil, daß der
Propeller besser geschützt und gleichzeitig bei dem öfteren Aus-
bessern leichter zugänglich ist.

Die von den Dampfern eingehaltenen Fahrtgeschwindigkeiten
belaufen sich für die Heckraddampfer auf 9 bis 12 Knoten, für die
Seitenraddampfer auf 16 bis 17 Knoten in der Stunde.

Die Dampfschiffahrt auf den großen Seen (Areal 250000 qkm) bildet ein anderes Hauptgebiet der Dampfschiffahrt in Amerika. 1858 betrug die Anzahl der Dampfer hier 312 mit 137000 t Gehalt, 1892 1631 mit 763000 t und ist heute, einschließlich der kanadischen Schiffe, auf über 2000 gestiegen. Die Größe des Handelsverkehrs auf dem Wasserwege illustriert am besten die eine Angabe, daß im Jahre 1903 der Durchgangsverkehr durch den Kanal Sault Ste. Marie zwischen Superior- und Huron-See mit 32 Millionen tons (1 ton = 1016 kg) nahezu das dreifache desjenigen durch den Suezkanal betrug*). Das tiefe Wasser ohne Schiffahrtshindernisse und die guten Häfen gestatten jede Art von Fahrzeugen bis zu 3500 t Gehalt. Diese Größe, die noch vor wenigen Jahren als die äußerste Grenze für die hier verwendeten Schiffe galt, hat man heute jedoch bereits weit überschritten und ist bei Schiffen angelangt, die 10000 t Tragfähigkeit besitzen. Da die Verbindungskanäle zwischen den Seen, und stellenweise diese selbst jedoch nicht gestatten, über eine Breite von etwa 17 m und einen Tiefgang von etwa 6 m hinauszugehen, ist man gezwungen, den Fahrzeugen bei bedeutender Länge eine große Völligkeit zu geben. Die langen rauhen Winter beschränken die Schiffahrt auf höchstens sieben Monate im Jahr. Die älteren Dampfer sind meistens noch mit einzylindrigen Kondensations-Balanciermaschinen versehen, erst in neuester Zeit versucht man Schraubendampfer mit Dreifach-Expansionsmaschinen. Der Schiffskörper ist vielfach noch aus Holz gebaut und durch die bekannten »hoggframes« versteift. Im übrigen machen Schiff und Maschine nicht den sauberen Eindruck, wie die großen Hudson- und Küstendampfer.

Die jüngsten Bestrebungen im Bau modern konstruierter Frachtdampfer lassen jedoch im Verein mit der stetigen Vervollkommnung der Lösch- und Ladeeinrichtungen in den Docks die ersten Schritte zu einer durchgreifenden Verbesserung des gesamten Frachtdampferverkehrs auf den großen Seen erkennen.

Es erübrigt sich jetzt nur noch, die in Nordamerika im Betrieb befindlichen Dampffähren kurz zu betrachten, wie sie in New York, Baltimore, New Orleans, Charleston, Boston, San Francisco und anderwärts, aber überall in gleicher Bauart zur Bewältigung des oft riesigen Verkehrs benutzt werden. Die Größe des Verkehrs

---

*) Schiffbau 1905, S. 1: »Die modernen Frachtdampfer der ‚Großen Seen‘ von Nordamerika.«

mag durch einige Zahlen illustriert werden. So wurden allein in New York, welche Stadt etwa 30 Dampffähren aufweist, im Jahre 1891 rund 180 Millionen Personen befördert, während seitdem der Verkehr kolossal gestiegen ist. Jede der in den letzten Jahren gebauten Fähren kann bei einem Deplacement von 600 bis 1000 t mehr als 2000 Personen und 20 Fuhrwerke aufnehmen. Der Schiffskörper ist an beiden Enden gleich gestaltet, symmetrisch und trägt auch an jedem Ende ein Steuerruder, da die Fahrzeuge niemals wenden. Gleichzeitig ist deshalb auch an jedem Ende eine Schiffsschraube vorhanden, welche beiden Propeller durch eine, durch das ganze Schiff gehende Welle in Drehung versetzt werden. Dabei wirkt die hintere Schraube schiebend, die vordere ziehend; sie verleihen dem Fahrzeug eine Geschwindigkeit von 12 bis 14 Knoten. Daneben finden auch Schaufelraddampfer als Fähren Verwendung.

Das Hauptdeck der Dampffähren ist durch eine die Seitenwände des Schiffes um 3 bis 3,5 m überragende Galerie verbreitert und an den Enden halbkreisförmig abgerundet. Beim Anlegen schiebt sich das Fährschiff zwischen Spundwände in den halbkreisförmigen Ausschnitt einer schwimmenden, überdachten Plattform hinein, ohne Zwischenraum zu lassen, so daß letztere gleich als Brücke dient. Der Verkehr bewegt sich also über den Kopf des Schiffes und zwar, wie bemerkt werden muß, sehr schnell, da eine wie bei uns übliche Kontrolle mittels Fahrkarten nicht ausgeübt wird. Jeder Fahrgast zahlt beim Hindurchgehen durch ein Drehkreuz einfach den üblichen Fahrpreis. Diese einfache Einrichtung gestattet es eben auch den Amerikanern, ihre Fährschiffe so groß, z. B. für 2000 Passagiere zu bauen. Ein im Verhältnis zur Überfahrzeit zu langer Aufenthalt an den Brücken würde unökonomisch sein.

Otto H. Mueller, dem wir die vorstehenden Angaben über die Dampfschiffahrt auf den amerikanischen Flüssen, Seen usw. vorzugsweise entnommen haben[*]), sagt am Schlusse seiner wertvollen Arbeit, daß wir vom amerikanischen Schiffbau wenig lernen können, schon weil Holz dort noch heute als Material weitaus vorherrschend ist, da es sich trotz der furchtbaren Waldverwüstung immer noch viel billiger als Eisen stellt. »Schnellste und allerbilligste Anschaffung ist allgemeiner amerikanischer Geschäftsgrundsatz. Alles trägt deshalb den Charakter des Provisoriums. Jede Kapitalanlage

---

[*]) »Amerikanische Dampfschiffahrt.« Zeitschr. d. Vereins d. Ing., Band 38, S. 1411 ff.

muß sich binnen kürzester Zeit amortisieren lassen, denn die kommerziellen Verhältnisse ändern sich nirgends in der Welt so schnell
wie in Amerika. Ein Schiff, welches heute auf einer gegebenen
Strecke gut rentiert, kann schon im nächsten Jahre durch Änderung
der Bahntarife oder durch eine gänzlich veränderte Richtung des
Verkehrs wertlos sein. Alles das ist auch für die Maschinen maßgebend. Das, was heute noch gut ist und den amerikanischen Verhältnissen entspricht, datiert ein halbes Jahrhundert zurück. Von
den zahllosen amerikanischen Neuerungen seit dieser Zeit haben sich
sehr wenige bewährt.« In etwas dürfte dieses vor einem Jahrzehnt
gefällte Urteil durch die im letzten Jahrzehnt auch drüben gemachten
Fortschritte heute zu mildern sein, während es im ganzen auch
jetzt noch vielfach den Nagel auf den Kopf trifft. Ein weiter Blick
für die Bedürfnisse des Verkehrs, ein kühnes Draufgehen bei Einrichtung neuer Verkehrslinien, das sind mit die charakteristischen
Merkmale dieses Landes und seiner Bevölkerung. Daneben steht
ein zum Teil recht zähes Festhalten an alten, uns oft recht alter-
tümlich erscheinenden Einrichtungen, wenn die besonderen Verhältnisse diese geschaffen haben, und oft eine Höherstellung der
mühsam auf empirischem Wege gewonnenen Erfahrungen über durch
theoretische Erwägungen und Berechnungen gefundene Resultate.

19. Die Einführung der Dampfturbine als Schiffsmaschine. Turbinenschiffe.

Die Kolbendampfmaschine an der Grenze ihrer Leistungsfähigkeit. — Der neuere Dampfturbinenbau. — Die »Turbinia« und die Versuche mit derselben. — »Viper« und »Cobra«. — Der erste Personendampfer mit Turbinenantrieb. — Maschinenanlage des »Velox«. — Vergleichsfahrten zwischen dem englischen Turbinenkreuzer »Amethyst« und seinen Schwesterschiffen. — Turbinentorpedoboot »S 125« und Turbinenkreuzer »Lübeck«. — Deutsche Handelsdampfer mit Turbinenantrieb. — »Victorian« und »Carmania«. — Amerikanische Turbinenkreuzer. — Die Curtis-Turbine als Schiffsmotor. — Vor- und Nachteile der Turbinen.

B ei der Besprechung des schnellsten Schiffes der Welt, der »Arrow« und der von dieser erreichten Geschwindigkeit von 39,13 Knoten haben wir schon erwähnt, daß diese Geschwindigkeit an der Grenze liegen dürfte, welche bei der jetzt üblichen Schiffsform und den Kolbenmaschinen feststeht. Damit haben wir aber ausgesprochen, daß die Kolbenmaschine, in dieser Richtung wenigstens, zugleich an der Grenze ihrer Leistungsfähigkeit angelangt ist und daß von ihr, von einer Vervollkommnung derselben, nicht viel mehr zu erwarten steht. In der Tat, wenn man die gegenwärtige Lage im Maschinenbau aufmerksam betrachtet, so wird man bald gewahr werden, daß die alte Dampfmaschine, die seit ihrer Erfindung so tief einschneidend auf die Kulturentwicklung einwirkte, daß sie dieser ihren Stempel aufdrückte, am Ende ihrer an Erfolgen reichen Laufbahn zu stehen scheint. Es sind der Kolbendampfmaschine Konkurrenten entstanden, die allerdings noch zum Teil am Anfang ihrer Entwicklung stehen, die aber nach den ihnen zugrunde liegenden Arbeitsprinzipien alle Aussicht auf weitere Vervollkommnungen und Verbesserungen besitzen. Es sind dies die Dampfturbinen und die schon älteren Explosionsmotore.

Das Prinzip, nach welchem in der Kolbendampfmaschine die Wärme in mechanische Arbeit umgewandelt wird, ist nicht weiter ausbildungsfähig, ja es ist von Anfang an für den beabsichtigten Zweck nicht das richtige gewesen. Das Verdienst, dies letztere zuerst ausgesprochen zu haben, gebührt dem genialen Redtenbacher, der überhaupt den Maschinenbau, der zuerst mehr als Handwerk betrieben wurde, in wissenschaftliche Bahnen lenkte. Er prophezeite auch, daß in nicht langer Zeit, wenn die Ausnutzung der Wärme der Theorie näher käme, die Dampfmaschine gänzlich verschwinden dürfte. Wenn man bedenkt, daß von der in den Brennstoffen gebundenen Wärme bei den heutigen Ausführungen der Dampfmaschine im allgemeinen nur 5 bis $13\,^0/_0$*) tatsächlich ausgenutzt werden, so muß man zugeben, daß die Dampfmaschine, das heißt die Kolbenmaschine immerhin ein recht unvollkommenes Mittel zur Nutzbarmachung der in den Brennstoffen aufgespeicherten Wärme ist.

Von den schon genannten Wärmekraftmaschinen nun, welche der Kolbendampfmaschine überlegen sind und über kurz oder lang deren Erbe antreten dürften, hat namentlich die Dampfturbine, vermöge ihrer vielseitigen Verwendbarkeit, in letzter Zeit besondere Beachtung und Anwendung gefunden. Seitdem die Dampfturbinen sich in Elektrizitätswerken und anderen stationären Betrieben in Gestalt von größeren Maschineneinheiten Eingang verschafften und den Kolbenmaschinen gegenüber zum mindesten ihre Ebenbürtigkeit bewiesen hatten, hielten auch die im Schiffbau und Schiffsmaschinenbau tätigen Ingenieure nicht mehr zurück, die Brauchbarkeit dieser neuen Maschine als Schiffsmaschine ernstlich in Erwägung zu ziehen. Der Umstand, daß die Verhältnisse beim Schiffsbetrieb andere und bedeutend schwierigere sind als beim stationären Betrieb, verlangte jedoch vorerst eingehende Versuche, bevor man der Frage der Einführung näher treten konnte. Daß derartige Versuche aber eine gemessene Zeit in Anspruch nehmen, liegt allein schon darin begründet, daß die interessierten Kreise, sowohl der Handels- als auch der Kriegsmarine, an Neuerungen von solch ungeheuren Umwälzungen nur mit der größten Vorsicht herangehen. So sind denn auch mit der Dampfturbine eingehende Versuche bezüglich ihrer Verwendungsfähigkeit als Schiffsmaschine angestellt worden, die heute noch nicht abgeschlossen sind, aber schon immer weitere Kreise ziehen. Diese Versuche, die sich wieder auf Versuche im

---

*) Der kleine Wert gilt für kleine Maschinen, der größere für große, beste Ausführung der Maschinen vorausgesetzt.

Landbetrieb stützten, sollen uns zunächst beschäftigen, um dann auch einige Turbinenschiffe kennen zu lernen.

Die Geschichte des Dampfturbinenbaues, — wenn man von der älteren Geschichte, die bis zu dem Reaktionsdampfrad Heros von Alexandrien zurückreicht, absieht, — hängt ziemlich eng zusammen mit der Entwicklung der Dynamomaschinen. Der Wunsch nach einer schnellaufenden Betriebsmaschine für Dynamos war es hauptsächlich, welcher zur Einführung mit Dampf betriebener Turbinen führte. Die ökonomischen Ergebnisse, welche die Wasserturbinen zeitigten, ließen die Annahme begründet erscheinen, daß man unter gleichen Verhältnissen ähnliche Leistungsfähigkeit ebensogut mittels Dampf erhalten könne, als es unter Benutzung des Wassers gelungen war. So entstand neben vielen, nicht weiter ausgeführten Konstruktionen, im Jahre 1885 eine Modellturbine von 10 Pferdestärken nach dem System Parsons, welche direkt mit einer Dynamo gekuppelt war. Um die Ökonomie recht günstig zu gestalten, wurde die Dampfturbine nach dem Compoundsystem konstruiert, das heißt eine Serie von Turbinenrädern wurde auf einer Welle befestigt, so daß der Dampf durch alle Räder strömte, die Druckverminderung des Dampfes also über die ganze Serie von Einzelturbinen verteilt wurde. Spätere Konstruktionen, auch größerer Dampfturbinen, hauptsächlich für den stationären Betrieb, brachten nach und nach mehr Erfahrung in den Bau und die Konstruktion derselben hinein. Doch war der Dampfverbrauch immer noch ein zu hoher, als daß die gelungenen Ausführungen sich der Kolbenmaschine ebenbürtig gezeigt hätten.

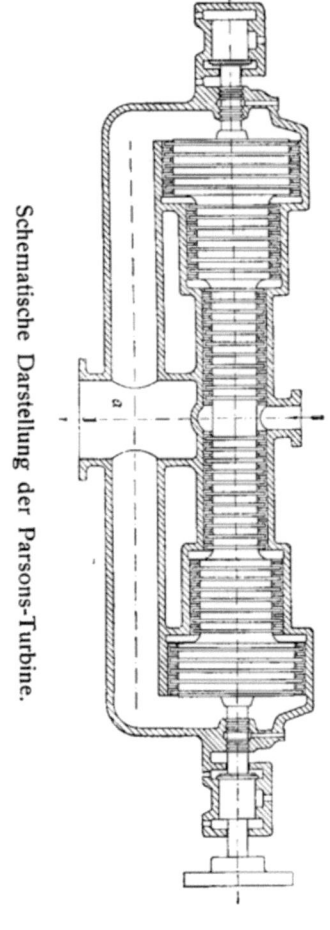

Schematische Darstellung der Parsons-Turbine.

Im Jahre 1892 wurde indessen eine Hochdruck-Compound-Dampfturbine, welche mit überhitztem Dampf und Kondensation arbeitete, für die Cambridge Electric Supply gebaut, deren Dampfverbrauch sich, bei einer Kesselspannung von 7 kg/qcm, auf 6,85 kg pro IPS und Stunde stellte. Die Weltausstellung in Chicago 1893 brachte als Neuheit Dampfturbinen des Schweden de Laval. Dieselben waren in verschiedenen Größen ausgestellt und dienten ausschließlich zum Betrieb von Dynamos. Eine zwanzigpferdige Turbine machte 22000 Umdrehungen in der Minute, die durch Schneckenübertragung 1:10 auf 2200 vermindert wurden. Diese Lavalschen Turbinen zeichneten sich besonders aus durch Raumersparnis, geringes Gewicht und entsprechend billigere Herstellungsmöglichkeit.

Für die Verwendung als Schiffsmaschine kam die Dampfturbine eigentlich erst in Frage, als sich im Januar 1894 in England eine Gesellschaft bildete mit dem Zweck, zu untersuchen, in welchem Umfange Dampfturbinen zur Bewegung von Dampfschiffen Anwendung finden könnten. In Frage stand hier die Parsonsturbine. Zur einwandsfreien Erprobung wurde der Bau eines Versuchsbootes

Laval-Turbine.

beschlossen, dessen Dimensionen aus finanziellen Rücksichten möglichst klein, zur Erreichung einer gewissen Geschwindigkeit aber wiederum doch groß genug gehalten werden sollten. So entstand das erste, durch Dampfturbinen betriebene Schiff, die »Turbinia«. Da die Ergebnisse der Versuche mit diesem Schiff von grundlegender Bedeutung für die späteren Ausführungen von Turbinenschiffen wurden, so soll hier etwas näher auf dieselben eingegangen werden.

Die »Turbinia« hatte eine Länge von 30,48 m, eine Breite von 2,74 m, einen Tiefgang von 0,914 m und ein Deplacement von etwa 44 t. Das Schiff wurde zuerst ausgerüstet mit einer Turbine, welche bei 2500 Umdrehungen 1500 effektive Pferdestärken liefern sollte. Den Dampf erzeugte ein Doppelender-Wasserrohrkessel mit großem Dampfraum und einem Arbeitsdruck von 15,8 kg/qcm. Die

Totalheizfläche des Kessels betrug 102,19 qm, seine Rostfläche 3,9 qm. Der Kondensator hatte 390,18 qm Kühlfläche. An Hilfsmaschinen waren vorhanden: Zirkulationspumpen, Luftpumpen, Haupt- und Reservespeisepumpe und Ejektoren.

Die ersten Versuchsfahrten, die mit verschiedenen Schraubenpropellern unternommen wurden, ergaben recht ungünstige Resultate. Mittels eines Torsionsdynamometers angestellte Messungen zeigten, daß die auftretenden großen Kraftverluste ausschließlich in den Propellern zu suchen seien. Was man vor Beginn der Fahrten schon vorhergesehen, aber nicht in dem Maße erwartet hatte, die Kavitation der Schraube war eine so große, daß der Slip (Rücklauf)*) bis zu 80°/₀ betrug. Unter Kavitation versteht man die Bildung von Hohlräumen hinter der Schraube, hervorgerufen durch zu schnelle Rotation der letzteren. Durch interessante, eingehende Versuche mit einem Propellermodell, auf welche einzugehen hier nicht der Ort ist, konnte die Bildung, Gestalt und das allmähliche Anwachsen der Hohlräume an den Propellerflügeln deutlich nachgewiesen werden. »Es zeigte sich, daß sich anfangs eine Höhlung oder Blase ein wenig hinter der eintretenden Kante, nahe der Flügelspitze bildete; als man sodann die Umdrehungen allmählich steigerte, vergrößerte sie sich stetig nach allen Seiten und war in dem Augenblick, als die Umdrehungen des Modells denjenigen des »Turbinia«-Propellers entsprachen, so groß geworden, daß von ihr ein Sektor von 90° der Propellerkreisfläche bedeckt wurde. Als nunmehr die Umdrehungen noch vermehrt wurden, drehte sich der Propeller gleichsam in einer zylindrischen Höhle und schöpfte nur ab und zu einer der beiden Propellerflügel Wasser. Bei diesem extremen Fall wurde beinahe die ganze Energie des Propellers aufgewandt, um den luftleeren Raum offen zu halten.«**)

Das Resultat des Versuches war, daß die Turbine aus dem Boot entfernt und durch drei neue Turbinen ersetzt wurde, welche mit je einer Wellenleitung gekuppelt waren, die wiederum je drei Schrauben von 0,45 m Durchmesser trugen. Der Dampf expandierte nacheinander in den drei Turbinen; Hochdruck- und Mitteldruckturbine saßen auf den Seitenwellen, die Niederdruck- und eine Turbine für

*) Unterschied zwischen der aus den Umdrehungen und der Steigung der Schraube errechneten Schiffsgeschwindigkeit und der tatsächlich erreichten, wird in Prozenten der ersteren ausgedrückt.

**) Marine-Rundschau, 9. Jahrgang S. 931.

Rückwärtsgang auf der Mittelwelle. Jede der drei erstgenannten Turbinen sollte ein Drittel der Gesamtarbeit leisten. Das Totalgewicht der Turbinenanlage war dasselbe geblieben.

Die Probefahrten mit der neuen Anlage begannen im Dezember 1896. Bei den ersten Meilenfahrten wurden im Mittel 29,6 Knoten erzielt bei 2550 Umdrehungen in der Minute, während man bei den früheren Probefahrten mit nur einer Turbine nur eine Geschwindigkeit von 16 Knoten erreicht hatte. Nachdem man bei der neuen Anordnung auch noch neue Schraubenpropeller von größerer Steigung aufgesetzt hatte, wurden weitere Probefahrten am 1. April 1897 unternommen. Dieselben ergaben eine mittlere Geschwindigkeit des Schiffes von 31,01 Knoten in der Stunde bei 2100 Umdrehungen der Turbinen pro Minute und 946 effektiven Pferdestärken. Rechnet man die effektiven Pferdestärken zu 60% der indizierten, d. h. im Verhältnis, wie es für Torpedoboote ermittelt ist, so ergibt sich die Zahl der indizierten Pferdestärken zu 1576.

Die »Marine - Rundschau« gibt für die Meilenfahrten mit 31,01 Knoten Ergebnis folgende Daten an:

Mittlere minutliche Umdrehungen der Turbinen . 2100
Dampfdruck der Kessel . . . . 14 kg/qcm
Admissionsdruck in den Turbinen . . . . . . 9,14 kg/qcm
Vakuum . . . . 0,949 kg/qcm
Dampfverbrauch pro I PS und Stunde . . . . 7,19 kg/qcm
Gesamtgewicht der Maschinen- und Kesselanlage
im betriebsfertigen Zustande, Wasser im Kondensator, im Kessel und in den Pumpen . 22 t
I PS per t des Gesamtgewichtes der Maschinenanlage . . . . 72,1.

Nach den Versuchen des Prof. Ewing soll die »Turbinia« bei einer Geschwindigkeit von 32 Knoten etwa 6,6 kg Dampf pro I PS und Stunde verbraucht haben.

Am 10. April 1897 wurde die forcierte Probefahrt abgehalten. Zwei hierbei unternommene Meilenfahrten ergaben im Mittel 32,76 Knoten bei 2230 Umdrehungen der Hoch- und Mitteldruckturbinen und 2000 der Niederdruckturbinen und einem Luftdruck von 28,54 mm Wassersäule. Der Kohlenverbrauch soll 0,9 kg pro I PS betragen haben. Anläßlich der Flottenschau bei Spithead sollen sogar 34,5 Knoten Fahrtgeschwindigkeit erzielt worden sein, welches

Parsons-Turbine. (Die obere Hälfte des Gehäuses ist abgenommen.)

Ergebnis jedoch nicht ganz einwandsfrei ist, da genaue Beobachtungen hierüber fehlen. Im ganzen wurden einige 20 Probefahrten mit der »Turbinia« unter den verschiedensten Bedingungen unternommen, wobei die Geschwindigkeiten des Fahrzeuges zwischen 6,75 und 32,75 Knoten schwankten. Die Turbine für Rückwärtsgang verlieh dem Schiff eine Geschwindigkeit von 6,5 Knoten über den Achtersteven und bewirkte beim Vorauslaufen des Schiffes mit 30 Knoten den Rückwärtsgang desselben innerhalb 36 Sekunden. Irgend welche Schwierigkeiten ergaben sich beim Betrieb der Turbinen nicht. Bei der größten Fahrtgeschwindigkeit arbeitete die »Turbinia« fast ohne jegliche Vibration; die Maschinenanlage arbeitete mit vollendeter Gleichmäßigkeit, die Schrauben schlugen nicht und die Lager blieben kühl genug. Die Schmierung der Turbinen erfolgte automatisch durch eine kleine Pumpe, welche mit der Luftpumpe gekuppelt war. Die Bedienung der Maschine durch das Personal beschränkte sich auf die Regulierung des Zudampfes, die Verpackung von Stopfbuchsen und die Innehaltung eines guten Vakuums.

Die Leistungen der »Turbinia wurden auf der Pariser Weltausstellung im Jahre 1900 durch Verleihung des großen Preises und der goldenen Medaille anerkannt. Jetzt liegt dieses erste Turbinenschiff unbenutzt auf der Werft von Parsons in Wallsend on Tyne und hat, nachdem es seine Aufgaben als Versuchsboot erfüllt hat, nur noch historischen Wert. —

Schon im Jahre 1898 gab die englische Admiralität, veranlaßt durch die mit der »Turbinia« erzielten günstigen Erfolge, der Parsons-Company einen Torpedobootszerstörer mit Turbinenantrieb, von der Größe der englischen Dreißigknotenboote, aber für 31 Knoten Geschwindigkeit, in Bestellung. Die Dimensionen der »Viper« — so hieß das Boot — waren: Länge 64 m, Breite 6,4 m, Tiefgang 3,81 m, Deplacement 370 t. Kurze Zeit darauf baute die Firma Armstrong ein gleiches Boot mit Parsons-Turbinen. Die »Cobra«, wie dieses Boot hieß, wurde, als es noch auf dem Stapel stand, von der englischen Admiralität angekauft.

Jedes der beiden Schiffe hatte auf jeder Schiffsseite zwei gleiche Maschinensätze mit zwei Wellen und zwei Propellern auf jeder Welle, also im ganzen vier Wellen und acht Propeller. Die äußeren Wellen wurden von den Hochdruckturbinen, die inneren von den Niederdruckturbinen angetrieben. Zum Rückwärtsgang dienten kleine Rückwärtsturbinen, die, mittschiffs aufgestellt, eine Geschwindigkeit des Schiffes über den Achtersteven von 15,5 Knoten in der Stunde ergaben.

Die Probefahrten ergaben für die »Viper« eine Höchstgeschwindigkeit von 37,113 Knoten (nach »Nautikus« 1902), welcher nach den Angaben von Parsons eine indizierte Maschinenleistung von 12300 P S entsprechen würde. Von anderer Seite werden 34,8 Knoten Geschwindigkeit bei 11000 I P S angegeben. Ein Vergleich der Gewichte der kompletten Maschinen- und Kesselanlage (mit Wellenleitung, Wasser in den Kesseln und Kondensatoren) ergibt:

für die Dreißigknotenboote mit Kolbenmaschinen 270 t,

für die Turbinenboote 180 t,

mithin eine Gewichtsersparnis von 90 t zugunsten der Turbinen-Boote. Der Kohlenverbrauch betrug 1,08 kg pro I P S, während ein Maximal-Kohlenverbrauch von 1,14 kg gestattet war. Ungünstig war der Kohlenverbrauch jedoch für die reduzierten Maschinenleistungen; derselbe betrug für 15 Knoten etwa das Doppelte des Kohlenverbrauchs der Kolbenmaschinen. Wie Parsons diesem Übelstande bei späteren Konstruktionen begegnete, werden wir weiterhin sehen. Diese beiden Turbinenschiffe hatten ein eigentümliches Mißgeschick insofern, als sie auf hoher See verloren gingen, wie man annimmt, infolge der zu schwachen Schiffsverbände, zu denen man sich durch den ruhigen Gang der Turbinen hatte verleiten lassen.

Man ließ sich jedoch dadurch nicht abhalten, den Bau von Turbinenschiffen fortzusetzen. Den beiden Turbinen-Destroyern folgte im Jahre 1901 die Inbaugabe des ersten Personendampfers mit Dampfturbinenantrieb, des »King Edward«. Dieses Schiff, das eine Länge von 82,3 m, eine Breite von 9,7 m und ein Deplacement von 525 t erhielt, wurde mit drei Parsons-Turbinen ausgerüstet. Von den drei Schraubenwellen erhielten die mittlere einen, die seitlichen je zwei Propeller. Auf der mittleren Welle arbeitet die Hochdruckturbine, auf den beiden seitlichen die Niederdruck- und die Rückwärtsturbinen. Beim Manövrieren wird die mittlere Turbine ausgeschaltet und die Seitenturbinen erhalten direkten Dampf. Die mittlere Welle macht etwa 700, die Seitenwellen machen etwa 500 Umdrehungen in der Minute. Der »King Edward« fährt auf dem Clyde zwischen Greenock und Campeltown. Gegenüber den älteren Schwesterschiffen erzielte er bald gute Erfolge an Geschwindigkeit und Ökonomie, so daß bald darauf ein Schwesterschiff, gleichfalls mit Turbinenantrieb, die »Queen Alexandra«, in Bau gegeben wurde.

»The Engineer« vom 24. Januar 1902 gibt folgende Vergleichstabelle über die beiden Schwesterschiffe »Duchess of Hamilton« (Kolbenmaschinen) und »King Edward« (Turbinen):

	»Duchess of Hamilton«	»King Edward«
Gesamtkohlenverbrauch	1758 t	1429 t
Zurückgelegte Seemeilen	15604	12116
Seemeilen pro t Kohlen	8,87	8,47
Reisetage	111	79
Durchschnittsverbrauch pro Tag	15,7 t	18,1 t
Durchschnittsgeschwindigkeit	16,5 sm	18,5 sm

Der »Queen Alexandra« folgten in der englischen Handelsmarine weitere Turbinenschiffe, »Queen«, »Lorena«, »Emerald«, »Tarantula« und andere, deren Probefahrten sehr zufriedenstellend ausfielen.

Nach dem Untergang der »Viper« und der »Cobra« baute die Parsons-Gesellschaft auf eigene Rechnung einen neuen Turbinen-Torpedobootszerstörer, welcher von der englischen Admiralität angekauft wurde und den Namen »Velox« erhielt. Er ist ein Schwesterschiff der beiden erstgenannten Boote, wurde jedoch nach den Erfahrungen, die man mit diesen gemacht hatte, in den Schiffsverbänden bedeutend stärker gehalten. Die Maschinenanlage besteht hier aus zwei Dreifach-Expansionsmaschinen gewöhnlichen Marinetyps und zwei Dreifach-Expansionsturbinen. Der Zweck dieser Anordnung ist der, auch bei geringer Geschwindigkeit einen nicht zu hohen Kohlenverbrauch zu erhalten. Bei langsamer Fahrt tritt direkter Dampf nur in die gewöhnliche (Kolben-) Maschine; der Abdampf geht durch die Turbine. Jede Turbine treibt zwei Wellen und zwar sind Hochdruck- und Niederdruckturbine an einer Welle, die Mitteldruckturbine an der anderen Welle gekuppelt. Bei mittlerer Fahrtgeschwindigkeit tritt direkter Dampf zur Maschine und zur Turbine. Bei größter Kraftentfaltung wird die Maschine ganz ausgeschaltet und der Dampf nur der Turbine zugeführt. Für den Rückwärtsgang wird die Dampfmaschine benutzt. Auf jeder Welle sitzen zwei Schrauben, so daß im ganzen acht Schrauben vorhanden sind.

Die ersten Probefahrten zeitigten ungenügende Resultate; doch wurden bei den weiteren Fahrten bessere Erfolge erzielt. Während nämlich zuerst ein Kohlenverbrauch von 9,8 t pro Stunde festgestellt wurde, betrug derselbe bei den späteren Fahrten mit einer Geschwindigkeit von 27 Knoten nur 7,25 t pro Stunde, gleich 1,1 kg pro I PS und Stunde.

Die Zahl der mit Dampfturbinen ausgerüsteten Schiffe wuchs jetzt zusehends. Die englische Kriegsmarine ließ den im März 1903 vom Stapel gelaufenen Torpedobootszerstörer »Eden« mit einer Parsons-Turbinenanlage ausstatten und ging dann einen Schritt weiter, indem sie im Etat 1902/03 einen kleinen Kreuzer gleichfalls mit Parsons-Turbinen forderte. Die mit diesem Kreuzer, »Amethyst«, erzielten Versuchsergebnisse bieten insofern besonderes Interesse, als zwischen diesem Turbinenschiff und seinen mit Kolbenmaschinen ausgerüsteten Schwesterschiffen »Topaze«, »Sapphire« und »Diamond« Ende 1904 eingehende Vergleichsfahrten angestellt wurden, welche wertvolles Material zur Beurteilung der Leistungsfähigkeit der Dampfturbinen im Schiffsbetriebe lieferten.

Die Schiffe dieser Kreuzerklasse sind 109,7 m lang, 12,19 m breit und haben bei 4,42 m Tiefgang eine Wasserverdrängung von 3000 t. Ihre Geschwindigkeit war zu 21,75 Knoten berechnet. Der Turbinenkreuzer »Amethyst« besitzt außer den Hauptturbinen besondere Turbinen für kleine Geschwindigkeiten (Kreuz- oder Marschturbinen genannt) und Turbinen für den Rückwärtsgang. Die Anlage ist wie folgt angeordnet: Eine Hochdruck-Hauptturbine arbeitet an der mittleren Schraubenwelle, die dazu gehörigen Niederdruckturbinen wirken an den beiden Seitenwellen, für kleine Geschwindigkeiten ist für die Backbordwelle eine Hochdruck-, für die Steuerbordwelle die dazu gehörige Niederdruckturbine vorgesehen; an den beiden Seitenwellen arbeiten auch die Turbinen für den Rückwärtsgang. Bei kleineren Geschwindigkeiten (bei den Probefahrten wurde bis zu etwa 14 Knoten gegangen) wird der Dampf durch das Hochdruckgehäuse der Kreuzturbinen in das Niederdruckgehäuse derselben und dann durch beide Hauptturbinen in den Kondensator geleitet, bei 18 Knoten Geschwindigkeit wird die Hochdruck-Kreuzturbine, bei voller Kraft werden beide Kreuzturbinen ausgeschaltet. Der Dampf wird in Yarrow-Kesseln erzeugt, bei denen das Verhältnis der Rostfläche zur Heizfläche 1 : 52,5 beträgt.

Der »Amethyst« erledigte vom 19. Oktober bis zum 16. November 1904 sechs Probefahrten mit verschiedenen Geschwindigkeiten, von 10 Knoten an. Als höchste Geschwindigkeit wurden mit ihm 23,63 Knoten in der Stunde erzielt, während die Probefahrten des mit Kolbenmaschinen versehenen Schwesterschiffes »Topaze« eine Höchstgeschwindigkeit von 22,1 Knoten ergaben. Eine genaue Bestimmung der Leistung der Turbinen in Pferdestärken, wie sie bei den Kolbenmaschinen die Indikatordiagramme ermöglichen, ist zurzeit leider nicht möglich. Die Maschinenleistung des »Amethyst« wurde daher nach den Ergebnissen der Schwesterschiffe, welche gleiche Formen haben, abgeschätzt und zwar für 23,63 Knoten auf ungefähr 14 000 PS, während »Topaze« für 22,1 Knoten 9868 PS indizierte. Die Mehrleistungen von ungefähr 4000 PS bei einer Geschwindigkeitserhöhung von nur etwa 1,5 Knoten darf nicht verwundern, da bei den höheren Geschwindigkeiten erfahrungsgemäß die Maschinenleistung in schnellerem Maße als die Schiffsgeschwindigkeit steigt. Das Gewicht der Maschinen beträgt bei »Amethyst« 535 t, bei »Topaze« 537 t; es kommen also auf eine Tonne Maschinengewicht bei »Amethyst« 26 PS gegen nur 18 PS bei »Topaze«, oder mit gleichem Maschinengewicht erzielte das Turbinenschiff eine höhere Kraftleistung und dementsprechend auch eine höhere Geschwindigkeit als das mit Kolbenmaschinen ausgestattete Schiff. Was die Manövriereigenschaft der Turbinen betrifft, so wurden für das Manöver von Volldampffahrt auf Stopp 7,5 bis 20 Sekunden gebraucht; die Zeit zum Aufnehmen von 22 Knoten Fahrt von 10 Knoten Geschwindigkeit aus betrug wenige Minuten.

Als wichtigstes Ergebnis der Probefahrten ist aber die Feststellung der Tatsache zu verzeichnen, daß »Amethyst« gegenüber den mit Kolbenmaschinen ausgestatteten Schwesterschiffen bedeutend weniger Kohlen verbrauchte, wenn die Geschwindigkeit 14,5 Knoten überstieg, während unter dieser Geschwindigkeit der Kohlenverbrauch nur wenig höher war als bei den Kolbenmaschinen. Diese Tatsache erscheint um so bemerkenswerter, als bei den bisherigen Ausführungen von Turbinenschiffen der Kohlenverbrauch für die reduzierten Maschinenleistungen ein so überaus ungünstiger war, daß der Verwendung von Turbinen schwerwiegende Bedenken entgegenstanden. So betrug, wie schon erwähnt, z. B. bei dem oben besprochenen Torpedobootszerstörer »Viper«, der Kohlenverbrauch bei 15 Knoten Fahrtgeschwindigkeit das Doppelte von dem der

Kolbenmaschinen. Daß dadurch der Aktionsradius der Schiffe bei der Marschgeschwindigkeit bedeutend verringert wurde, war ein Übelstand, der den Wert der mit Turbinen ausgestatteten Kriegsschiffe herabsetzte. Aus diesem Grunde hatte Parsons auch beim »Velox« neben den Turbinen die zwei Kolbenmaschinen angeordnet, um bei den geringen Schiffsgeschwindigkeiten einen nicht zu großen Kohlenverbrauch zu haben. Parsons erreichte dieses auch und hatte deshalb zuerst auch für »Amethyst« eine ähnliche Anordnung vorgesehen. Der Ersatz der Kolbenmaschine durch für kleine Geschwindigkeiten konstruierte Turbinen gelang ihm aber vollständig, wie die mit »Amethyst« erzielten Ergebnisse beweisen.

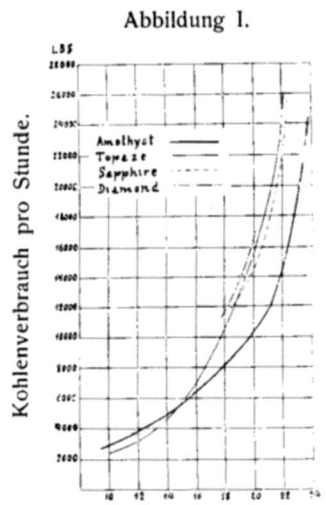

Abbildung I.

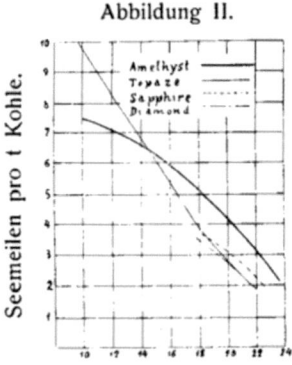

Abbildung II.

Geschwindigkeit in Knoten.   Geschwindigkeit in Knoten.

Graphische Darstellung der mit dem Turbinenkreuzer »Amethyst« und den Schwesterschiffen bezüglich des Kohlenverbrauchs erzielten Ergebnisse.

Die beigegebene graphische Darstellung zeigt einen Vergleich zwischen den bei »Amethyst« mit Turbinen und den bei den Schwesterschiffen mit Kolbenmaschinen bezüglich des Kohlenverbrauches erzielten Ergebnissen. Abb. I gibt den Kohlenverbrauch in lbs*) pro Stunde für die verschiedenen Schiffsgeschwindigkeiten an. Aus der Darstellung ist ersichtlich, daß sich der Kohlenverbrauch des »Amethyst« für die Geschwindigkeit von 10 bis etwa 14,5 Knoten nur etwas über dem des »Topaze« hält. Nach Überschreitung dieser Geschwindigkeit bleibt der Kohlenverbrauch des Turbinenschiffes bedeutend unter dem der Kohlenmaschinen-Kreuzer, wie dies am

---

*) 1 lbs = 1 Pfund (avoir du poids) = 0,4536 kg.

254

auffälligsten bei der Geschwindigkeit von 22 Knoten zutage tritt.
Die Kurven der Kolbenmaschinen-Kreuzer »Sapphire« und »Diamond«
verlaufen analog der des »Topaze«. In Abb. II sind die Leistungen
in Seemeilen pro Tonne Kohlenverbrauch dargestellt. Wie aus
dieser Darstellung hervorgeht, ergaben für die Schiffsgeschwindigkeiten von z. B. 10 Knoten die Kolbenmaschinen pro Tonne Kohlenverbrauch etwa zwei Seemeilen mehr als die Turbinen. Diese Überlegenheit sinkt aber schnell, bis bei 14,5 Knoten die Leistungen
beider Systeme einander gleich und von da an die Leistungen des
Turbinenschiffes die besseren sind. —

Die Dampfturbine verschaffte sich dank ihrer vielen Vorzüge,
die wir neben ihren Nachteilen noch kennen lernen werden, bald
immer mehr Eingang, sowohl in die Handels- als auch in die
Kriegsmarinen der verschiedenen Länder. Bis zum Jahre 1903 betrug die Leistung der an Bord befindlichen Turbinen System
Parsons, die fast ausschließlich verwendet wurden, insgesamt schon
100000 Pferdestärken, eine Zahl, die sich Ende 1904 für ausgeführte
und im Bau befindliche Schiffsturbinenanlagen bereits auf 400000 PS
erhöht hatte. In den folgenden Jahren hat sich diese Zahl dann
wiederum ungemein erhöht durch den Bau einer großen Zahl von
Turbinenschiffen, von denen allein die Turbinenanlagen der zwei
Schnelldampfer »Lusitania« und »Mauretania« der Cunard-Linie
je rund 70000 PS indizieren. Eine kürzlich von der deutschen
Parsons-Gesellschaft »Turbinia« herausgegebene Tabelle der mit
Parsons-Turbinen ausgerüsteten oder auszurüstenden Schiffe zählt
insgesamt 84 Schiffe mit zusammen über 900000 PS auf. England
ließ seinen Turbinen-Zerstörern und Kreuzern das erste mit Turbinen ausgerüstete Linienschiff, »Dreadnought«, ein Schiff
von 18000 t Deplacement und 23000 IPS folgen, sah für die
großen Panzerkreuzer »Invincible«, »Inflexible« und »Indomitable«
(16000 t Deplacement, 40000 IPS) Dampfturbinen vor und steht
im Begriff, fast sämtliche Neubauten von großen und kleinen Kreuzern,
sowie Torpedobootszerstörern mit diesem Maschinensystem auszurüsten. Dem Vernehmen nach handelt es sich, abgesehen von
den in der Tabelle aufgeführten Schiffen, um 4 Linienschiffe,
einen Zerstörer von 36 Knoten, 5 Zerstörer von 33 Knoten und
12 Küstenzerstörer von 26 Knoten; auch die neue Dampfjacht
des Königs von England, »Osborne«, von 2000 t, erhielt Parsons-
Turbinen.

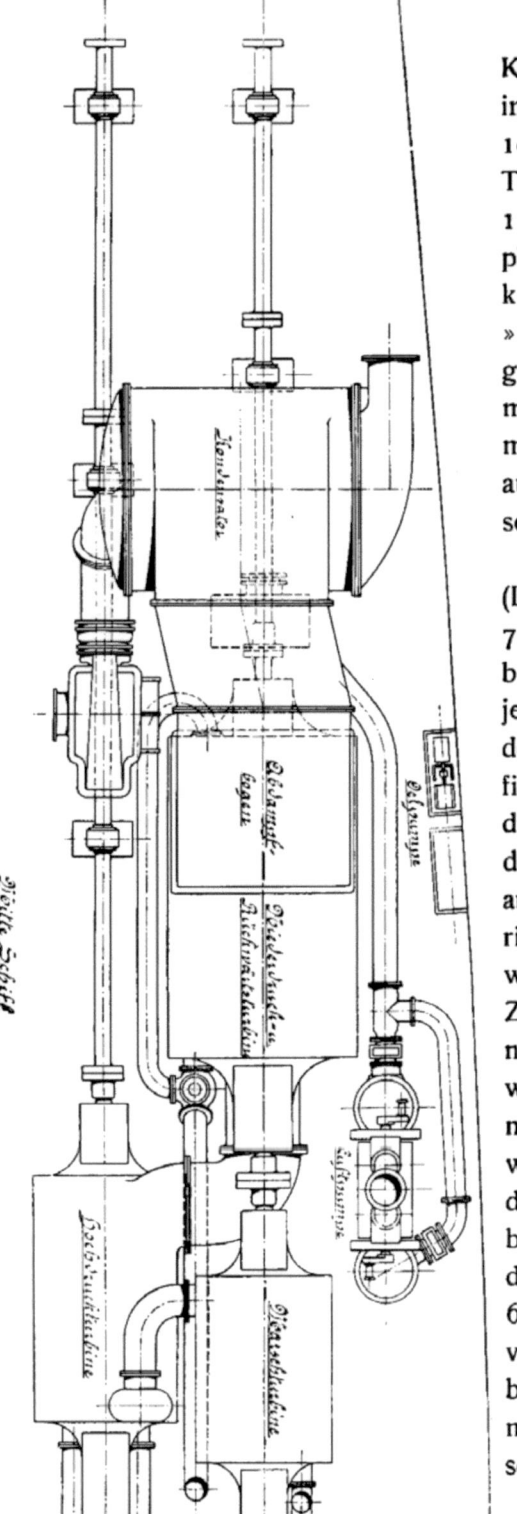

Parsons-Turbinenanlage eines Kriegsschiffes.

Die deutsche Kriegsmarine hatte inzwischen im Jahre 1903 ein Hochsee-Torpedoboot (»S 125«) von 370 t Deplacement, sowie einen kleinen Kreuzer, »Lübeck«, in Bau gegeben mit der Bestimmung, daß diese Schiffe mit Parsons-Turbinen ausgerüstet werden sollten.

Das Torpedoboot (Länge 63,3 m, Breite 7 m, Tiefgang 1,8 m) besitzt drei Wellen mit je einer Schraube. Auf der mittleren Welle befindet sich die Hochdruck-Hauptturbine; an den beiden Seitenwellen arbeiten die dazu gehörigen Niederdruck-, sowie die Marschturbinen. Zwei Rückwärtsturbinen sind an die Seitenwellen angeschlossen, mit denen manövriert wird. Die größte Umdrehungszahl der Turbinen beträgt 865 in der Minute bei etwa 6300 IPS. Der Kohlenverbrauch stellte sich bei den Probefahrten mit 12 Seemeilen Geschwindigkeit um 87 %

höher als bei den Kolbenmaschinen der Schwesterboote; bei zu-
nehmender Leistung näherte derselbe sich dem der Kolbenmaschinen.
Bei 17 Seemeilen, das heißt bei etwa Einsiebentel der Höchstleistung,
betrug er nur noch 53 $^0/_0$ mehr, bei Höchstleistung war er annähernd gleich, aber immerhin noch etwas höher. Bei gleicher
Belastung des Turbinenbootes mit Kohlen, wie die Schwesterboote,
wurde annähernd die Geschwindigkeit der letzteren (28,27 Seemeilen) mit 28 Seemeilen erreicht, während der Vertrag nur 27 Seemeilen vorgeschrieben hatte*).

Der Turbinenkreuzer »Lübeck« ist ein Schiff von folgenden
Abmessungen:

Länge zwischen den Perpendikeln   103,8 m
Breite über den Spanten   . . .   13,2 „
Tiefgang (einschl. Kiel) . . . .   5,0 „
Wasserverdrängung . . . . .   3275 t

Die Parsons-Turbinenanlage besteht aus zwei gleichwertigen,
symmetrisch zueinander angeordneten Turbinensätzen, von denen
jeder die zwei Wellen einer Schiffsseite treibt. Auf die äußere
Welle wirkt die Hochdruck-, auf die innere die Niederdruckturbine.
Für den Rückwärtsgang ist auf jeder der beiden Wellen eine besondere Turbine angeordnet. An die innere Welle jeder Schiffsseite
ist je eine Marschturbine angeschlossen; diese beiden Turbinen stehen
derart miteinander in Verbindung, daß die St. B.-Marschturbine als
Hochdruck-, die BB.-Marschturbine als Niederdruckturbine arbeitet,
letztere also von der ersteren den Dampf erhält. Bei größeren
Fahrtgeschwindigkeiten laufen auch hier die Marschturbinen ohne
Dampf, also leer, ohne Arbeit zu verrichten, mit. Das Gewicht
der ganzen Turbinenanlage ist um 77,5 t geringer als das der
Kolbenmaschinen des Schwesterschiffes »Hamburg«. Zwecks An-
stellung von Vergleichen zwischen den beiden verschiedenen An-
triebsmotoren fanden Vergleichsfahrten zwischen dem letztgenannten
Schiff und der »Lübeck« statt. Verlangt wurde dabei, daß die
Leistung der Turbinenanlage während einer sechsstündigen ununter-
brochenen forcierten Fahrt mit etwa 670 Umdrehungen in der
Minute, bei Anwendung eines Luftdruckes von 65 mm Wassersäule unter den Rosten der Feuerungen, in bezug auf die Schiffs-

---

*) Marine-Rundschau, 17. Jahrgang, S. 581 ff.

Radunz, 100 Jahre Dampfschiffahrt.   17

geschwindigkeit nicht geringer sein sollte, als die des Schwesterschiffes mit Kolbenmaschinen bei 10000 IPS. Ebenso sollte der Kohlenverbrauch des Turbinenschiffes bei vierundzwanzigstündiger Dauerfahrt mit 7000 PS und Marschgeschwindigkeit für die Pferdestärkenstunde 0,9 kg Kohlen nicht übersteigen.

Die Ergebnisse der ausgeführten 22 Kohlenmeßfahrten lassen sich dahin zusammenfassen*), daß der Kohlenverbrauch von »Lübeck« gegenüber dem von »Hamburg« bei 12 Seemeilen etwa 20 %, bei 20 Seemeilen (Maschinenleistung = Dreifünftel der Höchstleistung) nur noch etwa 8 % schlechter ist. Bis zur Höchstleistung verringert sich — nach den Kohlenverbrauchskurven zu urteilen — dieser Prozentsatz noch etwas, der Kohlenverbrauch von »Lübeck« bleibt jedoch auch dort etwas größer. Hinsichtlich der Geschwindigkeit hat »Lübeck« zwar die Schwesterschiffe nicht überflügelt, aber doch wenigstens ihr Vergleichsschiff »Hamburg« erreicht. Es wurden auf »Lübeck« drei verschiedene Propelleranordnungen versucht, zunächst acht kleine Propeller, dann vier große und schließlich vier große und vier kleine Propeller. Die Höchstgeschwindigkeit an der Eckernförder Meile betrug im ersten Falle bei 672 Umdrehungen 22,37 sm, im zweiten Falle bei 623 Umdrehungen 22,39 sm, im letzten Falle bei 600 Umdrehungen 22,56 sm. Mit der Geschwindigkeit stieg jedoch auch der Kohlenverbrauch. Es wurde daher für die weiteren Fahrten die Anordnung mit vier großen Propellern beibehalten und mit dieser im tiefsten Wasser bei Neukrug eine Höchstgeschwindigkeit von 23,16 sm erreicht. Die entsprechenden Werte für die Schwesterschiffe sind: »Hamburg« 23,15, »Berlin« 23,26, »Bremen« 23,29 sm**).

Die mit den beiden Turbinenschiffen gemachten Erfahrungen ermutigten die deutsche Marineverwaltung, im Jahre 1905 sowohl ein zweites Torpedoboot von 571 t Deplacement und 30 Knoten Geschwindigkeit, als auch einen zweiten kleinen Kreuzer, »Ersatz Wacht«, von 3410 t Deplacement und 24 Knoten Geschwindigkeit mit Parsons-Turbinenanlage in Bau zu geben. Ein anderer kleiner Kreuzer gleicher Größe wird gleichfalls Dampfturbinen erhalten.

Anfang 1905 wurde auf den Howaldtswerken in Kiel der erste deutsche Handelsdampfer mit Dampfturbinenantrieb fertiggestellt.

---

*) »Nautikus« 1906.
**) »Nautikus« 1906 und Marine-Rundschau, 17. Jahrgang, S. 1353 ff.

Die Abmessungen des für den Post- und Passagierverkehr bestimmten Doppelschraubendampfers betragen:

Länge zwischen den Perpendikeln 59,89 m,
Breite auf den Spanten 7,62 m.

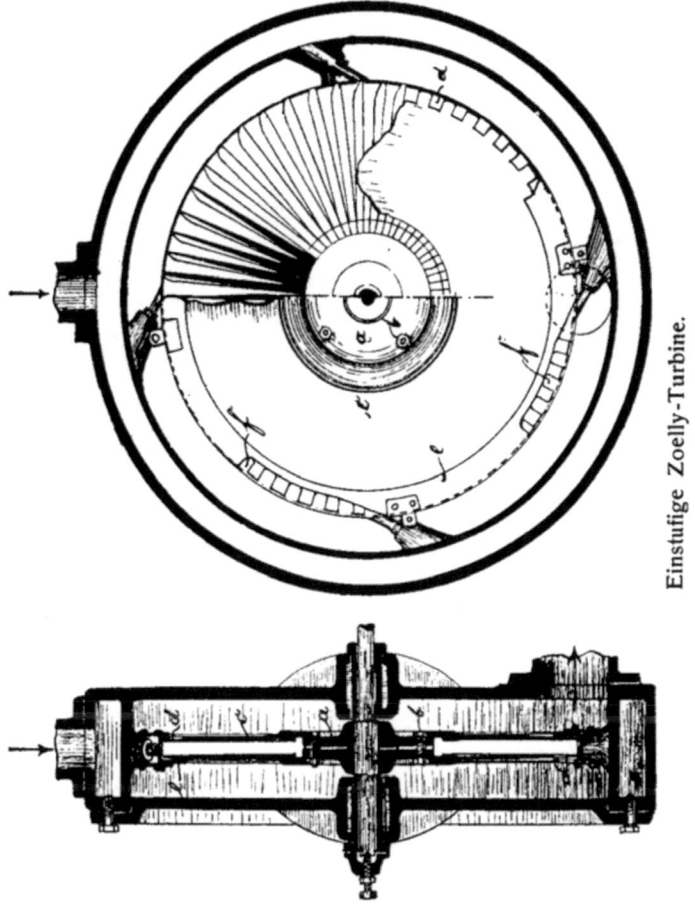

Einstufige Zoelly-Turbine.

Das Schiff besitzt Einrichtungen I. Klasse für 30 Personen, II. Klasse für 40 Personen und ferner für 100 Zwischendecker. Die Turbinenanlage des Dampfers weicht insofern von den bis dahin für Schiffe gebauten Anlagen ab, als sie nicht aus Parsons-Turbinen, sondern solchen des Systems Zoelly besteht. Dieselben sind für eine Leistung von 1200 IPS gebaut und sollen dem Schiffe eine Geschwindigkeit von 15 bis 16 Seemeilen verleihen. Die Kesselanlage ist mit

17*

einem Dampfüberhitzer, System Pielock, ausgerüstet. Leider ist über die mit diesem Schiffe gemachten Erfahrungen bis jetzt nichts bekannt geworden.

Diesem Dampfer folgte der erste Turbinenschnelldampfer der Hamburg-Amerika Linie, der, auf den Namen »Kaiser« getauft, im April 1905 auf der Werft der Stettiner Maschinenbau-Aktien-

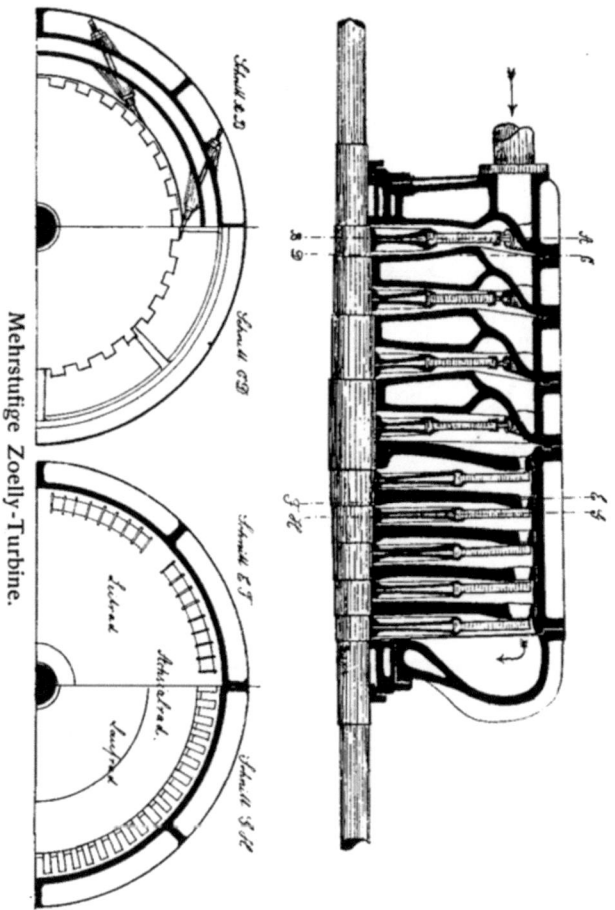

gesellschaft »Vulkan« vom Stapel lief. Die Maschinenanlage dieses, für den Seebäderdienst der genannten Linie bestimmten Dampfers besteht aus A. E. G.-Curtis-Turbinen, hergestellt von der Allgemeinen Elektrizitäts-Gesellschaft (A. E. G.) in Berlin. Einige nähere Angaben über die Anlage, der auch Kaiser Wilhelm II. gelegentlich einer mehrstündigen Probefahrt sein besonderes Interesse

zuwandte, dürften am Platze sein. Danach geschieht die Dampferzeugung durch vier vom »Vulkan« erbaute Wasserrohrkessel,
welche Dampf von 14 Atm. Überdruck erzeugen. Die Feuerung
arbeitet mit forciertem Zug, System Howden, wobei die Verbrennungs-
luft mittels Regenerator durch die abziehenden Heizgase vorgewärmt

Turbinen-Schnelldampfer »Kaiser« (1905).

wird. Ebenso findet eine Vorwärmung des Speisewassers durch
den Abdampf der Hilfsmaschinen statt. Die Turbinenanlage besteht
aus zwei Maschineneinheiten, welche je eine Welle mit einem Propeller antreiben. Die Rückwärtsturbinen sind in das Niederdruckgehäuse der Vorwärtsturbine eingebaut. Die Vorwärtsturbine ist eine

Druckturbine, bestehend aus fünf mehrkränzigen Druckstufen mit partieller Beaufschlagung, an welche sich eine vielkränzige, voll beaufschlagte Trommel anschließt. Die Druckeinteilung ist dabei so getroffen, daß der auf der Trommel lastende Dampfüberdruck den Propellerschub etwas überwiegt. Infolgedessen hat das am vorderen Turbinenende befindliche Drucklager stets nur eine geringe Belastung aufzunehmen. Das Gewicht der Turbinen war mit 70 t per Turbine zugelassen. Die fertige Turbine einschließlich aller Lager, Drucklager, Ölpumpen und sämtlicher für Öl und Entwässerung erforderlichen Rohrleitungen wog jedoch nur 57 t.

Beide Turbinen mit Kondensation und Hilfsmaschinen wurden in den Werkstätten der A. E. G. vor ihrer Ablieferung äußerst eingehenden Prüfungen und starken Überlastungen unterzogen. An Stelle der Propeller war hierbei eine speziell für diesen Zweck erbaute hydraulische Bremse vorgesehen. Es wurden hier auch Versuche mit überhitztem Dampf und bei verschiedenem Vakuum vorgenommen. Zum Schluß fand mit jeder Turbine eine sechsstündige Abnahmeprüfung bei voller Belastung durch genannte Wasserbremse bei 600 Touren statt.

In der Zeit vom 16. August bis 10. September 1905 wurden mit dem Dampfer eine Reihe von Studienfahrten auf der Ostsee unternommen, welche den Zweck hatten, die günstigste Propellerkonstruktion für die gegebene Leistung von 3000 PS und 600 Umdrehungen pro Minute zu ermitteln. In dem außerordentlich kurzen Zeitraum von noch nicht ganz vier Wochen wurden Probefahrten mit vier verschiedenen Propellern erledigt, was nur dadurch möglich war, daß an der Turbinenanlage während der ganzen Fahrten nicht die geringste Störung eintrat.

Mit den endgültig gewählten Propellern lief das Schiff bei der, bei recht ungünstigem Wetter abgehaltenen Abnahme-Probefahrt als Mittel von zwei Stunden 20,46 Seemeilen, gegenüber einer Garantie von 19,5 Seemeilen. Während der sechsstündigen Kohlenmeßfahrt wurde der Gesamtkohlenverbrauch einschließlich Hilfsmaschinen bei 20,05 Seemeilen Geschwindigkeit zu 4,06 t pro Stunde ermittelt, das sind 0,66 kg pro PS. Die Garantiezahlen waren 4,7 t Kohle pro Stunde einschließlich aller Hilfsmaschinen bei 19,5 Seemeilen Geschwindigkeit; es sind dieses die Leistungen, welche das Schiff bei Antrieb mit Dreifach-Expansionsmaschinen hätte aufweisen müssen. Es ergab sich somit bei dieser Erstausführung eine um 20 °/₀ bessere Ökonomie. Dazu kommt der bedeutend vereinfachte Maschinenbetrieb, da nur noch die Hilfsmaschinen einer eigentlichen Wartung bedürfen. Besonders bemerkenswert ist die Einfachheit und Manövrierfähigkeit der Turbinen, bei welchen für verschiedene Fahrtgeschwindigkeiten jedes Umschalten von Dampfwegen vermieden und ein einziges Manövrierventil für die Regulierung von Null bis zur vollen Tourenzahl vorhanden ist. Durch das gleiche Ventil wird nach Umlegen eines Umsteuerschiebers die Rückwärtsturbine bedient. Die Rückwärtsturbinen sind für einen so guten Wirkungsgrad konstruiert, daß sie bei guter Manövrierfähigkeit kaum mehr Dampf verbrauchen als die Vorwärtsturbinen; es hat sich gezeigt, daß sich auch bei dauernder Rückwärtsfahrt die volle Kesselspannung hält und daß die Zeiten, welche von »voller Fahrt voraus« bis zum Erzielen der Rückwärtsfahrt erreicht wurden, dieselben sind wie für gleichartige Kolbenmaschinenschiffe. Bemerkt muß werden, daß die Turbinen des »Kaiser« lediglich für die Höchstgeschwindigkeit konstruiert sind, während bei den Kriegsschiffen den Turbinenkonstrukteuren die Aufgabe zufällt, die Turbinen nicht nur für eine möglichst hohe Leistung bei kleinen Abmessungen und rationellstem Dampfverbrauch zu bauen, sondern denselben Turbinen auch einen möglichst günstigen Dampfverbrauch bei erheblich verminderten Leistungen zu sichern. Dieser Unterschied ist für die Beurteilung der mit den verschiedenen Schiffen erzielten Resultate von wesentlicher Bedeutung.

Ein besonderes Ereignis in diesem, für die Geschichte der Schiffsmaschine und des Dampfschiffes bedeutungsvollen Jahre 1905 bildet die glückliche Überfahrt des ersten Turbinendampfers über den Atlantischen Ozean. Wie einst der »Savannah«, dem ersten Ozeandampfschiff, die Augen der interessierten Welt mit Spannung auf seiner Fahrt von Kontinent zu Kontinent folgten, so lenkte fast 90 Jahre später der Dampfer »Victorian« der Allan-Linie die Aufmerksamkeit der Fachleute auf sich. Galt es doch, die Leistung des neuen Schiffsmaschinensystems für eine derartige Überfahrt festzustellen. Die »Victorian« lief am 25. August 1904 auf der Werft von Workmann, Clark & Co. in Belfast vom Stapel. Der Dampfer ist 164,5 m lang, 18,3 m breit und hat 12000 t Deplacement. Für den Postdienst mit Kanada bestimmt, besitzt er Einrichtungen zur Beförderung von 1300 Passagieren oder 3000 Mann beim Truppentransport. Die Maschinenanlage besteht aus fünf Parsons-Turbinen, die an drei Schraubenwellen mit je einer Schraube wirken. Die mittlere Schraubenwelle wird durch die Hochdruckturbine angetrieben, während mit den beiden Seitenwellen je eine Niederdruckturbine und eine Turbine für den Rückwärtsgang verbunden sind. Die »Victorian« legte 1905 ihre erste Überfahrt in sieben Tagen zurück. Von der Aufstellung eines Rekords war von vornherein Abstand genommen, da Turbinen und Kessel sich erst einarbeiten sollten. Trotzdem diese Reise also keineswegs eine schnelle war, ist sie doch in jeder Richtung befriedigend verlaufen und bedeutet jedenfalls einen Markstein in der Geschichte der Ozeanschiffahrt. Nach einer Angabe von Professor Biles hat man durch die Wahl von Turbinen bei der »Victorian«, wie auch bei deren Schwesterschiff »Virginian« an Maschinengewicht etwa 400 t gespart und Raum für 60 Personen gewonnen. Dabei ist der Kohlenverbrauch hier nicht höher als bei modernen Dreifach-Expansionsmaschinen.

Ein »Triumph des Turbinendampfers« wurde in englischen Zeitungen auch die Leistung des großen Parsons-Turbinendampfers »Carmania« der Cunard-Linie genannt, welcher der »Victorian« als zweites Schiff mit demselben Maschinensystem im selben Jahre über den Ozean folgte. Auch dieser Dampfer brach zwar auf dieser Reise nicht den Ozeanrekord. Trotz des beständig schlechten Wetters auf seiner ersten Reise machte er fast 19 Knoten im Durchschnitt. Auf der Probefahrt erreichte die »Carmania« sogar 20 Knoten, während das mit Vierfach-Expansionsmaschinen von fast gleicher Stärke ausgestattete Schwesterschiff »Caronia« hierbei nur 19 Knoten lief. Dabei war der Kohlenverbrauch des Turbinenschiffes bei 20 Knoten Geschwindigkeit demjenigen der »Caronia« mit 19 Knoten gleich. Auf Grund dieser Leistung erwartet man in englischen Kreisen von den beiden im Bau befindlichen Riesenturbinendampfern der Cunard-Linie, daß diese das »blaue Band des Ozeans«, das die deutschen Schnelldampfer mit ihren Geschwindigkeiten von über 23,5 Knoten gewonnen haben, zurückerobern werden. —

Die Kriegsmarine der Vereinigten Staaten hatte auch bereits 1903 den Bau eines Turbinenkreuzers ins Auge gefaßt. Doch gab sie den Plan zunächst wieder auf, da die Konstruktionsabteilung die Entdeckung zu machen glaubte, daß bei den größeren Schiffen die Größe der Turbinen in einem ungünstigen Verhältnis zu ihrer Leistungsfähigkeit stehe. Um bei dem geplanten Bau die angestrebte

Geschwindigkeit zu gewährleisten, würden infolgedessen die Turbinen solche Dimensionen annehmen müssen, daß sie nicht unter dem Panzerdeck untergebracht werden könnten. Zwei Jahre später hatten jedoch die bei den anderen Marinen gemachten Erfahrungen mit Turbinenschiffen auch hier bestimmend gewirkt, so daß die amerikanische Marine jetzt auch, und zwar gleich zwei Kreuzer mit Turbinenantrieb in Bau gab. Die beiden Aufklärungskreuzer sind in ihren Abmessungen etwas größer als der Turbinenkreuzer »Lübeck«; sie haben nämlich eine Länge von 129,5 m, eine Breite von 14,22 m, einen Tiefgang von 5,11 m, ein Deplacement von 3750 t und sind auf den Bath Iron Works bezw. der Werft der Fore River Shipbuilding Company erbaut. Das eine Schiff, »Chester«, hat

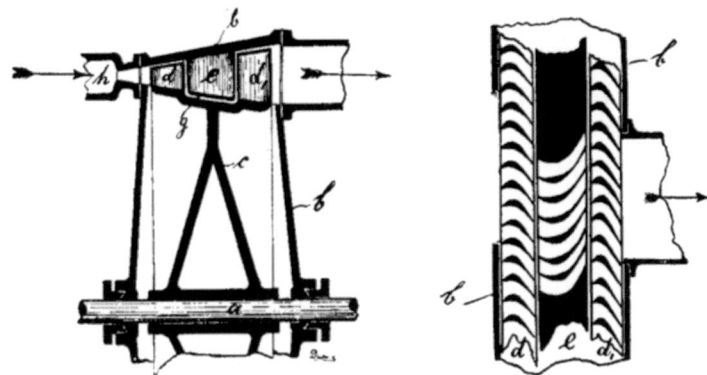

Curtis-Turbine (ältere Konstruktion).

Dampfturbinen System Parsons, während das andere, »Salem«, mit Dampfturbinen des Systems Curtis ausgerüstet ist. Die amerikanische Marine hat also gleich zwei verschiedene Turbinensysteme herangezogen, um deren Brauchbarkeit einander gegenüber zu stellen. Der Dampf für die Maschinenanlagen wird in zwölf Normand-Wasserrohrkesseln erzeugt, die in drei wasserdicht abgeschotteten Kesselräumen aufgestellt sind. Die Schiffsgeschwindigkeit ist auf 24 Knoten festgesetzt.

Die Curtis-Turbine, die neben der Parsons-Turbine bis jetzt namentlich als Schiffsturbine verwendet wird[*] und als ein nicht zu unterschätzender Konkurrent in den Wettbewerb eingetreten ist,

---

[*] Die auf dem Schnelldampfer »Kaiser« eingebaute A. E. G.-Curtis-Turbine ist eine Abart der Curtis-Turbine.

wurde zuerst im Jahre 1902 auf der amerikanischen Jacht »Revolution« eingebaut. Die in der Konstruktionswasserlinie 42,67 m
lange Jacht erhielt zwei Wellen, die jede durch eine, von der anderen
unabhängige, umsteuerbare Turbine von 1200 PS angetrieben wurde.
Die Turbinen machen bei der Volldampffahrt 650 bis 750 Umdrehungen. Der Dampfverbrauch stieg nicht über denjenigen einer
normalen Dreifach-Expansionsmaschine, was durch Torsionsmessungen
an der Welle festgestellt wurde. Das Schiff fuhr fast ausschließlich
in der Nähe des Hafens von New York, so daß häufig Gelegenheit
geboten war, die Manövrierfähigkeit der Turbinen zu erproben.
In dieser Beziehung haben dieselben in keinerlei Weise Anlaß zu
Klagen gegeben. Das Schiff konnte z. B. bei 18 Knoten Fahrt in
32 Sekunden zum Stillstand gebracht werden. Die gewünschte
Geschwindigkeit der Jacht wurde jedoch nicht erreicht; anfänglich
schien es, als ob die nötigen Pferdestärken nicht zur Verfügung
ständen. Genaue Versuche in dieser Richtung ergaben jedoch, daß
die geringe Geschwindigkeit auf ein schlecht geformtes Hinterschiff
zurückzuführen sei.

Als ein Turbinensystem, das berufen zu sein scheint, gerade
im Schiffsmaschinenbau, infolge seiner besonderen Konstruktion
hierfür, eine besondere Rolle zu spielen, mag hier noch die Dampfturbine von Schulz angeführt werden. Diese Turbine wird sowohl als Druck-, als auch als Überdruckturbine ausgeführt und
wurde in ihren beiden ersten Ausführungen in der zur Germania-
werft gehörigen Maschinenbauanstalt zu Tegel bei Berlin in den
Jahren 1898 und 1900 hergestellt. 1901 wurden mit der in den
zwei beigefügten Abbildungen dargestellten Turbine Versuche auf
einem Boot von 19 t Deplacement angestellt, die gute Resultate
zeitigten. Alle vorgenommenen Manöver gingen tadellos von-
statten*).

Die bisherigen Turbinenschiffe haben gezeigt, daß die Dampfturbine zu einer gefährlichen Konkurrentin der alten Kolbendampfmaschine geworden ist und die günstigsten Aussichten hat, aus dem
Wettbewerb als Siegerin hervorzugehen, zumal wenn man berücksichtigt, daß sie fast noch am Anfang ihrer Entwicklung steht,
während die Kolbenmaschine am Ende ihrer Leistungen stehen
dürfte. Dazu bietet die Anwendung der Dampfturbinen im Schiffs-

---

*) Vergl. M. Dietrich, »Die gebräuchlichsten Dampfturbinen-Systeme«.
Rostock 1906.

betrieb eine Anzahl von Vorteilen gegenüber der Anwendung der Kolbenmaschinen, daß ihre Nachteile diesen gegenüber mehr und mehr verschwinden.

Schulz-Turbine (Ansicht).

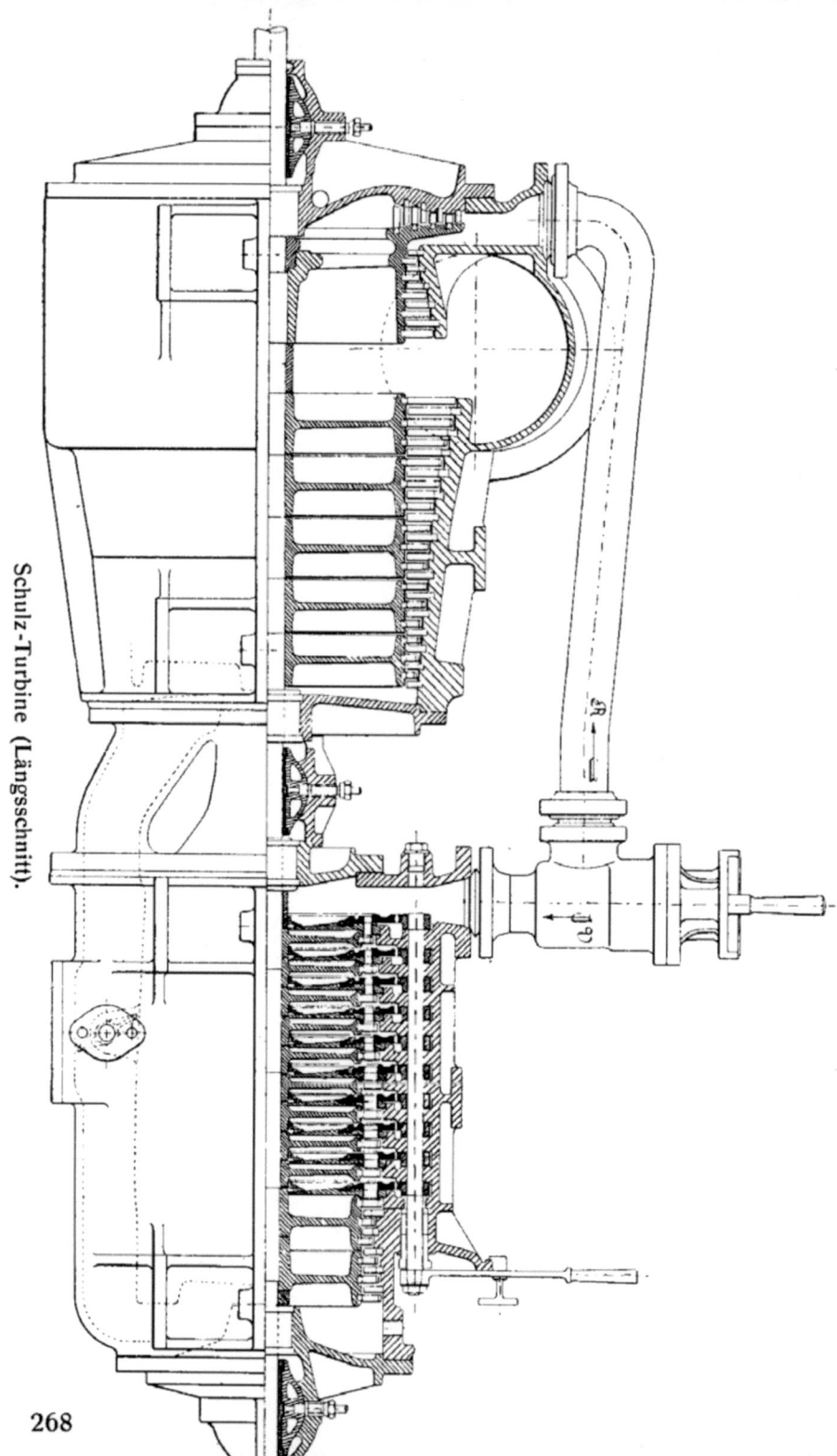

Schulz-Turbine (Längsschnitt).

268

Bei der Schiffsmaschine spielen zunächst die Hauptabmessungen und das Gewicht eine große Rolle, da beide im Verhältnis zur Leistung möglichst gering sein sollen. Bei der Parsons-Turbine ist die Bodenfläche ungefähr dieselbe wie bei einer gleichstarken Kolbenmaschine. Bei Kriegsschiffen dürfte sie vielleicht etwas größer ausfallen, wie dies z. B. auf der »Viper« der Fall war.[*] In der Höhe gewähren die Turbinenanlagen jedoch eine bedeutende Raumersparnis, so daß bei Kriegsschiffen die Anlage recht geschützt unter der Wasserlinie angeordnet werden kann, unter Fortfall der Panzerglocke im Maschinenraum, während bei Handelsschiffen die Decks über den Maschinenräumen nutzbringend verwendet werden können. Das Gewicht der Parsons-Turbinen ist im Vergleich zu demjenigen von Kolbenmaschinen gleicher Leistung geringer (siehe oben den Gewichtsvergleich bei »Viper«). Bei der »Carmania« beträgt die Gewichtsersparnis etwa $5^0/_0$; bei »Lübeck« belief sich dieselbe ursprünglich für die Turbinenanlage nebst Wellenleitung und Propellern auf etwa $16^0/_0$ im Vergleich zu den Kolbenmaschinen des Schwesterschiffes »Hamburg«, wurde aber durch verschiedene Verbesserungen herabgemindert. Es darf aber wohl angenommen werden, daß mit der weiteren konstruktiven Durchbildung der Turbinen diese eine wesentliche Gewichtsverminderung erleiden werden. Jede Gewichtsersparnis an der Maschinenanlage wird aber im Schiffbau und im Schiffsmaschinenbau freudigst begrüßt, da dieselbe dem Laderaum oder bei Kriegsschiffen den militärischen Einrichtungen zugute kommt.

Eine wesentliche Rolle spielt, wie wir verschiedentlich betont haben, die Ökonomie, der Dampf- bezw. Kohlenverbrauch der Maschinenanlage. Hier stehen nun für die Maximalleistungen die Turbinen guten Kolbenmaschinen ungefähr gleich, jedenfalls erstere nicht ungünstiger als die letzteren. Für die reduzierten Leistungen stehen die Turbinen dagegen wesentlich ungünstiger da als die Kolbenmaschinen. Bei einem Kriegsschiff, das fast die ganze Zeit seines Lebens mit Kreuzen zubringt, wobei eine Geschwindigkeit wenig Bedeutung hat, ist die Verringerung der Wirtschaftlichkeit eine ernste Sache. Mit dem Durchschnittshandelsschiff steht es anders; dieses soll andauernd mit seiner normalen Höchstgeschwindigkeit und nur ausnahmsweise langsamer laufen. Das Kriegsschiff

---

[*] Bei »Lübeck« kam man noch mit derselben Bodenfläche aus, indem man die Turbinenanlage einzwängte.

269

mit Turbinenanlage steht demnach ungünstiger da als ein Handels-
schiff mit derselben Anlage. Doch darf wohl erwartet werden, daß
die Verbesserungen der Dampfturbine auch hier Wandel schaffen
werden.

Durch die im Verhältnis zum Deplacement immer mehr gesteigerten Maschinenleistungen der Dampfschiffe haben sich in der
letzten Zeit die Schiffsvibrationen immer unangenehmer bemerkbar
gemacht. Hieran haben auch die Kolbenmaschinen mit Massen-
ausgleich nur wenig zu ändern vermocht, abgesehen davon, daß die
für den Ausgleich nötigen Kurbelstellungen vielfach die Manövrierfähigkeit der Maschinen ungünstig gestalten. Die Turbinen arbeiten
bei richtiger Ausbalancierung, welche bei sachgemäßer Arbeitsaus-
führung zu erreichen ist, ohne jegliche Vibrationen. Dieser Umstand ist bei Passagierdampfern insofern von Wert, weil er die
Wohnlichkeit der Räume und das Wohlbefinden der Passagiere erhöht; bei Kriegsschiffen ist er aber von ganz besonderer Bedeutung für die Treffsicherheit der Geschütze, da für diese eine
ruhige Lage der Visiere und Rohrmündungen eine Hauptbe-
dingung ist. Dieser Punkt ist von solcher Wichtigkeit, daß er
allein für die Anwendung von Turbinen auf Kriegsschiffen spricht.
Dagegen ist vielfach die Vermutung einer gyroskopischen Wirkung
der Dampfturbine ausgesprochen worden. Diese Wirkung würde
sich darin äußern, daß das Schiff bestrebt wäre, in der ursprünglichen Achsenrichtung der rotierenden Turbinen zu verharren und
demnach seiner eigenen Drehung durch das Ruder erheblichen Widerstand entgegensetzt. Die bisherigen Versuche mit Turbinenschiffen
lassen über diese Frage nichts Nachteiliges verlauten, so daß dieselbe von keiner Bedeutung sein wird.

Bezüglich der Betriebsbereitschaft und Bedienbarkeit sind die
Turbinen den Kolbenmaschinen gegenüber im unbedingten Vorteil. Kolbenmaschinen erfordern für die Inbetriebsetzung besondere
Vorsicht und gewisse Zeit, damit die großen komplizierten Gußteile
der Zylinder genügend angewärmt werden. Den Dampfturbinen
fehlen derartige komplizierte Gußstücke, so daß sie in bedeutend
kürzerer Zeit betriebsfertig sind. Bei ihnen kommt auch das schnelle
Dampfaufmachen bei den Wasserrohrkesseln erst zur Geltung, ein
Vorzug namentlich auf Kriegsschiffen. Da die Dampfturbinen nur
rotierende, keine hin- und hergehenden Teile besitzen, die nötige
Schmierung der Lager usw. selbsttätig durch eine besondere Pumpe

bewirkt wird, so ist ihre Bedienbarkeit der der Kolbenmaschinen entschieden überlegen. Was die Betriebssicherheit anlangt, so sind die Kolbenmaschinen durch eine lange Reihe von Jahren, ein Jahrhundert hindurch, eingehend und unter allen Verhältnissen erprobt und haben sich dauernd bewährt und betriebssicher gezeigt. Demgegenüber sehen die Schiffsturbinen erst auf eine zehnjährige Probezeit zurück; doch läßt sich auch von ihnen sagen, daß sie sich bis jetzt gut bewährt haben, und ernste Havarien nicht vorgekommen sind. Die Reparaturen und Revisionsarbeiten bei den Turbinen sind gering, da die Zahl der einer Abnutzung ausgesetzten Teile nur klein ist. Zu diesen Kostenersparnissen gesellen sich noch andere infolge Fortfall des Verbrauchs an Packungsmaterial für Stopfbuchsen, Deckel usw. und durch erhebliche Verringerung des Verbrauchs an Maschinen- und Zylinderschmieröl. Da eine Dampfschmierung bei den Turbinen überhaupt nicht erforderlich ist, erhält man ein ölfreies Kondensat, was bekanntlich für die Lebensfähigkeit der Kessel von Bedeutung ist, da dieselben bisher durch das mit dem Kondenswasser aus den Zylindern eingeführte Öl nachteilig angegriffen wurden.

Nach dieser Aufzählung der Vorzüge, wie auch der Unvollkommenheiten, die der neuen Maschinengattung eigen sind, und die sich, je nach dem System nach dieser oder jener Seite erweitern lassen, mögen die Aussichten der Dampfturbine als Schiffsmotor noch gestreift werden. Und da darf wohl behauptet werden, daß bei weiterer Vervollkommnung der Dampfturbinen dieselben ohne Frage eine aussichtsreiche Zukunft im Schiffsbetrieb haben. Seit James Watts genialer Schöpfung bedeutet die Dampfturbine den ersten wirklich bedeutenden Fortschritt im Bau von Dampfmaschinen, der dazu angetan ist, einen völligen Umschwung der bisherigen Verhältnisse herbeizuführen. Zumal aber im Schiffsmaschinenbau, wo man z. B. bei den Torpedobootsmaschinen an der Grenze der Leistungsfähigkeit der Kolbenmaschinen angelangt ist, und die weitere Steigerung der Schiffsgeschwindigkeiten, bei Vermeidung der durch Kolbenmaschinen von großen Leistungen hervorgerufenen unangenehmen Schiffsvibrationen, sich wohl nur mit den Dampfturbinen erreichen lassen wird, werden die letzteren ein weites Feld für ihre Verwendung und weitere Vervollkommnung finden.

20. Die Entwicklung der Dampfschiffahrt in ihrer wirtschaftlichen und kulturellen Bedeutung. Rückblick und Ausblick.

Entwicklung des Verkehrswesens im 19. Jahrhundert. — Erniedrigung der Güterfrachten. — Steigerung der Transportfähigkeit. — Wachsen des Passagierverkehrs. — Auswanderung. — Verhältnisse in der Schiffahrt einst und jetzt. — Das Personal in der Schiffahrt. — Die Romantik des Seelebens. — Vermutliche Fortschritte der Dampfschiffahrt in der Zukunft. — Das Viertageschiff. — Elektrische und Explosions-Schiffsmotore. — Luftschiff-fahrt.

Wir sind mit der Schilderung der jüngsten Entwicklung der Dampfschiffe, der Turbinenschiffe, beim gegenwärtigen Stand der Dampfschiffahrt in technischer Beziehung angelangt. Es würde sich jetzt nur noch darum handeln, einen Blick auf ihre Entwicklung in wirtschaftlicher und kultureller Beziehung zu werfen, um sodann nach einem allgemeinen Rückblick eine Ausschau in die vermutliche zukünftige Entwicklung zu halten.

Betrachten wir uns die Entwicklung des Verkehrswesens im 19. Jahrhunderts im ganzen, so müssen wir konstatieren, daß dieselbe ganz gewaltige Wandlungen sowohl auf wirtschaftlichem als auch auf kulturellem Gebiet hervorgerufen hat. Die Faktoren dieses heute in so großartiger Weise entwickelten Verkehrswesens sind hauptsächlich das Dampfschiff und die Eisenbahn. Wir haben die mehrtausendjährige Entwicklung der Seeschiffahrt bereits beleuchtet, wir haben gesehen, wie letztere im Segelschiff zu Beginn des 19. Jahrhunderts einen Stand erreicht hatte, der von einer weiteren Entwicklung dieses Verkehrsmittels nur noch wenig erhoffen ließ. Das neue Jahrhundert brachte aber eine ganze Reihe von Umwälzungen, denen das Segelschiff nicht zu genügen vermocht hätte. Es machte sich für die Menschen das Bedürfnis breit, die engen Schranken der Kleinstaaterei zu durchbrechen, Raum und Zeit schneller zu überwinden. Da kamen ihnen die neuen Verkehrsmittel,

272

die sich auf die Dampfmaschine aufbauten, entgegen und wurden ihren Bedürfnissen dienstbar. Andererseits wurde dann durch die Vervollkommnung und vielseitige Ausbildung der Verkehrsmittel, durch die mannigfache Förderung der Annehmlichkeit des Reisens, das Verkehrsbedürfnis wiederum gesteigert. Der Aufschwung des Verkehrs selbst aber griff tief ein in alle Gebiete menschlicher Tätigkeit und äußerte hier viele umwälzende Wirkungen.

Prof. Launhardt schreibt hierüber *): »Die in gleicher Vielseitigkeit und ebenso in entgegengesetzter Art eintretenden Wirkungen der Vervollkommnung des Verkehrs entstehen sämtlich in gleicher, einfacher Gesetzmäßigkeit als Folgen der Abschwächung der Bedeutung räumlicher Entfernung. Die Herrschaft des Menschen über den Raum wird durch die Verkehrsvervollkommnung erweitert und dadurch jede Tätigkeitsäußerung, die schließlich in räumlichen Schranken die Grenzen für ihre Entwicklung findet, erweitert, gestärkt und gefördert, dagegen umgekehrt jede Wirksamkeit, die des Schutzes räumlicher Abgeschlossenheit bedarf, eingeschränkt, geschwächt und oft ganz verhindert. Nach gleichen Zielen Strebende, die einander fern waren, werden einander näher gerückt, so daß sie sich besser unterstützen, bildlich ausgedrückt, sich die Hände zu reichen vermögen; aber auch Gegner kommen einander näher, so daß sie einander gefährlicher werden, bildlich gesprochen, leichter die Klingen kreuzen können. So fördert die Verkehrsvervollkommnung die friedliche Arbeit, während sie in entgegengesetzter Weise den Kampf verschärft. Sie erleichtert dem Verbrecher die Flucht, verstärkt aber auch die Mittel zu seiner Verfolgung.

Die erste unmittelbare Folge der Verkehrsverbesserung ist die Verminderung der Anstrengungen, die aufzuwenden sind, um in den Besitz der Lebensbedürfnisse und Genußmittel zu gelangen. Die Preise der wirtschaftlichen Güter müssen um den Betrag geringer werden, um den sich die gesamten zu ihrer Herstellung und Heranschaffung aufzuwendenden Frachtkosten vermindern. Diese Wirkung kommt aber bekanntlich keineswegs allgemein zur Erscheinung, weil in entgegengesetzter Weise die Verkehrsvervollkommnung eine Verteuerung der Güter herbeiführt, durch die jene Preiserniedrigung oft übertroffen wird. Diese preissteigernde Wirkung

---

*) »Am sausenden Webstuhl der Zeit«. Verlag von Teubner. Leipzig 1900.

18   273

entsteht aus der Vergrößerung der Nachfrage nach den Lebensbedürfnissen und Genußmitteln, die durch die Vermehrung der Bevölkerung und noch mehr durch die Erhöhung des Reichtums entsteht. Ohne die Verkehrsvervollkommnung hätte die Volksvermehrung nicht so erheblich sein können und der Wohlstand wäre in weit geringerem Maße gewachsen. Für manche Güter, die bei geringem Werte ein großes Gewicht haben oder die dem Verderben rasch ausgesetzt sind, und die daher nur in einem kleinen Umkreise Verwendung fanden, hat die Verkehrsverbesserung die Nachfrage in einem beträchtlich erweiterten Gebiete geweckt und dadurch ihren Preis erhöht. So entstehen schon für die Preisbildung geradezu entgegengesetzte Wirkungen.«

Was der Forscher hier in bezug auf die »Wirkungen der Vervollkommnung des Verkehrs« im allgemeinen sagt, hat ganz besonders Bedeutung in bezug auf die Vervollkommnung des Verkehrs durch das Dampfschiff. So wirkt auch das durch letzteres geschaffene Verkehrsnetz, das heute die ganze Erde umspannt und Kontinent mit Kontinent schnell und sicher verbindet, segensreich durch die Verminderung der zeitlichen Preisschwankungen auf den Markt, schafft z. B. einen schnellen örtlichen Ausgleich bei verschiedenen Ernten in verschiedenen Ländern und führt überhaupt die verschiedenen Erdteile immer mehr zu einem gemeinsamen wirtschaftlichen Ganzen zusammen. Der gesamte Warenmarkt ist beweglicher geworden. Wird an irgend einem Ort die Nachfrage nach einem bestimmten Artikel größer, was sich bald in einer Preissteigerung des letzteren bemerkbar macht, so werden bald die entsprechenden Produkte aller Weltteile das Bestreben zeigen, nach diesem Gebiet zu fluten, da die Transportkosten, wie wir gleich näher beleuchten werden, keine Schranken mehr bilden. So vollzieht sich ein unausgesetzter Preis- und Warenausgleich zwischen den verschiedenen Weltteilen, wie er früher zwischen benachbarten Orten nur mit viel größeren Schwierigkeiten sich geltend machte. Heute vertauscht der Weltverkehr je nach der Konjunktur Weltteil mit Weltteil als Bezugsquelle oder als Absatzfeld. Und in diesem so glänzend ausgebildetem Warenverkehr spielt heute das Dampfschiff als wichtiges Verkehrsmittel eine geradezu ausschlaggebende Rolle. »Als der Warenverkehr zwischen England und Indien noch durch Segelschiffe bewerkstelligt wurde, die um das Kap der Guten Hoffnung schwammen und bis zu sechs Monaten brauchten, es

Hamburger Hafen.

auch noch keinen Telegraphen gab, war man beiderseits über die Lage im anderen Lande sehr schlecht unterrichtet und englische Fabrikanten, die sich in bedrängter Lage befanden, produzierten wohl darauf los für Indien, nur um Wechsel auf den indischen Geschäftsfreund ziehen und sich durch deren Diskontierung Geld

Im Entladeraum eines Hamburger Speichers.

verschaffen zu können. Eine heftige, sich in vielen Bankerotten äußernde Krisis machte dann von Zeit zu Zeit solchem Treiben ein Ende. Heute, wo Dampfschiffe, die durch den Suezkanal gehen, den Verkehr vermitteln und der Telegraph über den Stand des Handels in allen Ländern täglich Auskunft gibt, sind dergleichen Selbsttäuschungen und Spekulationen nicht mehr möglich.«[*])

Einen Umstand von der weitesten volkswirtschaftlichen Bedeutung bedeutet die im Laufe der Entwicklung des Dampfschiffsverkehrs erfolgte Erniedrigung der Güterfrachten. Für den Frachtverkehr hatten, wie wir schon weiter vorn ausführten, die Ozeandampfer bis in die sechziger und siebziger Jahre nicht die Bedeutung wie heute. Die Schiffsmaschinen waren anfangs noch zu schwer, sie nahmen zu viel Raum in Anspruch und verzehrten zu viel Kohle, die als mitzuführender Vorrat ebenfalls wieder das Fahrzeug belasteten und der eigentlichen Ladung Raum entzogen. Wenn ein Dampfer der alten Einrichtung eine lange Reise zu machen hatte, so konnte es kommen, daß er, wenn seine Tragfähigkeit z. B. auch 3000 Tonnen betrug, doch nur 800 Tonnen laden durfte, weil er 2200 Tonnen Kohlen zur Heizung der Maschinen wie ein Bleigewicht mit sich schleppen mußte. Die Verbesserung der Schiffsmaschinenanlagen brachte hierin den gewünschten Fortschritt, außer der Kohlenersparnis pro Reisestunde auch noch eine beträchtliche Abkürzung der Reisedauer. Der erforderliche Kohlenraum wurde stark verringert, die Ladefähigkeit der Schiffe vergrößert, die Zahl der Reisen vermehrt. Heute, wo wir über Compoundmaschinen, über Dreifach- und Vierfach-Expansionsmaschinen verfügen, mag ein Dampfer dieselbe Fahrt antreten und genau die entgegengesetzten Verhältnisse aufweisen: er verläßt vielleicht den Abgangshafen mit 2200 Tonnen Fracht und einem Kohlenvorrat von nur 800 Tonnen. Sir Lyon Playfair hat uns die erstaunliche Ausnutzung der Heizkraft der Kohle bei den Compoundmaschinen sehr drastisch durch ein Beispiel zur Anschauung gebracht; er berechnet, daß ein kleines Kohlenstückchen, das durch einen Ring von der Größe eines Markstückes schlüpfen könnte, bei seiner Verbrennung in einer Compoundmaschine eines modernen Dampfschiffes hinreichen würde, um zwanzig Zentner Getreide und den entsprechenden Schiffsteil zwei englische Meilen weit fortzuführen. Ein anderer Beobachter ist, nach dem »Engineer«, zu der Schätzung gekommen, daß ein halber Briefbogen — wenn man ihn bei einer Tripel-Expansionsmaschine verbrennt — in einem Ozeandampfer soviel bewegende Kraft liefert, um zwanzig Zentner eine englische Meile weit zu treiben.

---

[*]) Marx, Das Kapital (zitiert in »Grundbegriffe und Grundsätze der Volkswirtschaft« von Carl Jentsch).

Je größer das (Fracht-) Schiff, desto größer auch die Ersparung
an Kosten aller Art! Ein Dampfer von 200 bis 300 Tonnen erfordert eine menschliche Arbeitskraft bereits auf 19,8 Tonnen, ein
Dampfer von 800 bis 1000 Tonnen braucht erst auf je 41,5 Tonnen
einen Matrosen. Immer riesiger werden daher auch die Dampfschiffe, die man auf den Werften baut. In Großbritannien entfielen von dem Tonnengehalt aller neugebauten Schiffe im Jahre
1870 nur 6% auf Schiffe, die mehr wie 2000 Tonnen Ladefähigkeit hatten, 1884 nahmen diese Riesenschiffe schon volle 17% in
Anspruch*).

Doch nicht nur der Betrieb der Schiffe hat sich erstaunlich
rasch vervollkommnet, auch der Schiffbau selber hat eine über-
raschende Verbilligung erfahren — teils durch die Fortschritte seiner
eigenen Technik, teils indirekt durch die Umwälzungen in anderen
Industrien, besonders in der Eisen- und Stahlproduktion. Die Kosten
eines neuen Eisen- oder Stahlschiffes berechnete man 1872—74 auf
90 Dollars pro Tonne, 1877 auf 65 Dollars, 1880 auf 57 Dollars,
während 1887 ein Schraubenfrachtdampfer ersten Ranges, mit Stahl-
konstruktion und Tripel-Expansionsmaschinen mit bedeutend gestei-
gerter Transportfähigkeit im Vergleich zu den alten Eisenkonstruk-
tionen, das heißt also mit viel größerer Leistungsfähigkeit bei viel
geringerem laufenden Betriebsaufwand, zu noch nicht 34 Dollars
pro Tonne angeboten wurde.

Alle Frachtsätze für den Seetransport sind durch die Umwälzungen in der Herstellung und dem Betrieb der Schiffe rapid
gesunken. Ein Pfund frisches Fleisch schafft man jetzt mit einem
Aufwand von 1 Cent (4 Pfennigen) von New York nach Liverpool
herüber; mit einem Aufwand von 2 Cents, wenn wir Provisionen,
Versicherungsgebühren und alle ähnlichen heutigen Ausgaben mit
einrechnen. Büchsenfleisch ist im regelmäßigen Verkehr von Chicago
nach London für 50 Cents pro 100 Pfund, also für 2 Pfennige das
Pfund, transportiert worden. 1860 war die niedrigste Frachtrate für
1 Bushel**) Getreide von New York nach Liverpool 12 Cents; während
eines Teils des Jahres stieg sie sogar auf 27 Cents. Im Jahre 1866
stand sie durchschnittlich auf 5 Cents und zeitweise seitdem sogar
tief unter 1 Cent. Alles, was wir brauchen, unsere Baumwolle aus

---

*) Schippel, »Technisch-wirtschaftliche Umwälzungen der Gegenwart.«
Berlin 1891.
**) 1 Bushel = 35 1/4 Liter.

Indien und Amerika, unseren Kaffee aus Brasilien oder Java, unseren Tee aus Indien oder China und Japan, unsere Wolle aus Australien, unseren Tabak aus Amerika, können wir mit einem unvergleichlich geringeren Arbeitsaufwand zu unserer Verwendung herbeischaffen. Man transportiert heute die Waren von Australien bis England, also auf 11 000 Meilen, in kürzerer Zeit und mit geringeren Kosten wie hundert Jahre früher von einer Ecke der britischen Inseln zur anderen (Schippel).

Diese Steigerung der Transportfähigkeit liegt eben darin begründet, daß das Segelschiff immer mehr durch das Dampfschiff mit seinen schnellen Reisen und der Geschwindigkeit seines Ent- und Beladens ersetzt wird, und daß das letztere selbst sich in seinem Betrieb immer mehr vervollkommnete.

Neben dem Frachtverkehr auf den Ozeanen zog der immer mehr wachsende Passagierverkehr das Dampfschiff bald in seine Dienste. Hier war es zuerst namentlich der Strom der Auswanderer, der sich im 19. Jahrhundert von Osten nach Westen, von Europa nach Amerika über den Atlantischen Ozean ergoß und den Übergang von der Segelschiffahrt zur Dampfschiffahrt hier erleichterte. Die Völkerwanderungen früherer Jahrhunderte verschwinden neben dieser großen Flut, die sich in diesem Jahrhundert in Bewegung setzte und nach bescheidenen Anfängen und unter mehrfachen Schwankungen in den achtziger Jahren ihren Höhepunkt erreichte. Von seiner Entdeckung im Jahre 1492 bis zum Anfang des 19. Jahrhunderts hat sich Amerika erst wenig besiedelt. Erst die Auswandererströme des 19. Jahrhunderts haben die großen Völker im neuen Weltteil geschaffen. 1790 zählten die Vereinigten Staaten erst 4 Millionen Seelen, 1900 dagegen 76 Millionen. Die Auswanderung erforderte einen Schiffahrtsdienst, wie ihn frühere Jahrhunderte nicht geahnt hatten. Die Dampferreedereien der Städte Hamburg und Bremen zogen für ihre Dampfer hauptsächlich den Vorteil aus der großen Zahl der zu befördernden Auswanderer, gingen doch z. B. seit 1871 nachweisbar rund 80% der deutschen Auswanderer über diese Häfen. In den siebziger Jahren machte allerdings Stettin den Versuch, durch eine Passagierdampferlinie nach New York Anteil an den Vorteilen der Auswanderung zu gewinnen, jedoch schlug dieser Versuch fehl.

Welche Zahl von Auswanderern der deutsche Dampfschiffsverkehr zu befördern hatte, ergibt sich aus den statistischen

Angaben. Danach sollen von 1820 bis 1850 etwa 1 600 000 Auswanderer Deutschland verlassen haben, von 1851 bis 1870 weitere 1 200 000. In den letzten 30 Jahren des Jahrhunderts betrug die überseeische Auswanderung Deutschlands 2 495 659 Personen. Das ergibt seit 1820 eine Gesamtsumme von rund 5 300 000 Personen!

Jüdische Auswanderer.

Fitger, dem wir diese Zahlen entnehmen, gibt als Höhepunkte der deutschen Auswanderung an:

1872	125 650	Personen
1873	103 638	„
1881	220 902	„

1882	203 585	Personen
1883	173 616	„
1884	149 065	„
1891	120 089	„
1892	116 339	„

Auswandererhallen mit Kirche.

Von dieser Zeit nahm die deutsche Auswanderung ab; die letztere hatte aber inzwischen weiter nach Osten gegriffen und Rußland und andere Länder lieferten einen gleichen Strom, der wieder hauptsächlich die großen Dampfergesellschaften Hamburgs und Bremens in Anspruch nahm. Im Jahre 1905 wurden über deutsche

Häfen allein 306753 Auswanderer befördert, von denen 284787 Fremde und nur 21966 Deutsche waren.

Hatte man anfangs, als das Dampfschiff noch in den Kinderschuhen steckte, Segelschiffe für diese Beförderung benutzt, so wurde

Polnische und ruthenische Auswanderer.

bald das Dampfschiff in immer stärkerem Maße herangezogen und zuletzt nur noch ausschließlich benutzt.

Für die Auswanderung von Bremen nach New York in Segel- und in Dampfschiffen stellten sich die Ziffern (in runden Beträgen) z. B. für die Jahre 1867 bis 1873 einschließlich wie folgt. Es wurden befördert:

1867.	57 600	Personen,	von	diesen	in	Dampfern	36 900.
1868.	51 800	„	„	„	„	„	36 200.
1869.	49 600	„	„	„	„	„	38 500.
1870.	35 000	„	„	„	„	„	27 300.
1871.	45 400	„	„	„	„	„	38 900.
1872.	59 800	„	„	„	„	„	48 100.
1873.	46 300	„	„	„	„	„	41 000.

Aus dem Auswandererverkehr entwickelte sich der eigentliche Passagierverkehr, der heute von hüben nach drüben und umgekehrt über den Ozean flutet. Zur Bewältigung desselben und zur Befriedigung der immer höheren Ansprüche, die das reisende Publikum an die Verkehrsmittel stellte, entstanden dann auch die heutigen prächtigen, riesigen Schnelldampfer, die wir bereits kennen gelernt haben. Die Reisedauer verringerte sich hier, dank der gesteigerten Fahrtgeschwindigkeiten dieser Dampfer, von vierzehn Tagen, die im Jahre 1850 gebraucht wurden, auf fünf Tage und einige Stunden herab. Den Umfang des Verkehrs über das Meer illustriert die Tatsache, daß z. B. allein die Hamburg-Amerika Linie in jährlich über 400 Fahrten rund 167 000 Personen und 3 200 000 cbm Fracht (1900) beförderte. Die »Trave« des Norddeutschen Lloyds hatte 1899 die bis dahin umfangreichste Postsendung zwischen Amerika und Europa an Bord; es waren nicht weniger als 796 Postsäcke. »Kaiser Wilhelm der Große« beförderte nachmals bei einer einzigen Fahrt 1176 Postsäcke und 34 426 Postanweisungen mit über vier Millionen Mark. —

Will man die wirtschaftliche und kulturelle Bedeutung der Dampfschiffahrt kurz und knapp bezeichnen, so braucht man nur darauf hinzuweisen, daß erst mit dem ausgiebigen Gebrauch der Dampfschiffahrt es dem Europäer möglich geworden war, die Weltherrschaft zur See anzutreten; erst die Dampfschiffahrt hat eigentliche Seevölker geschaffen und die Großzügigkeit unserer Gegenwart eingeleitet, durch die sich unsere Zeit vor den kleinlichen Verhältnissen früherer Zeiten auszeichnet. Der Kampfplatz ist das Netz regelmäßiger Dampferrouten, das den ganzen Erdball umspannt, alle Ozeane nutzbar macht und so einen vollständig geschlossenen Verkehrsring um die Erdkugel legt. Ein friedlicher Wettkampf, der nicht zerstören, sondern aufbauen und die Völker immer mehr zusammenführen will! Und wenn Buckle in seiner

»Geschichte der Zivilisation« von der Lokomotive sagt, daß diese mehr getan habe, um die Menschen zu vereinigen, als alle Philosophen, Dichter und Propheten vor ihr seit Beginn der Welt, so kann dieser Ausspruch wohl in gleichem Maße in bezug auf das Dampfschiff gelten! —

Das sind Umwälzungen, welche die Dampfschiffahrt, neben den anderen modernen Verkehrsmitteln, in den allgemeinen wirtschaftlichen und kulturellen Verhältnissen, im Handel und Wandel der Völker hervorgerufen hat. Nicht weniger bedeutungsvoll sind aber die Wandlungen, die sich durch den Übergang von der Segelschiffahrt zur Dampfschiffahrt, vom Kleinbetrieb in der Schiffahrt zum Großbetrieb, in diesem Betrieb selbst in bezug auf das wirtschaftliche und kulturelle Moment vollzogen haben. Es ist hier derselbe Umwandlungsprozeß in dem Verhältnis des Menschen zu dem Verkehrsmittel vor sich gegangen, den das Maschinenzeitalter überall, wo der Maschinenbetrieb die bisherige Handarbeit ablöste, sich hat vollziehen sehen: das persönliche Moment ist immer mehr geschwunden und hat einer weitgehenden Arbeitsteilung Platz gemacht.

Vergegenwärtigen wir uns einmal die Verhältnisse in dieser Hinsicht etwa zu Anfang des 19. Jahrhunderts. Damals herrschte weit mehr als heute die Kleinschiffahrt, die an den Küsten betrieben wurde, vor. Der Eigentümer des Seglers war hier, wie es ja auch noch heute vielfach der Fall ist, auch zugleich Schiffer. Mit der kleinen Besatzung zusammen verrichtete er all die verschiedenen Arbeiten, die an Bord zum Betrieb nötig waren, es bestand ein gewisses patriarchalisches, um nicht zu sagen familiäres Verhältnis zwischen dem Schiffsführer, der zugleich Schiffseigentümer und Reeder war, einerseits und der Besatzung andererseits. Bei größeren Schiffen, die schon einiges Kapital zum Bau und Betrieb erforderten, hatte der Schiffer oft einige Mitunternehmer, vielfach Verwandte oder Freunde, oder er arbeitete mit geliehenem Gelde, das in Hypotheken in dem Schiffe angelegt war. Bei den großen Schiffen mochte auch wohl der Schiffer gar nicht einmal Mitbesitzer sein, sondern das Schiff nur für irgend ein Handelshaus führen; er erhielt dann seine regelmäßigen Bezüge oder war mit einem gewissen Anteil am Gewinn beteiligt. Eine eigentliche Reederei im heutigen Sinne gab es hierbei aber auch kaum; Häuser von Bedeutung besaßen ein Fahrzeug oder mehrere Schiffe, was gewissermaßen zu ihrer Stellung gehörte. Und auch hier war das Verhältnis zwischen dem Besitzer und der auf seinen Schiffen fahrenden Mannschaft, wie überhaupt der ganze Betrieb gemütlicher, als es später der Fall war. Um den Betrieb zu charakterisieren, möge hier ein Beispiel Platz finden aus einer Schilderung eines Kenners, des Hamburger Reeders Robert M. Sloman, die derselbe wie folgt gibt: »Es war zu komisch, wenn Kaufleute glaubten, ein gediegenes Urteil über ein gegebenes Schiff durch seine äußere Beschaffenheit abgeben zu können. Ein bedeutendes Haus stand im Begriff, ein Schiff zu kaufen; der Senior desselben, ein alter Herr, hielt sich für verpflichtet, es zuvor zu besichtigen. Nachdem er Kajüte und was dazu gehört, in bester Ordnung befunden, das Schiff überhaupt einen guten Eindruck auf ihn gemacht hatte, wollte er sich noch von der Solidität der Bauart überzeugen, indem er wiederholt mit seinem spanischen Rohr auf das Verdeck stampfte. Da dieses nicht davon bewegt wurde, sprach er das Urteil: »ein starkes Schiff«, worauf es gekauft wurde.«

Die Besatzung der Schiffe rekrutierte sich durchweg aus der Bevölkerung der Küstengegenden. Die ganze Umgebung lenkte hier schon von selbst das nachwachsende Geschlecht immer wieder auf die Ergreifung des Seemannsberufes, so daß es in einzelnen Ortschaften oft vorkam, daß von den die Schule verlassenden Jungen kein einziger einen anderen Beruf als diesen ergriff. Viele von diesen Matrosen fuhren etwa zwanzig oder mehr Jahre zur See und suchten sich dann mit dem ersparten Verdienst am Lande anzusiedeln. Auf ihren Reisen waren die Seeleute meistens jahrelang unterwegs; aus Anhänglichkeit an den Kapitän fuhr der eine oder andere viele Reisen auf einem und demselben Schiff. Da die Arbeiten an Bord größerer Schiffe, wie die Anker aufzuziehen, die Segel zu setzen usw., alle von Hand ausgeführt werden mußten, war für das einzelne Schiff eine verhältnismäßig große Mannschaft nötig. Ebenso geschah das Be- und Entladen der Schiffe durch die Mannschaft, die ja meistens für mehrere Reisen an Bord blieb. Diese Arbeiten im Hafen wurden ebenso ohne viele mechanische Hilfsmittel ausgeführt.

Alle diese Verhältnisse sind durch den Übergang zum Großbetrieb und namentlich zur Dampfschiffahrt gänzlich anders geworden. Die Arbeitsteilung griff von oben bis unten umwälzend ein. Die mit Maschinen ausgerüsteten Schiffe erforderten ein größeres Anlagekapital, das von einem einzelnen bei größeren Dampfern schwerlich aufgebracht werden konnte. Es erwies sich deshalb bald vorteilhafter, das Kapital und damit auch das Risiko auf mehrere leistungsfähigere Schultern zu verteilen. So entstanden die Dampfergesellschaften, für deren Kapital das Dampfschiff nur Betriebsmittel war. Der Schiffer als Eigentümer verschwand immer mehr und mehr und wurde zum rein seemännischen Leiter des Schiffes. Ebenso besorgten die jetzigen Eigentümer, die Gesellschafter und Einzelbesitzer nur die rein finanzielle, geschäftliche Leitung des Transportmittels, während die kaufmännische Spekulation mit den zu transportierenden Waren alleinige Sache der Kaufleute wurde. Die Dampfergesellschaften entstanden zunächst selbständig und unabhängig von den Hafenstädten aus. Schließlich sah man sich mit dem Anwachsen des Anlage- und Betriebskapitals genötigt, auch die Kapitalkraft des Binnenlandes mit heranzuziehen. Bei Aktiengesellschaften wurden jetzt die Aktien an der Börse, auf den Banken usw. gehandelt und so mag es jetzt viele Teilbesitzer von Schiffen geben, die letztere noch nie zu Gesicht bekommen haben. An der Schifffahrt haben diese Besitzer auch weiter kein Interesse, als daß sie, je nach dem Börsenkurs, Papiere kaufen und möglichst mit gutem Vorteil wieder verkaufen. Die geschäftliche Leitung liegt in Händen des Direktors, der mit einem Stab von Angestellten meistens im Heimatshafen des Schiffes für ein möglichst gutes Geschäftsergebnis sorgt.

Um welche Summen es sich bei großen Dampfergesellschaften handelt, mag daraus erhellen, daß sich z. B. das Kapital der Hamburg-Amerika Linie 1905 auf 100 Millionen Mark in Aktien und 37 687 500 Mark in Prioritätsanleihen belief[*]). Die Höhe des Jahresetats dieser Gesellschaft belief sich während der letzten Jahre (1900) in Einnahmen und Ausgaben auf durchschnittlich 60 bis 70 Millionen Mark. Was das heißen will, erkennt man an der Tatsache, daß von den sämtlichen deutschen Staaten nur sieben, nämlich Preußen, Bayern, Sachsen, Württemberg, Baden, Hamburg, Elsaß-Lothringen, einen höheren Staatshaushaltsetat besitzen. Das einzige Privatunternehmen der Hamburg-Amerika Linie hat ein Budget, das denen der sämtlichen acht Großherzogtümer, Herzog- und Fürstentümer Thüringens, unter Hinzunahme Braunschweigs, ungefähr gleichkommt und den Etat von Bremen, Hessen, Mecklenburg

---

[*]) Die jüngste Generalversammlung der Hamburg-Amerika Linie (1906) beschloß die Erhöhung des Grundkapitals der Gesellschaft um 20 Millionen Mark.

ganz erheblich übertrifft. An Gehältern und Löhnen werden jährlich über 12 Millionen Mark bezahlt. Die Besatzung der Dampfer
des Norddeutschen Lloyds beträgt insgesamt über 10000 Mann. Die
Zahl der vom Norddeutschen Lloyd überhaupt beschäftigten Per-

In der Matratzenwerkstatt der Hamburg-Amerika Linie.

sonen hat die Höhe von 18500 Mann überschritten. Am Lande
sind allein 6000 Dockarbeiter tätig und 44 Kraftmaschinen, 14 Dynamomaschinen, sowie 457 Arbeitsmaschinen vorhanden, um den
Betrieb der aus über 300 Fahrzeugen bestehenden Flotte aufrecht
zu erhalten.

Letzterem Zweck dienen am Lande ausgedehnte Betriebsanlagen, wie Werkstätten, Lagerhäuser, Proviantdepots und dergleichen, die jede für sich schon ansehnliche Unternehmen darstellen und bis in die kleinsten Details für die Instandhaltung und Ausrüstung der Schiffe sorgen. Handelte es sich doch z. B. bei der Beschaffung,

Eine Proviantkammer der Hamburg-Amerika Linie.

Lagerung, Konservierung und Abgabe von Proviant an die einzelnen Schiffe beim Norddeutschen Lloyd im Jahre 1904 um einen Gesamtverbrauch in Höhe von 14 Millionen Mark. Der Gesamtkohlenverbrauch dieser Gesellschaft in demselben Jahre in Höhe von 21,5 Millionen Mark wurde schon bei einer früheren Gelegenheit erwähnt. Das sind Zahlen, welche auch dem Laien die wichtige nationalwirtschaftliche Bedeutung einer derartigen großen Reederei eindringlich vor Augen führen. —

Der Kapitän und die Steuerleute sind Beamte, Offiziere des Unternehmens. Zu ihnen gesellt sich als technischer Leiter der maschinellen Anlage der Maschinist oder Ingenieur. Diesen unterstehen als direkte Untergebene die Mannschaften. Der Bildungsgang des Kapitäns und des Nachwuchses für diesen Posten, der Steuerleute, hat sich ebenfalls gegen früher geändert. Aus dem rein nautisch gebildeten Kapitän der alten Schule hat sich der heutige Schiffsführer entwickelt, der neben der nautischen Ausbildung auch in der Kenntnis des Triebmittels des Schiffes, der Maschinenanlage, bewandert sein muß, um das Schiff völlig in der Gewalt zu haben. Bei den großen Passagierdampfern mit ihren Hunderten Mann Besatzung und noch zahlreicheren Passagieren hat der Kapitän außerdem noch so vielseitigen und mannigfaltigen Anforderungen zu genügen, in der allgemeinen Leitung, der Verwaltung, gesellschaftlich und dergleichen, wie sie zu Lande an die Leiter gleich großer Betriebe und Gemeinschaften gestellt werden. So sind auch die Bedingungen, die der Kapitän eines derartigen Dampfers in bezug auf Allgemeinbildung zu erfüllen hat, immer höher geschraubt worden, und der alte Seebär der alten Schule ist hier fast ganz verschwunden. Daß dasselbe auch bezüglich der, den Ersatz stellenden Steuerleute gilt, ist wohl verständlich. Ebenso sind die Ansprüche an die Maschinenleiter der großen Dampfer immer höhere geworden, infolge der immer komplizierter gewordenen maschinellen Einrichtungen der Schiffe. Nicht nur, daß die eigentliche Schiffsmaschine eines gründlich ausgebildeten Leiters bedarf, auch die sonstigen maschinellen Anlagen, die Hilfsmaschinen und Apparate für den Maschinen- und Schiffsbetrieb, die elektrischen Anlagen usw., machten dies nötig. Gesellschaften, wie der Norddeutsche Lloyd, die Hamburg-Amerika Linie, haben deshalb für die leitenden Ingenieure ihrer großen Dampfer den Besuch besonderer Ingenieurschulen, z. B. des Technikums Bremen, vorgesehen.

Bei der Besatzung auf den Dampfschiffen hat sich zu der Gruppe des seemännischen Personals, zu den Matrosen, zunächst das Maschinenpersonal gesellt. Außerdem kommen in der Passagierfahrt eine Anzahl anderer, nichtseemännischer Gruppen, so das Bedienungspersonal hinzu, so daß die nicht seemännische Gruppe die eigentlich seemännische oft überwiegt. E. Fitger gibt hierzu in seinem bereits mehrfach zitierten Werk interessante Angaben aus der Statistik der Anmusterungen vor den Seemannsämtern zu Hamburg und Bremen, die zugleich ein interessantes Bild von der Mannigfaltigkeit des heute an Bord vorhandenen Personals geben. Fitger bemerkt jedoch dazu erstens, daß infolge des hier überwiegenden Passagierdienstes die Zahl der Aufwärter und Ärzte, infolge der vielen Schnelldampfer die der Maschinisten und Heizer unverhältnismäßig groß ist, zweitens, daß dieselben Personen sehr wohl mehrmals in einem Jahre angemustert sein können.

Es fanden demnach Anmusterungen statt in Hamburg im Jahre 1900 für 2625 Schiffe 50574 Personen. Davon waren:

Mannschaft beim Deckwaschen.

eigentliche Seeleute:		nicht eigentliche Seeleute:	
Steuerleute	3201	Ärzte	322
Zimmerleute	1124	Köche u. Bäcker*)	3433
Bootsleute	1458	Stewards und	
Segelmacher	86	Stewardesses	6565
Matrosen	9046	Maschinisten und	
Leichtmatrosen	2471	Assistenten	4485
Jungen	1456	Feuerleute	15419
Quartermasters	231	Diverse	1019
Verwalter	228		
zusammen	19301	zusammen	31273

Von der Gesamtzahl der hier angemusterten Leute entfielen auf Dampfschiffe 47829 Personen, auf Segler nur 2745.

In Bremen fanden in demselben Jahre für 1582 Schiffe Anmusterungen von 25847 Personen statt. Davon waren:

eigentliche Seeleute:		nicht eigentliche Seeleute:	
Steuerleute	973	Köche*)	1013
Bootsleute	620	Aufwärter	6336
Zimmerleute	432	Aufwärterinnen	359
Matrosen, Segel-		Proviant- und	
macher	4704	Zahlmeister	199
Leichtmatrosen	1123	Ärzte	200
Jungen	841	Maschinisten	1702
		Heizer	4260
		Kohlenzieher	3085
zusammen	8693	zusammen	17154

Von dieser Gesamtzahl entfielen auf Dampfschiffe 24081, auf
Segelschiffe 1766 Personen.

Die Ausführung der Lade- und Löscharbeiten durch die Matrosen, wie sie auf den Segelschiffen üblich war, findet man im
modernen Dampfschiffsbetrieb nicht mehr. Diese Arbeiten werden
jetzt von Hafenarbeitern oder, wie sie z. B. in Hamburg heißen,
den Schauerleuten besorgt. Auch hier hat die Arbeitsteilung sich
als am praktischsten und wirtschaftlichsten erwiesen. Die in ihrer
Tätigkeit vollständig eingearbeiteten Leute bringen mit Hilfe maschi-
neller Hebe- und Transportmittel, großer und kleiner Kräne, Elevatoren und dergleichen die Ladung von und an Bord, verstauen
sie kunstgerecht im Schiff, füllen auch die Kohlenbunker auf, und
alles dies geschieht in viel rascherer und sicherer Weise, als es mit
Benutzung des Schiffspersonals möglich wäre.

Es wird von verschiedenen Seiten darauf hingewiesen, daß mit
all diesen Änderungen und Umwälzungen im Schiffsbetrieb auch
die ganze Romantik der See, die Poesie, die das Seeleben in früheren
Jahren so prächtig verklärte, verloren gegangen, dahingeschwunden
sei. An ihre Stelle sei ein graues, stumpfes Einerlei getreten. Vorbei wären die schönen Zeiten, als es noch hieß:

»Auf Matrosen, die Anker gelichtet,
Segel gespannt und Kompaß gerichtet!«

als das oftmals so herrlich geschilderte und besungene Seeleben
noch so manchen frischen, tatenbegeisterten Burschen von der Schul-

---

*) Segelschiffsköche sind eigentliche Seeleute. Bei den Dampfern
überwiegen dagegen die nichtseemännischen Köche weitaus.

bank hinweg in seinen Bann lockte. Vorbei die Zeit, als noch im mastenreichen Hafen der Gesang der Matrosen so oft erschallte! — Man vergißt hierbei aber, daß diese poetische Färbung des Bildes nur dem Außenstehenden, dem mit den wahren Verhältnissen nicht vertrauten Beobachter sich zeigen konnte, daß in Wirklichkeit die Dinge an Bord ganz anders lagen, und daß die tatsächlichen

Riesenkran
am Kai.

Lebens- und Arbeitsbedingungen des Schiffspersonals sich gegen früher ganz erheblich verbessert haben.

Wir haben schon angeführt, daß die früheren Segelschiffe infolge des umständlichen Arbeitsbetriebes mit einer verhältnismäßig großen Mannschaftszahl fuhren. Die Mannschaft war am schlimmsten auf den kleineren Schiffen daran, da sie hier hauptsächlich so eng wie möglich zusammengepfercht wurde. Das Mannschaftslogis befand sich im vorderen Teil des Schiffes, der Niedergang vom Deck war nur durch eine niedrige Kappe geschützt, und da selbst die größten Schiffe nach unseren jetzigen Begriffen kleine Fahrzeuge waren, so stand das Verdeck bei schlechtem Wetter und auch schon bei mäßigem stets unter Wasser. Es war folglich fast unmöglich, das Eindringen desselben in den Raum der Matrosen zu verhindern. »Alte Seeleute können ein trauriges Lied davon singen und die

Löschen eines Dampfers mittels Elevatoren.

jetzigen Matrosen beneiden, die in geräumigen, gut ventilierten und dem Seewasser nur unter ganz abnormen Verhältnissen zugänglichen Räumen leben. Die Verproviantierung entsprach jenen Verhältnissen. Eiserne Tanks für die Aufbewahrung des Trinkwassers wurden nicht angewandt, sondern nur hölzerne Fässer, in welchen das Wasser bei längeren Reisen, namentlich wenn sie, wie es so häufig damals geschah, mit dem gewöhnlichen Hafenwasser gefüllt worden waren, nicht selten verfaulte und, weil kein anderes Wasser vorhanden war, genossen werden mußte. Präserven und alle die jetzt angewandten nützlichen Vorsichtsmaßregeln gegen Skorbut kannte man nicht, jedenfalls kamen sie nicht in Anwendung. Die Kost bestand im wesentlichen aus gepökeltem Rind- und Schweinefleisch, Mehl und getrocknetem Gemüse.« (Sloman.)

Es ist hier nicht nur manches, vieles, es ist alles besser geworden! Die größeren Schiffe erhielten statt der glatten Decks Deckshäuser, hinten die Kajüte für die Offiziere und für etwaige Passagiere, vorn die sogenannte »Back« für die Mannschaft. An die Stelle der Ruderpinne ist das Ruderrad getreten, das von dem Manne am Ruder, vielfach mit Hilfe einer besonderen Maschine, in einem geschützten Häuschen bedient wird. Die hölzernen Wasserfässer sind durch eiserne Tanks ersetzt. Faulendes Wasser und verdorbenes Fleisch sind heute bei der großen Abkürzung der Reisen fast unbekannte Dinge geworden. Auf die an Bord der modernen Passagierdampfer vorhandenen großartigen Kühlanlagen für Proviant, die Bäckereien usw. soll hier nicht eingegangen werden. An Stelle vieler, früher mit großen Anstrengungen von Hand geleisteter Arbeiten bedient man sich nach Möglichkeit besonderer Hilfsmaschinen.

Mit den Lebensverhältnissen der Seeleute hat sich die sozialpolitische Gesetzgebung näher befaßt; neuere Seemannsordnungen haben für die rechtlichen Verhältnisse an Bord der Schiffe festere Grundlagen geschaffen. Die Seeleute selbst haben sich zur weiteren Verbesserung ihrer wirtschaftlichen und sozialen Lage Organisationen geschaffen, welche die Interessen der Arbeitnehmer gegenüber den Arbeitgebern wahren sollen. Statistiken und Enqueten helfen, ein immer klareres Bild von den gesamten Verhältnissen des Schiffahrtsbetriebes zu gewinnen. Wohlfahrtsbestrebungen aller Art stellen sich in den Dienst der guten Sache. Und so kann man mit vollem Recht behaupten, daß, wenn der veränderte Betrieb in der Schiffahrt auch die gesamten Verhältnisse der in ihr beschäftigten Menschen verändert hat, er sie sicherlich nicht nach der ungünstigen Seite gewendet hat. Es zeigt sich auch hier der ganz bedeutende Fortschritt, der das Charakteristikum unseres modernen Zeitalters auf allen Gebieten ist!

Dieser Fortschritt wird hier aber sicherlich noch weiter gute Früchte zeitigen, genau so, wie die Dampfschiffahrt selbst stetig unter dem Zeichen desselben steht. Und damit kommen wir zum Schluß, den wir noch kurz streifen wollen.

Sicherlich werden wir bei den Errungenschaften, die uns namentlich die letzten Jahrzehnte in der Entwicklung des Dampfschiffes gebracht haben, nicht stehen bleiben, sicherlich werden sie nur die Vorstufen zu noch größeren Umwälzungen in der nächsten Zukunft bilden. Wie und welcher Art diese sein werden, das genau zu bestimmen, dürfte wohl unmöglich sein. Annehmen darf man aber wohl nach den Bestrebungen der letzten Jahre, daß man sein Hauptaugenmerk nach wie vor auf die Erzielung größerer Fahrtgeschwindigkeiten richten wird. Man begnügt sich z. B. schon nicht mehr mit der Reduzierung der Reisedauer von Europa nach Amerika auf fünf Tage und einige Stunden, sondern beschäftigt sich bereits mit dem Projekt eines sogenannten Viertageschiffes, das, wie der Name sagt, die genannte Reisedauer noch mehr, also auf vier Tage herabmindern soll. Wenngleich dieses Projekt bislang auch nur durch Berechnungen aufgebaut ist, so zeigt es doch, daß diese Frage die maßgebenden Kreise lebhaft bewegt. Um den Atlantik in vier Tagen durchqueren zu können, müßte der Dampfer zunächst eine Fahrtgeschwindigkeit von rund 30 Knoten besitzen. Bei Erhöhung der Geschwindigkeit eines Schiffes hat man nun zu berücksichtigen, daß der Wasserwiderstand und damit auch der Kohlenverbrauch (letzterer im kubischen Verhältnis der Geschwindigkeit) in steigendem Maße zunehmen. So würde man z. B., nur um die Schnelligkeit von 28,5 auf 30 Knoten, also um 1,5 Knoten zu steigern, ebensoviel Kohlen aufwenden müssen, als erforderlich sind, um demselben Schiffe eine Geschwindigkeit von überhaupt nur 15 Knoten zu verleihen. Infolge dieses bedeutenden Kohlenverbrauches, der sich gegenüber dem jetzigen Bedarf der »Deutschland« verdreifachen würde, müßte die Ladefähigkeit des Schiffes auf mindestens 40 000 t erhöht werden. Die Maschinen müßten die stattliche Leistung von 110 000 PS indizieren und die Baukosten würden etwa 25 Millionen Mark betragen, ein Preis, der wahrscheinlich viel zu niedrig veranschlagt ist. Trotz dieser Vergrößerung des Laderaumes würde doch von ihm für Frachtgüter nichts übrig bleiben und jedes Winkelchen mit Kohlen ausgefüllt werden müssen. Daß natürlich ein solcher Dampfer, selbst wenn die Fahrpreise um 60% erhöht werden und die Zahl der Reisenden von 1050 auf 1500 steigt, sich nicht mehr rentiert, wird wohl begreiflich sein, zumal die Besatzung von 750 Mann, von denen weitaus die Mehrzahl zur Bedienung der Maschinen und Feuer erforderlich ist, nicht zu hoch berechnet sein dürfte. In der Besatzung der »Deutschland« von 547 Köpfen gehören 252 Mann zum Maschinenpersonal, davon sind 84 Heizer und 96 Kohlenzieher, und doch hat die »Deutschland« nur Maschinen von 35600 IPS. Man sieht also hieraus, daß wir nach dieser Richtung hin mit unseren bisherigen Maschinensystemen an der Grenze der Leistungsfähigkeit angekommen sind und das genannte Projekt mit denselben schwerlich je zur Ausführung gelangen könnte. Ob man das Ziel mit den Dampfturbinen in größeren Abmessungen erreichen wird, ist eine Frage, die durch die Betriebsergebnisse der beiden Riesen-Turbinendampfer der Cunard-Linie in nächster Zeit einen Schritt der Entscheidung näher gebracht werden dürfte.

Man hat sich schon seit längerer Zeit bemüht, auch andere Kräfte als den Dampf der Schiffahrt nutzbar zu machen, ist aber mit der Ausnutzung und Anwendung derselben über kleinere Ausführungen bis jetzt nicht hinausgekommen; genannt sei nur die Anwendung der Elektrizität und der Explosionsmotore.

Schon im Jahre 1838 veranstaltete Prof. Jacobi, der Erfinder der Galvanoplastik, die ersten Versuche mit dem Treiben von Booten mittels Elektrizität. Diese Versuche hatten jedoch ebenso wenig Folgen, wie später unternommene, weil die Urheber derselben zur Erzeugung des Stromes auf Primärbatterien, das heißt auf ein viel zu teures Mittel angewiesen waren. Aus demselben Grunde vermochte das sinnreiche Boot von Trouré (1881) keine Verbreitung zu erlangen. Die Sache kam erst in Fluß, als die Electrical power storage Co. im Jahre 1882 ihr von Anth. Reckenzaun entworfenes Boot »Electricity« in Fahrt setzte. Auf dieses folgte die »Electra« von Siemens & Halske, welche die Spree befuhr, und die Themse-Flotille von Immish & Co., welche mit Reckenzaunschen Sammlern ausgerüstet wurde. Aber über kleinere Ausführungen, über Boote, ist man bis heute noch nicht hinausgekommen und wird es auch schwerlich kommen, — — wenn es nicht gelingt, einmal die Elektrizität direkt aus der Steinkohle zu gewinnen!

Weitere Fortschritte hat schon die Ausrüstung von Schiffen mit Explosionsmotoren, mit Gaskraftmaschinen als Betriebsmaschinen zu verzeichnen, und die betreffende Industrie bemüht sich angestrengt, in der Schiffahrt ein weites, aussichtsreiches Absatzgebiet zu erringen. Hier hat man zu unterscheiden zwischen den Motoren, welche zu ihrem Betrieb die Mitführung des Brennstoffes in Form von Spiritus, Petroleum, Benzin und dergleichen erfordern, und die sich, dank der Leistungen der Motorenindustrie (Daimler, Deutz und anderen), namentlich in der Kleinschiffahrt eingebürgert haben, und den eigentlichen Gasmaschinen (nach Captaine und anderen), die zur Erzeugung des Kraftgases an Bord der Mitführung von Kohlen oder Koks bedürfen. Auf der Frühjahrsversammlung der Institution of Naval Architects 1905 besprach der Präsident auch genannte Maschinen und bezeichnete die erzielte Leistung, ein Boot von 40 Fuß Länge mit 26 Seemeilen Geschwindigkeit vorwärts zu treiben, als eine wunderbare Leistung. Hierzu kommen noch mancherlei andere Vorzüge, Ersparnis an Raum, Heizmaterial, Arbeitskräften und Aufsichtspersonal und besonders an Gewicht, ferner schnelle Fahrtbereitschaft, so daß sich mit Recht große Hoffnungen an diese neuen Schiffsmaschinen knüpfen. Die Schwierigkeiten, die der praktischen Ausführung von großen Maschinen mit höherer Geschwindigkeit noch gegenüberstehen, werden zweifellos mit der Zeit behoben werden. Wenn weiterhin diese Maschinen auch mit einer billigeren Art von Heizöl betrieben werden könnten, so würde dem Schiffsmaschinenbau ein neues, weites Arbeitsfeld eröffnet werden. In England ist in jüngster Zeit (1906) bereits ein Torpedoboot mit Motorantrieb erprobt worden.

Das wäre die Entwicklungsmöglichkeit der Betriebsmaschine in der Schiffahrt, mit deren Anführung wir unsere Betrachtungen schließen könnten. Wir können jedoch nicht umhin, zum Schluß, wenn auch nur andeutungsweise, noch den Wandel im Verkehrswesen, namentlich im Personenverkehr, anzuführen, den wir aller Voraussicht nach noch einmal durch die Luftschiffahrt bewirkt sehen werden. Die Luftschiffahrt ist heute schon weit hinaus über die bloße Schaustellung eines kühnen Wagnisses. Die Einrichtung besonderer Luftschifferabteilungen in den Heeren vieler Nationen und die Erfolge eines Santos Dumont, Lebaudy, Zeppelin, Parsefal und anderer Koryphäen auf diesem Gebiete bestätigen dies zur Genüge. Sollte aber über kurz oder lang einem Glücklichen der kühne Wurf gelingen und ein Fahrzeug konstruiert werden, das nach allen Richtungen hin dem modernen Personenverkehr entsprechen würde, dann würden sich ungeahnte Perspektiven eröffnen, gegen welche die Verkehrsentwicklung des Jahrhunderts des Dampfschiffes nur ein Vorspiel bedeuten würde! Trägt man sich doch bereits schon in Fachkreisen mit dem Gedanken einer Überquerung des Atlantischen Ozeans mittels Luftballon. Die praktischen Erfahrungen werden auch in der Entwicklung nach dieser Richtung hin immer bessere Erfolge zeitigen und man braucht kein zu kühner Optimist zu sein, um auf die Erfüllung weitgehender Hoffnungen in dieser Beziehung zu rechnen. Dann aber wird sich vollends erfüllen, — wenn auch in etwas anderer Form, — was schon vor mehr als hundert Jahren Erasmus Darwin in dem 1788 erschienenen Gedicht »The botanic Garden« in bezug auf den Dampf prophezeite, von welcher Prophezeiung sich der erste Teil bereits glänzend erfüllt hat:

> »Bald wird des Dampfes Kraft den flücht'gen Wagen
> die Straß' entlang,
> die träge Barke durch die Wellen tragen
> in sichrem Gang,
> ja, auf des Windes leicht bewegten Schwingen,
> durch's luft'ge Reich
> ein neu Gefährt zum fernsten Ziele bringen,
> dem Adler gleich.« —

IV. Anhang.

21. Die ersten Dampfer ihrer Art.
(Chronologische Zusammenstellung.)

1807. Erstes Dampfschiff »Clermont« (Fulton).

1812. Erster Dampfer auf dem Mississippi »New Orleans«.
Erster europäischer Passagierdampfer »Comet« (Henry Bell).

1815. Erster Kriegsdampfer »Demologus«, auch »Fulton I.« genannt.

1816. Erster Dampfer auf dem Rhein »Defiance«.
Erster Dampfer auf der Elbe »Lady of the Lake«.

1819. Erster Ozeandampfer »Savannah«.

1821. Erster Eisendampfer »Aron Manby«.

1825. Erster Dampfer Europa-Ostindien »Entreprise«.

1829. Erster Schraubendampfer »Civetta« (Ressel).
Erste Dampfer mit Compoundmaschinen »James Watt« und »Hercules«. (Eigentliche Einführung erst von 1860 ab.)

1830. Erster Dampfer auf der Donau »Franz I.«

1833. Erster englischer Kriegsdampfer »Medea«.

1834. Erster Dampfer mit wasserdichten Schotten »Harry Owen«.

1837. Erster Eisen-Seedampfer »Rainbow«.

1837/38. Erste Schraubendampfer in England »Archimedes« (Smith) und »Francis Ogden« (Ericsson).

1838. Erster Ozeandampfer England-Amerika für regelmäßige Fahrt »Great Western«.

1842. Erster englischer Eisen-Kriegsdampfer »Dover«.

1843. Erster Vereinigter Staaten-Schrauben-Kriegsdampfer »Princeton«, zugleich Maschine unter Wasserlinie.

1844. Erster Ozean-Schraubendampfer »Great Britain«.
1856. Erster deutscher Dampfer einer regelmäßigen Verbindung Deutschlands mit Nordamerika »Borussia«.
1877. Erstes englisches Torpedoboot »Lightning«.
1881. Erste Ozean-Schnelldampfer »Elbe«, »Servia«, »City of Rome« und »Alaska«.
1882. Erster Dampfer mit Dreifach-Expansionsmaschine »Aberdeen«.
1889. Erster deutscher Doppelschraubendampfer »Auguste Victoria«.
1895. Erster Turbinendampfer »Turbinia«.
1898. Erste Torpedobootszerstörer mit Turbinenantrieb »Viper« und »Cobra«.
1901. Erster Personendampfer mit Turbinen »King Edward«.
1904. Erster englischer Turbinenkreuzer.
1905. Erste deutsche Turbinen-Kriegsschiffe »S 125« und »Lübeck«.
       Erster deutscher Turbinen-Schnelldampfer »Kaiser«.
       Erster Turbinendampfer, der den Atlantischen Ozean durchquert, »Victorian«.
1906. Erstes englisches Turbinen-Linienschiff »Dreadnought«.
1907. Erste Ozean-Turbinen-Schnelldampfer »Lusitania« und »Mauretania«.

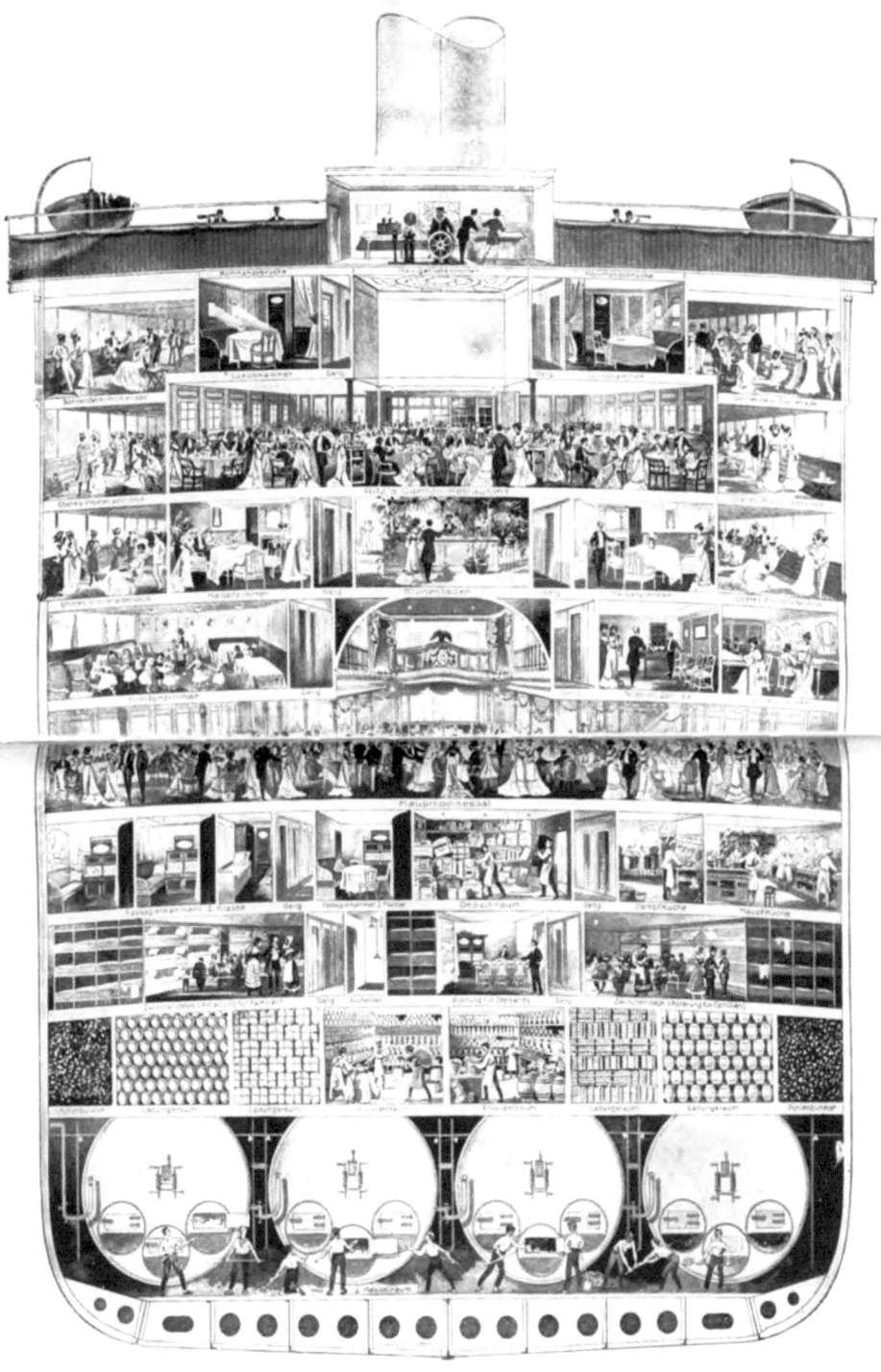

Querschnitt des Dampfers „Amerika" der Hamburg-Amerika Linie.

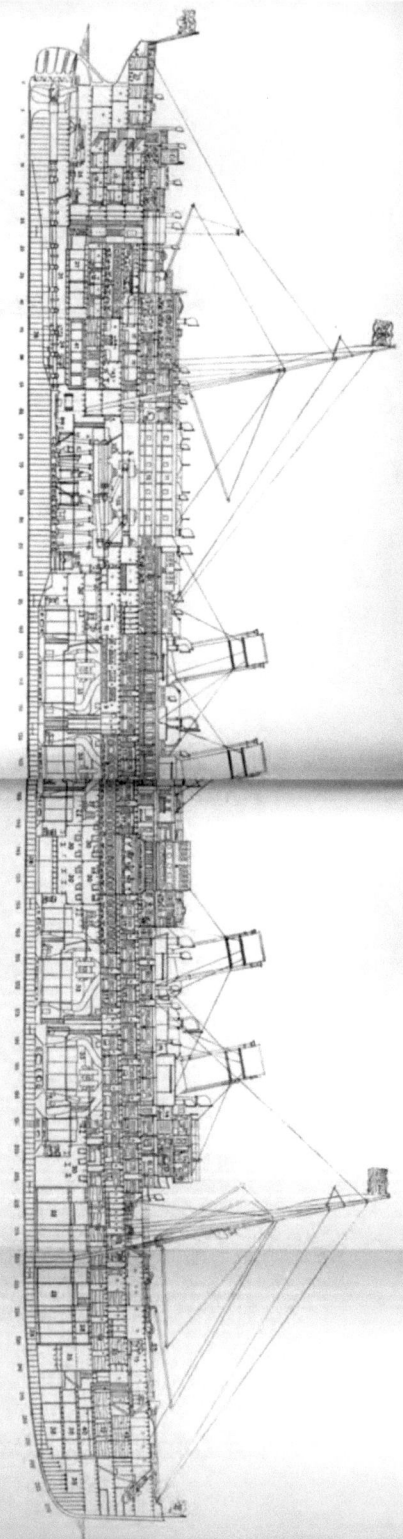

Langsschnitt des Dampfers „Amee" der Hamburg-Amerika Linie.